티의 이해

Tea
티의 이해

티의 역사 ■ 테루아 ■ 티테이스팅

한국티소믈리에연구원
기문사

프롤로그 1

오늘날 '티(tea)'가 '커피(coffee)'에 이어 음료 시장의 새로운 블루오션으로 떠오르고 있습니다.

이러한 시점에 한국 티소믈리에 연구원은 세계적인 티소믈리에 4인이 티의 세계에 들어서려는 이들을 위해 티의 모든 것을 체계적으로 분석해 놓은 입문서인 『티마스터』를 세상에 선보입니다.

책의 제목이기도 한 티마스터는 전 세계 티 산지에서 활동하는 티 산지 전문가입니다. 즉 티마스터는 각 산지에서 활동하는 전문 재배인, 티 생산 전문가, 티 전문 경매인 등을 총칭합니다. 결국 티마스터는 각 산지의 티 산업계에서 오랜 동안 종사하면서 그 고장에서 생산되는 티에 관해서는 누구도 따를 사람이 없는 최고의 산지 전문가인 것입니다.

이와는 달리 티소믈리에는 전 세계 산지의 테루아를 두루 여행하면서 그러한 티마스터들과 만나 각 산지의 티 역사, 재배종, 생산 과정, 테루아 등을 파악하고, 티테이스팅을 통해 티별 품질과 특징 등을 감별하여 전 세계의 소비지에서 티 산업계를 이끌어가는 전문가입니다. 이와 더불어 티블렌더는 이러한 티소믈리에의 소양을 바탕으로 기존의 티들을 블렌딩하여 지금껏 없었던 향미의 새로운 티를 창조하는 전문가입니다.

이번에 선보이는 『티마스터』는 각각의 티소믈리에 저자들이 티소믈리에 입장에서 티의 6대 분류를 중심으로 그 방대한 역사와 함께 중국, 타이완, 일본, 인도를 비롯하여 스리랑카, 네팔, 베트남, 케냐의 다국적 생산국 등 세계 각지의 테루아와 재배종, 수확, 가공 및 제다법, 티테이스팅, 티별 특징 등을 소개합니다. 아울러 전 세계의 티를 생화학적 실험을 통해 비교 분석한 연구 결과들과 티 종류별 인체에 미치는 놀라운 효능 등을 각종 실험 자료들을 통해 제시합니다.

또한 티 산업계의 현주소와 미래에 대한 독자의 이해를 돕기 위해서 세계 각지에서 차나무를 재배하고 있는 전문 재배인, 티테이스터, 티 전문 경매인, 티 생산 전문가 등 티마스터들이 특별 인터뷰를 통해 들려주는 흥미로운 내용들도 담았습니다.

티의 세계에 체계적이면서도 올바르게 입문하기를 원하는 일반인, 티를 포함한 식음료 산업계, 티를 전공하려는 학생들에게 훌륭한 지침서가 될 것으로 기대합니다.

아직까지 티의 즐거움을 발견하지 못한 분들이 있다면, 부디 각자 티의 매력에 빠져 첫발을 내딛은 후, 『티마스터』를 통해 새로운 지평선을 열기 바랍니다.

정 승 호

사단법인 한국티(TEA)협회 회장
한국 티소믈리에 연구원 원장

인도 닐기리 지역의 고산 지대에 위치한 타이숄라(Thaishola) 티 농장.

"티(Tea)의 철학은 그 용어의 일상적인 의미에서와 같이 그리 간단한 미학(美學)이 아니다. 왜냐하면 윤리, 종교, 인간, 그리고 자연을 결부하여 전체적인 개념으로 표현하기 때문이다. 티는 청결에 기초하여 위생적이며, 티를 통한 웰빙이 복잡함과 소모적인 것이라기보다 단순함 속에 놓여 있다는 데서 경제적이며, 티는 우주에 대하여도 우리 수준의 작은 규모까지 정의하기 때문에 '도덕기하학(Moral Geometry)'이다. 그리고 티는 모든 티 애호가들을 맛의 귀족들로 바꿔 놓는다는 점에서 극동아시아에서는 진정한 민주 정신이 깃든 산물이기도 하다."

『茶の本, *The Book of Tea*』(오카쿠라 가쿠조 著).

프롤로그 2

티(Tea)는 전 세계 최고의 음료이다. 몽골·시베리아 지방의 전통적인 천막(天幕) 유르트(yurt)에서부터 북아프리카 사하라 사막 한복판에 거주하는 유목민 베르베르족(Berber)의 야영지, 파미르 고원 너머 아제르바이잔의 한 가정집, 초원의 풍광이 장관을 이루는 아일랜드의 한 시골 마을, 뉴질랜드의 적막한 깊은 산지 등에 이르기까지 전 세계 곳곳의 사람들은 다양한 형태로 티를 마시고 있다.

세계 각지의 사람들은 각 고장의 기후에 따라 추운 날씨에는 몸을 녹일 목적으로, 더운 날씨에는 몸을 차게 할 목적으로 티를 마시고 있다. 또한 티는 찾아온 손님을 반기거나 접대하는 데에도 오래전부터 활용되어 왔다. 그러한 티는 아주 오래 전 중국에서 최초로 발상되어 오늘날 전 세계로 전파되었고, 그 풍부한 향미와 건강 효능으로 지금까지도 높이 평가되고 있다.

그 옛날 수많은 시인들이 노래하고, 황제들이 총애했던 티는 다양한 사회 계층의 수많은 음식 문화 속에서 이제는 없어서는 안 될 필수 음료로 자리를 잡아 오늘날 전 세계에서 가장 많이 소비되고 있다. 티는 수천 년에 걸친 역사와 함께 다양한 문화와 융합되고 격조 높은 전통 양식으로까지 발전되었다. 따라서 오늘날 티의 세계는 너무도 광대하여 결코 단순하게, 그리고 완벽하게 정의될 수는 없을 듯하다.

찻잔에 담긴 티는 그 티가 중국의 험준한 산지에서 초봄에 첫 수확물로 생산되었는지, 아니면 인도 다르질링 고산지대의 티 농장에서 생산되었는지 그 정보를 알려줄 뿐 아니라 티를 수확한 산지의 풍광까지도 우리의 머릿속에 떠올려 준다.

우리가 만약 수백 년에 걸쳐 전승되어 온, 장인 티마스터(tea master)의 전문지식을 익힌다면 방대하리만큼 다양하고도, 독특하며, 이국적인 티들을 제대로 알고 마실 수 있다.

지금까지 티테이스터(tea taster) 혹은 수입업자들의 주요 관심사는 티 산지(테루아, terroirs), 티 재배 및 가공 과정, 티 생산 국가의 고유한 문화나 경제에서 티의 비중, 티를 내는 데 수반하는 다례(茶禮) 문화, 티가 각지에서 고상한 음료로 간주되었던 이유 등이었다. 이 같은 내용들은 티에 관한 지식뿐 아니라 티를 마시는 즐거움도 더욱더 풍요롭도록 해 왔다. 이 책은 앞으로 여러분이 '티에 관한 여행'을 떠나는 데 큰 도움을 줄 것이다.

여기에서 소개되는 내용은 비록 서양적 접근 방식이지만, 티 전문 생산자들이 그들의 차나무의 재배를 중요하게 생각하는 것만큼, 차나무를 재배하는 산지와 다원에 종사하는 이들에게도 큰 도움이 될 것으로 기대한다.

티소믈리에
위고, 자스맹, 프랑수아, 케빈

Contents

Tea master

도입부

티를 마시는 다양한 방식

전 세계에 걸쳐 수백만 명의 애호가들이 즐겨 마시는 티는 각기 다른 문화 속에서 융화되어 독특하게 정착해 왔다. 오래전부터 서양인들은 티를 상류층에서나 누릴 수 있는 귀족 음료로 생각해 왔다. 한편 중국에서는 티를 주로 의약적 효능으로 음용해 왔으며, 다른 식재료와 함께 혼합하거나 요리에 넣는 향신료로 사용해 왔다. 또한 유목민들은 지방은 풍부하지만 비티민이 부족해 영양의 균형을 유지하기 위해 섭취해 왔다.

기원전 1세기부터 기록된 중국 최고(最高)의 약학서인 『신농본초경(神農本草經, *Shen Nong's herbal classic*)』에서는 티(Tea, 茶, 차)가 "눈을 밝게 하고, 몸에 기쁨을 주는" 자극적 특성이 있다고 그 의학적 효능을 처음으로 언급하였다.

티는 수세기에 걸쳐, 그리고 왕조 누대에 걸쳐 내려오면서 준비하는 방식 외에 티(찻잎)를 생산하는 과정도 크게 발전했다. 중국에서는 당(唐), 송(宋), 명(明)의 주요 세 시대를 거치면서 티를 마시는 방식도 제각기 독특하게 발전하여 크게 세 가지로 분류할 수 있다. 티를 물과 함께 넣어 끓이는 방식(煎茶, 전차), 티를 가루로 만들어 물과 함께 넣고 휘저어 격불(擊拂)해 마시는 방식, 찻잎을 끓는 물에 넣어 우려내 마시는 방식(点茶, 점차)의 순서이다.

티를 그 자체로서 음료로 마시기 시작한 것은 2세기부터였다. 당시에는 주로 황제나 귀족층들만이 티를 마실 수 있었다. 티를 일반인들이 소비하기 시작한 것은 오랜 세월이 흐른 후인 7세기부터였다. 당대(唐代, 618~907)에 이르러 중국 티(Chinese tea)의 최초 명인(tea master)이라는 육우(陸羽:Lu Yu, 733~804)는 티의 준비와 재배에 관한 내용을 집대성하여 처음으로 책을 간행하였다. 이 책은 오늘날 동양에서는 『다경(茶經)』, 서양에서는 『티의 고전(*The classic of Tea*)』으로 알려져 있다.

티는 수많은 모습을 띠고 있다. 넓은 범주에서 볼 때, 어떤 티 케이크-일종의 병차(餠茶)-들은 햇볕에 말린 가죽 부츠같이 보이기도 하고, 또 다른 것들은 소의 심장같이 둥글거나 산 위로 흐르는 구름처럼 동그라미 모양으로 말려 있다. 또 어떤 티들은 미풍(微風)으로 이는 물결 모양같이, 또는 덩어리로 뭉쳐져 질 좋은 은빛 타일같이, 약간의 물을 넣은 것은 크림 형태의 약같이 보인다.

티는 아주 오래전부터 거래되어 온 무역상품이었다. 티는 6세기 말에 이웃 국가들 간에 거래가 시작된 이후 당대(唐代)에 이르러서는 점차 먼 곳으로까지 거래되었다. 당시의 사람들은 티를 주로 가죽이나 말과 교환하였다. 7세기의 중국인들은 티를 점차 일상생활에서 마실 수 있는 음료로 만들었다. 특히 윈난성(雲南省)이나 쓰촨성(四川省)의 지역에서 대량으로 생산된 티는 오늘날 티베트의 수도인 라싸(拉薩, Lhasa) 지역까지 북쪽으로 운송되었다.

이것이 훗날 '티로드(Tea Road)'의 시초이다. 티로드는 길이만 약 1500km에 이르는 지극히 위험한 무역 루트로서 왕복하는 데만 꼬박 1년이 걸리는 대장정이다.

티의 최초 기록 : 『시경(詩經, *The Book of Songs*)』

중국의 수많은 고대 문헌의 기록에서, 선조의 제사에 올렸던 '쓴맛의 식물'로 '도(荼)[tu]'라는 식물을 많이 언급하고 있다. 그러나 티(茶, tea)의 소비에 관한 최초의 공식적인 기록은 기원전 7세기부터 내용이 시작되는 『시경(詩經, *The Book of Songs*)』이다.

2007년의 티로드(Tea Road).

러시아, 이란, 터키, 그리고 아프가니스탄 등에서 찻물을 끓이는 데 사용하는 큰 찻주전자 사모바르.

이 전설적인 대장정 속에서 몽골족, 투르크족, 티베트족뿐 아니라 중국 서부의 유목민들도 티를 접하게 되면서부터 티는 이후 더욱더 열광적으로 받아들여졌다.

티에 중요한 영적 가치까지 부여했던 티베트에서는 티가 소금, 야크버터(yak butter), 산양유(goat's milk)와 함께 '수유차(酥油茶, 쑤유차)'로 발전하였다. 이렇게 혼합해 소금기 든 이 음료는 접대의 상징이 되었고, 오늘날까지도 여전히 그때 당시처럼 나무 그릇에 담아 손님에게 제공되고 있다.

한편 8세기 일본에서는 중국으로 성지 순례에 나섰던 불교의 승려들이 귀국하면서 티가 최초로 전파되었다. 일본인들은 티를 마시는 일상의 즐거움을 세련된 형태로 다듬어 격조 높은 심미적 의식으로 발전시켰다. 일본인들은 일본 문화의 근간을 내포시킨 완벽한 생활 예술로서 '차도(茶道, Way of Tea)'를 탄생시켰다. '차노유(茶の湯, The Cha No You)'라 불리는 이 의식은 조화, 존경, 순수, 그리고 평온의 개념을 바탕으로 하고 있다.

한편 무역 루트가 더욱더 많이 개척됨에 따라 티도 보다 더 쉽게 수출될 수 있었다. 송대(宋代, 960~1279)에 특히 광둥성(廣東省)에 무역항이 설립됨에 따라 중국, 한국, 그리고 일본을 잇는 해상 무역 루트가 형성되었다. 또한 17세기에 이르러서 중국의 티는 무역상인 카라반의 활동으로 러시아, 이란, 터키, 이집트에까지 전파되었다.

러시아에서는 찻물을 끓이는 큰 주전자, 사모바르(samovar)가 발명된 이후 티를 마시는 풍속이 18세기 전반에 걸쳐 확산되었다. 전통적인 방식의 사모바르는 물을 가득 채운 중앙부의 용기를 석탄으로 가열하고, 그 용기 위에 고농도로 우리는

'티(Tea)' 용어의 어원

티(Tea)를 가리키는 다양한 용어들은 무역 루트의 확장과 함께 변화해 왔다. 해상 루트를 통해 티가 유입되었던 나라에서는 철자가 '티(T)'로 시작하는 용어가 사용된다. 영국의 티(tea)[ti:], 독일의 테(tee)[te:], 프랑스의 테(thé)[te], 이탈리아의 테(tè)[te]가 그 예이다. 이들은 모두 중국 푸젠성(福建省) 남부의 방언인 민남어(閩南語)로부터 차용된 "'t'e"라는 용어가 활용된 것이다. 반면 육상 루트(티베트, 인도, 이란, 러시아)를 통해 티가 유입된 나라들에서는 중국 광둥성(廣東省)의 방언인 '차[cha]'에서 차용한 음절인 'ㅊ(tch)' 또는 '치(ch)'로 시작되는 용어를 사용한다.

조그만 찻주전자가 놓인다. 각 손님은 고농도로 우린 티를 뜨거운 물로 묽히면서 취향에 따라 준비해 마실 수 있다. 이란, 터키, 그리고 아프가니스탄에서는 모두 사모바르를 사용하고 있다.

유럽에서는 1610년 네덜란드의 무역선이 암스테르담 항구에서 티를 처음으로 선적하여 해상 루트를 통해 각지로 운송하였다. 이후 네덜란드인들은 티를 그 해상 루트를 통해 이탈리아, 독일, 포르투갈로 수출하였다.

또 1645년에는 티가 중국으로부터 영국의 항구로 처음으로 유입되었다. 국왕 찰스 2세의 왕비인 캐서린(Catherine of Braganza, 1638~1705)이 이를 즉각적으로 수용하면서 티를 마시는 생활양식은 궁중과 영국 사회의 상류층을 중심으로 급속하게 퍼져 나갔다. 그러나 티를 마시는 생활양식이 노동자 계층에서 일상생활의 일부가 된 것은 베드퍼드 공작부인인 애나 마리아 스턴호프(Anna Maria Stanhope, 1788~1861)가 5시에 손님을 초대해 티를 즐겼던 습관인, 이른바 '5시의 티(five o'clock tea)'가 소개된 뒤부터였다.

산업혁명으로 노동자의 노동 시간대가 변화했고, 저녁 식사도 예전보다 몇 시간 늦게 제공되었다. 그리고 노동자들이 티를 마시는 휴식 시간도 생겨났다. 이 같은 휴식 시간은 티를 하위 계층으로 보급하는 데 큰 역할을 했다.

서양에서는 늦은 오후나 이른 저녁의 식사 문화인 '하이 티(high tea)'를 일상생활에서의 휴식, 그리고 나눔의 상징으로서 매우 중요히 여긴다. 전통적인 양식의 하이 티에서는 우유와 설탕과 함께 샌드위치, 스콘, 비스킷, 케이크를 티와 함께 내어 먹는다.

영국은 중국이 티 무역을 독점하고 있었던 19세기에 중국인 중개상을 통하지 않고 티를 확보하려고 인도에서 직접 재배에 나섰다. 이후 오늘날 티는 인도인의 생활에서뿐 아니라 인도 경제에서도 큰 몫을 하고 있다. 인도의 대표적인 기호 식품이 몇몇 향신료를 티와 섞어 우유에 넣고 끓인 '차이(Chai)'이다. 보통 길거리의 노점상에서 구입할 수 있는 이 음료는 전통적으로 한 번 사용한 후 땅바닥에 내버려질 수 있는 도기제 사발에 담아 제공된다.

19세기 북아프리카의 모로코에서는 민트 티(mint tea)를 마시는 풍속이 대중화되었다. 이러한 풍속은 오늘날까지도 연회나 손님 접대에 중요한 의식으로 자리를 잡고 있다. 또한 모로코에서는 티가 국민적인 음료로서 모든 사회 계층에서 일상적으로 소비되고 있다. 그러한 티는 모로코에서도 지역에 따라서 다른 방식으로 준비되지만, 일반적으로는 민트와 설탕(때로는 허브인 버베나 또는 압생트)을 티와 함께 금속 찻주전자에 넣고 끓여서 우린다. 모로코인들은 이렇게 우려낸 뜨거운 민트 티를 식혀서 마실 목적으로 찻주전자를 위로 높게 치든 상태에서 아래의 유리잔 속으로 들이부어 거품 가득한 음료로 만들어 낸다.

알제리 사하라 사막의 이슬람 유목민 투아레그족(Tuareg)이 민트 티를 준비하고 있는 모습.

티(TEA)의 중요 연대기

B.C. 2737년	전설상의 황제, 신농(神農)의 티 발견 신화 등장.
B.C. 1122년	『시경(詩經, *The Book of Songs*)』에 찻잎 사용이 최초로 기록.
618년~907년	당대(唐代), 티 시대의 제1기. 찻잎을 물과 함께 넣어 끓이는 방식(煎茶, 전차)의 출현.
700년경	티가 표의문자 '차(茶)'에 의해 쓴맛의 식물을 뜻하는 '도(荼)'와 구별되다.
780년경	육우(陸羽, 733~804)가 티의 제반 내용을 집대성하여 『다경(茶經)』을 처음으로 간행. 『다경(茶經)』은 서양에서는 『티의 고전(*The classic of Tea*)』으로 번역되고 있다.
805년경	중국 순례를 마치고 돌아온 불교 승려들이 일본에 티를 소개.
960년~1279년	송대(宋代), 중국 티의 세 시대에서 두 번째로 중요한 제2기. 티를 가루로 만들어 물과 함께 넣고 휘저어 격불(擊拂)해 마시는 방식이 등장.
1191년	불교 승려 에이사이(榮西, 1141~1215)가 일본에 처음으로 차나무의 씨앗을 도입. 에이사이가 1214년에 티의 의학적 효능에 관한 논문을 작성.
1368년~1644년	명대(明代), 티의 세 시대 중 제3기. 찻잎을 끓는 물에 넣어 우려내 마시는 오늘날의 방식(点茶, 점차)이 등장.
1582년	불교 승려 센노리큐(千利休, 1521~1591)가 일본의 차 의식, 즉 '차노유(茶の湯, The Cha No You)'를 성문화(成文化). 승려들의 생활 특징인 조화, 존경, 순수, 그리고 평온의 개념을 기반으로 하고 있다.
1599년	엘리자베스 여왕 1세(Queen Elizabeth I, 1533~1603)가 동인도 회사를 설립. 동인도 회사는 1834년까지 대영제국(the British Empire)의 티 무역에서 거의 대부분을 독점하였다.
1610년	네덜란드인들이 동인도 회사를 통해 티를 일본 나가사키현 히라도(平戶) 항구에서 인도네시아를 경유하여 유럽 지역(암스테르담)으로 첫 수입.
1641년~1853년	일본 도쿠가와 막부의 쇄국(鎖国) 통치기. "누구도 일본 열도를 떠날 수 없고, 누구도 외국과의 접촉을 금한다"는 내용의 폐쇄적 정책 시행기.
1645년	중국으로부터 영국 런던의 항구로 티 상자(tea chest)들이 처음으로 유입.
1712년	독일의 자연학자 엥겔베르트 캠퍼(Engelbert Kaempfer, 1651~1716)가 1712년에 출간한 『회국기관(廻國寄觀), *Amoenitatum Exoticarum*』의 「일본의 식물(Flora Japonica)」 장에서 차나무 '테아 자포넨세(*Thea japonense*)'의 식물학적 내용을 서양인으로서는 처음으로 기록.
1752년	스웨덴의 식물학자 칼 폰 린네(Carl von Linné, 1707~1778)가 차나무의 이름을 '테아 시넨시스(*Thea sinensis*)'로 명명.

1773년	'보스턴 차 사건(The Boston Tea Party)' 발생. 영국 식민지에서 티의 판매를 독점했던 동인도 회사가 미국의 수입 티에 부과했던 높은 관세율에 저항하여 일어난 운동. 이 과정에서 항구에 정박한 세 척의 선박에 선적된 수입 티들이 바다로 내던져지면서 미국의 독립 전쟁이 촉발.
1700년대 후반~ 1800년대 초반	영국과 중국 사이의 무역 관계 악화. 영국이 중국에 아편을 밀매하면서 티와 물물교환을 시작
1823년	영국의 로버트 브루스(Robert Bruce) 소령이 인도 아삼(Assam) 지역의 정글에서 야생 차나무를 발견.
1834년	영국 런던에 티 거래소(The Tea Exchange) 개소.
1839년~1842년	청(清)의 황제가 마약인 아편의 밀수입을 막기 위해 광둥성의 항구를 폐쇄. 영국과 청 사이에서 제1차 아편 전쟁(The Opium War) 발발. 종전 후 영국에 유리한 난징조약(南京條約, 1842) 체결.
1848년	청(清)이 차나무 재배에 관한 내용을 극비로 부치자, 영국이 식물학자인 로버트 포춘(Robert Fortune, 1812~1880)을 중국 대륙에 스파이로 급파.
1856년~1860년	청과 영국·프랑스·미국·러시아 연합국 사이에서 제2차 아편 전쟁 발발. 종전 후 톈진조약(天津條約, 1858) 체결.
1859년	인도 다르질링 지역에서 티 산업 태동.
1866년	중국 푸젠성 푸지우(福州)에서 영국 런던 항구에 이르는 티 해상 루트에서 세기의 티클리퍼(Tea Clipper, 티 운송 범선) 경주 대회 개최. 당시 유명 티클리퍼였던 애리얼(Ariel)호와 테이핑(Taeping)호 간의 경주에서 테이핑호가 애리얼호를 간신히 따돌리고 우승.
1869년	식물 기생충인 헤르닐레이아 바스타트릭스(*Hernileia vastatrix*)로 인해 스리랑카의 커피 농장이 초토화. 이를 계기로 스리랑카에서는 몇 년 후 재배를 커피 대신 티로 전환.
1910년경	미국의 티·커피 유통 상인 토머스 설리번(Thomas Sulivan)이 티백(tea bag)을 개발.
1930년경	영국이 CTC 가공 방식을 개발해 대규모 티 생산의 길이 열리다. CTC는 'Crushing(부수다)-Tearing(찢다)-Curling(말아서 뭉치다)'의 약어이다.
1970년경	보이차(普洱茶, Puer tea)의 새로운 발효 과정으로 '악퇴(渥堆)'가 개발되어 숙성 시간이 앞당겨지다. 악퇴는 미생물을 이용하여 인위적으로 발효시키는 과정.
1976년	타이완의 루구향(鹿谷鄉) 지역에서 '티테이스팅 경연 대회' 시작.
1987년	중국이 최적의 재배종 및 품종을 22종으로 선정.
2007년	보이차(普洱茶, Puer tea)의 투기 시장에서 거품붕괴(bubble burst) 발생.

일러두기

- 티(Tea)는 서양에서는 오직 차나무의 찻잎만으로 우린 음료를 지칭하는 반면, 우리나라에서 차(茶)는 찻잎, 차나무, 찻물을 모두 지칭하고, 찻잎이 아닌 식물을 우린 음료도 차라고 표기하므로, 이 책에서는 혼란을 피하기 위해 찻잎을 사용한 상품을 티(Tea)로 표기했다.
- 중국 티의 이름은 우리나라 한자어 독음을 원칙으로 표기하고, 중국어 병음의 한글 표기법에 따른 이름도 병기하였다. 단 일본 티의 이름은 외래어 표기법에 따랐다.

PART 1

티(Tea),
산지에서 찻잔까지

차나무의 재배

차나무는 진달래목 차나뭇과 30속(屬) 가운데 하나인 동백나무속(*Camellia*)의 상록수이다. 야생 상태에서 차나무는 높이 약 30미터까지 자랄 수 있다. 차나무는 비록 꽃을 피우고 열매도 맺지만 오직 찻잎만을 티(Tea)로 생산하는 데 사용한다. 짙은 녹색으로 타원형을 이루는 찻잎은 가장자리에 톱니 모양이 있다. 찻잎의 길이는 보통 5~25mm 정도이다.

차나무의 원산지는 중국 윈난성(雲南省) 시솽반나(西双版纳) 지역이다. 지금도 그곳에서는 수많은 야생 차나무들이 오래전부터 자생하고 있다. 그런데 오늘날에는 차나무가 북위 43도(동유럽의 조지아)와 남위 27도(아르헨티나 동북부의 코리엔테스 시) 사이의 5대륙에 걸쳐 재배되고 있다.

차나무의 품종

오늘날 공식 기록된 동백나무속의 차나무 200종(種) 중에서도 오직 카멜리아 시넨시스(*Camellia sinensis*)종만이 티를 생산하는 데 사용된다. 이 종에는 세 변종(이하 품종이라 한다)이 있다. 중국의 시넨시스(*C. sinensis* var. *sinensis*), 인도의 아사미카(*C. sinensis* var. *assamica*), 캄보디아의 캄보디엔시스(*C. sinensis* var. *cambodiensis*)이다.

시넨시스 품종 *C. sinensis* var. *sinensis*

'시넨시스(*Sinensis*)'는 라틴어로서 티(Tea)가 처음으로 발견된 나라인 '중국(China)'을 뜻한다. 이 카멜리아 시넨시스 시넨시스 품종(이하 시넨시스 품종이라 한다)은 티 생산에 오래전부터 사용된 것으로 추정되고 있다. 야생 상태에서 이 품종의 차나무는 높이 약 6m까지 자랄 수 있다. 그리고 찻잎은 크기가 작고, 색상은 어두운 녹색이며, 무게는 가볍다. 시넨시스 품종은 다른 품종들보다 추위에 강해 내한성(耐寒性)이 높다. 따라서 중국, 일본, 이란, 그리고 터키 등에서는 이 시넨시스 품종을 고산지대를 비롯하여 척박한 기후 지역에서도 재배하고 있다.

시넨시스 품종의 티 생산 연령은 비교적 길며, 특정한 환경 조건 속에서는 100년 이상이나 티를 생산할 수 있다.

아사미카 품종 *C. sinensis* var. *assamica*

영국의 로버트 브루스 소령이 인도 아삼 지역에서 19세기 초에 발견한 이후로, 카멜리아 시넨시스 아사미카 품종(이하 아사미카 품종이라 한다)은 오늘날 인도, 아프리카, 스리랑카, 아르헨티나 등에서 광범위하게 재배하고 있다. 아사미카 품종은 특히 열대성 기후에 매우 적합하여 강우량이 풍부한 지역이나 평원에서 주로 재배한다.

아사미카 품종의 찻잎은 시넨시스 품종보다 향이 덜하지만, 더 크고 두꺼운 찻잎은 산화 과정을 거치면서 매우 단단하고 어두운 색의 티로 만들어진다. 또 아사미카 품종은 시넨시스 품종보다 더 높이 자란다. 야생에서는 특히 높이 30m까지도 자랄 수 있으며, 수령(樹齡)도 수백 년에 이를 수 있다. 재배 환경에 따라서 아사미카 품종의 티 생산 연령은 30년에서 50년 이상이 될 수도 있다.

캄보디엔시스 품종 *C. sinensis* var. *cambodiensis*

카멜리아 시넨시스 캄보디엔시스 품종(*C. sinensis* var. *cambodiensis*)(이하 캄보디엔시스 품종이라 한다)의 찻잎은 크고 유연하며, 길이 약 20cm까지 자랄 수 있다. 캄보디엔시스 품종의 티의 맛, 향 등 감각적 특성은 시넨시스 품종과 아사미카 품종에 비해 덜한 것으로 평가된다. 따라서 캄보디엔시스 품종은 티 생산에 거의 사용하지 않는다. 그럼에도 불구하고 캄보디엔시스 품종은 다른 두 품종, 즉 시넨시스 품종과 아사미카 품종과의 '자연 교배(natural hybridization)' 능력이 월등하여 종종 새로운 품종을 개발하는 데 사용한다.

인도 아삼의 자이푸르 재배 단지. 사진의 위쪽은 시넨시스 품종이고, 아래쪽은 아사미카 품종이다.

재배종

'재배한 품종(cultivated variety)'이라는 표현을 축약한 용어인 '재배종(栽培種, cultivar)'은 식물 종의 특정한 형질만을 택하였거나 돌연변이 혹은 교배를 통해 새로이 창조한 식물 종을 뜻한다. 이 같은 형질들은 파종(播種)을 통해서 반드시 이전되는 것은 아니기 때문에, 재배종은 동일한 '유전적 형질(genetic profile)'을 유지하려면 무성생식(無性生殖)의 한 방법인 꺾꽂잇법, 즉 '삽목법(揷木法)'으로 번식시켜야 한다. 삽목법은 식물의 가지, 줄기, 잎 등을 자르거나 꺾어 흙 속에 꽂아 뿌리를 내리도록 하는 방법이다.

나중에 좀 더 자세히 살펴보겠지만, 동양의 전통 식물학에서는 공식적으로 인정되어 있지만, 서양의 식물 목록에서는 거의 언급조차 되지 않는 재배종들도 많다. 차나무는 자연적 교배 능력이 월등하여 병충해의 내성을 증가시키거나 환경 적응력을 높이기 위해서, 더 나아가서는 독특한 향을 개발하기 위해서 품종 간 교배를 자주 실시한다.

중국 안시현의 함철 토양. 이곳에서는 차나무가 우롱차인 철관음을 위해 재배되고 있다.

테루아

티의 품질에 굉장히 큰 영향을 주는 중요 요인으로는 종자, 재배 시기, 그리고 채엽(採葉, picking)의 방식 외에도 토양, 기후, 고도, 위도와 같은 테루아, 즉 재배지의 배경 환경적 특성도 있다. 더욱이 각 지역은 고유한 농업적 특성도 띠고 있다. 따라서 동일한 차나무라도 재배 환경에 따라 다른 맛의 티가 생산된다. 즉 차나무는 각기 재배 환경에 맞게 적응해 성장함에 따라 이로 인해 생성되는 함유 성분들도 매우 흥미로운 향미를 생성한다. '테루아(terroir)'는 그 지역의 토양, 기후, 고도, 위도까지도 총체적으로 내포하고 있어 특정 지역의 배경 환경적 특성을 정의하는 데 큰 도움이 된다.

토양soil

차나무의 재배에 필수적 요소인 표토(表土, topsoil)와 심토(心土, subsoil)의 질은 지역마다 매우 다양하다. 차나무는 다행히도 어떤 토질에서도 잘 자랄 수 있을 정도의 매우 놀라운 적응력을 갖춘 식물이다. 심지어는 화산토의 퇴적층에서도 자랄 수 있다. 그런 차나무도 최적 성장 조건이 있다. 수소이온농도지수(pH) 4.5~5.5인 산성토(酸性土)이다. 산성(酸性, acidity)은 식물이 토양에서 뿌리를 통해 영양분을 흡수하는 데 도움을 주기 때문이다. 차나무가 성장하는 데 이상적인 장소는 토양에 질소, 칼륨, 마그네슘 등의 미네랄이 풍부하고, 부식층(腐植層)이 두꺼운 곳이다. 그 밖에도 차나무의 원뿌리는 깊이 1.8m의 지점에서 단단한 암석 등 고형체(固形體)를 움켜쥐는 특성이 있어, 토양은 석회토나 점토가 아니라 모래 성분이 많아 비교적 밀도가 느슨한 사질토(沙質土)가 제일 좋다.

차나무는 성장에 많은 강우량을 필요로 함에 따라 재배에 가장 적합한 조건은 침투성과 배수성이 좋고, 여기에 '수분 보유율(moisture retention)'도 좋은 곳이다. 따라서 산악 지역이 가장 이상적인 재배지이다.

기후 climate

차나무는 열대나 아열대 지역에서 가장 잘 자란다. 차나무가 성장하는 데 최적의 장소는 건기가 3개월 이상 지속되지 않고, 평균 강우량이 약 1500mm 이상인 곳이다. 또한 평균 기온은 18~20도, 일조 시간은 최소 5시간 이상, 상대 습도는 70~90%일 때 가장 이상적이다.

차나무는 서리와 추운 날씨의 환경 조건에는 저항력이 낮다. 특별히 추위에 강하도록 개발된 특정한 품종을 제외하고는 대부분의 차나무는 기온이 영하 5도 이하로 내려가면 동사(凍死)한다.

기후 변화는 차나무에 새로운 향미를 발생시키는 데 큰 도움이 되기도 한다. 날씨 변화로 인해 생기는 장애가 잎 속에 든 엽록체(chloroplast)의 활동을 억제하고, 엽록소(chlorophyll)의 보유량을 증가시키는 반응을 촉진해 티의 향미를 보다 더 풍요롭게 하는 이유 때문이다. 그 밖에도 찻잎을 갉아먹는 곤충은 티의 향미를 한층 더 향상시키는 경우도 있다.

고도 altitude

아시아에서는 고산 지역의 험준한 비탈지에서 차나무의 재배지를 쉽게 접할 수 있다. 이런 고산 지역에서는 매우 뛰어난 품질의 티를 생산할 수 있기 때문이다. 차나무는 일조 시간이 하루에 불과 몇 시간밖에 되지 않는 척박한 기후 조건으로 인해 성장에 장애를 받지만, 대신에 그 결실로 풍부한 향미를 내는 방향성 물질들을 찻잎에 생성해 간직한다.

해발 고도 1000m~1500m인 지역은 차나무의 성장에 이상적인 곳으로 건기에도 안개가 자주 끼기 때문에 갓 돋아난 새싹이 성장에 필요한 수분을 유지할 수 있다.

위도 latitude

위도 또한 차나무의 성장에 매우 중요한 요소이다. 차나무의 성장 리듬이 위도에 따른 일조량 등의 요인으로 어느 정도 결정되기 때문이다.

차나무는 여러해살이식물로서 위도가 낮은 적도 부근에서는 찻잎을 연중 내내 수확할 수 있다. 반면 북위 또는 남위 16도 이상의 고위도 지역에서는 5주 이상의 긴 기간에 하루에 일조 시간이 불과 11시간도 되지 않는다. 따라서 차나무는 성장이 느려지면서 점차 휴면기(休眠期)로 접어든다. 차나무는 이 휴면기를 거치면서 방향성 성분들을 찻잎에 농축시킨다. 그해의 봄에 첫 수확물로 생산한 티가 우아한 맛이 강한 것은 이 때문이다.

카멜리아 시넨시스(*Camellia. sinensis*(L.) O. Kuntze)

중국에서는 차나무가 아주 오래전부터 알려져 있었다. 반면 서양에서는 독일 동인도 회사에서 근무했던 독일의 의사이자, 자연학자인 엥겔베르트 캠퍼(Engelbert Kaempfer, 1651~1716) 박사가 1712년에 출간한 『회국기관(廻國寄觀), *Amoenitatum Exoticarum*』의 「일본의 식물(Flora Japonica)」 장에서 차나무 '테아 자포넨세(*Thea japonense*)'의 과학적 내용을 처음으로 기록하면서 알려졌다. 1753년에 스웨덴의 식물학자 칼 폰 린네(Carl von Linne, 1707~1778)는 그의 저서 『식물의 종(*Species Plantarum*)』을 완성하고, 여기에서 차나무를 '테아 시넨시스(*Thea sinensis*)'로 명명하였다. 린네는 이 차나무를 다른 두 종으로 분류하였다. 즉 카멜리아 자포니카(*Camellia japonica*)와 카멜리아 사산쿠아(*Camellia sassanqua*)이다. '카멜리아(Camellia)'라는 용어는 1959년에 공식적으로 '국제식물명명규약(International Code of Botanical Nomenclature)'에 등재되었다. '카멜리아(Camellia)'는 17세기 말까지 아시아에서 식물을 연구했던 게오르그 요세프 카멜(Georg Joseph Kamel, 1661~1706)에 대해 경의를 표하는 용어이다. 여기에 식물학자 린네는 종명인 '시넨시스(sinensis)'를 덧붙였다. 'L.'은 린네 이름의 이니셜이다. 또한 'O. 쿤체(Kuntze)'는 독일의 식물학자 카를 에른스트 오토 쿤체(Carl Ernst Otto Kuntze, 1843~1907)'이다.

다원

일반 가정에서 차나무가 소규모로 재배되기 시작한 것은 4세기부터이며, 차나무를 대규모로 재배하는 농장이 최초로 등장한 곳은 중국의 쓰촨성(四川省)인 것으로 추정하고 있다. 그 이전에는 찻잎은 야생의 산지에서 자란 아주 오래된 차나무로부터 수확되었다. 오늘날에도 윈난성(云南省)에서는 그런 오래된 차나무들을 지금까지도 볼 수 있다. 이들 차나무의 찻잎은 희귀한 티나 고품질의 티를 생산하는 데 사용하고 있다. 그러나 오늘날에는 차나무를 일반적으로 '다원(gardens)'이나 '재배 단지(estates)' 등의 농장에서 대부분 재배하고 있다.

이러한 농장은 어떤 곳은 수 헥타르 미만인 곳에서부터, 또 어떤 곳은 수천 헥타르 이상인 곳에 이르기까지 그 규모가 매우 다양하다. 계단밭 방식이든, 아니면 듬성듬성하게 단순히 산재한 방식이든지 간에 차나무는 보통 1헥타르(약 2.47에이커)당 5000~1만 5000그루가 심겨 있다. 중국에서 소규모의 다원들은 보통 티 생산의 전 과정을 직접 운영하는 영세 농가들이 소유하고 있으며, 수백 헥타르에 달하는 규모의 재배 단지는 보통 수천 명의 인부들을 고용하고 있는 대기업이 소유하고 있다.

대부분의 큰 다원들은 인도의 '다르질링(Darjeeling)'과 같이 브랜드명이 있지만, 항상 그런 것만은 아니다. 인도의 다른 지역인 닐기리(Nilgiri Hills)나 스리랑카의 수많은 영세 농가들은 대부분 직접 생산한 신선한 찻잎을 그 지역의 티 가공업체에 공급하고 있다. 이렇게 공급되는 수확물들은 품질이 특별나지 않아 보통 낮은 등급의 티를 생산하는 데 사용한다. 이런 티들은 브랜드명으로 흔히 그 지역의 이름이 붙거나, 찻잎을 가공하는 공장-차창(茶廠)이라고도 한다-의 이름이 붙는다.

최대급 규모의 농장들은 전 세계에 걸쳐 인도의 아삼 지역과 케냐의 평원, 그리고 아르헨티나의 수많은 산업 지역에 분포하고 있다. 반면 가장 작은 다원들은 보통 고도 2600미터 이상의 매우 험준한 산악지의 비탈에 분포하고 있다.

꺾꽂잇법 : 삽목법(插木法)

오늘날 차나무의 품종을 증식하는 가장 일반적인 방법은 '꺾꽂잇법' 또는 '삽목법(插木法)'이라는 방법이다. 식물의 품종을 증식하는 이 방법은 어미나무인 모수(母樹)로부터 잎이 달린 줄기를 잘라서 직접 토양에 심는 것이다. 이 방법을 통하면 동일한 유전형질을 보유한 새로운 개체의 식물을 얻을 수 있다.

이 방법은 또한 동일한 향미를 지닌 동종 수확물의 생산성을 보다 더 높일 수 있다. 물론 이 방법에도 문제점은 있다. 꺾꽂잇법으로 생산된 모든 식물들이 모수, 즉 어미나무의 복제인 만큼 어미나무의 장점과 단점을 동시에 갖고 있다는 점이다. 만약 한 나무가 예를 들어 질병에 걸리면 그 농장 전체에 질병이 확산되는 것이다. 이런 위험을 피하기 위해 보통 차나무의 품종 증식은 두 가지의 증식 방법, 즉 꺾꽂잇법과 파종을 동시에 병행하고 있다.

인도의 아삼 지역에 소재한 홍왈 재배 단지에서 노동자들이 비가 내리는 가운데 채엽 작업을 하고 있다.

인도의 닐기리 지역에 소재한 쿠누르 다원(Coonoor garden)의 전경.

안길백차(安吉白茶, 안지바이차, Anji Bai Cha)를 생산하기 위해 재배하고 있는 백엽종(白葉種, Bai Ye)의 어린 차나무.

일본에서는 가지치기를 한 후에 부수물인 가지와 잎들을 차나무의 이랑 사이에 흩어 둔다.

농장 운영

차나무를 재배하는 데는 많은 작업과 기술이 요구된다. 이런 이유로 대부분의 티 생산 국가에서는 연구센터를 설치하여 보다 더 흥미로운 향미의 특성을 띠면서도 기후 환경에도 더 강한 새로운 재배종을 개발하기 위해 많은 연구들을 진행하고 있다.

티 생산 국가들은 이런 연구 개발을 통해 교배를 보다 더 용이하게 하고, 최고 형질의 재배종을 복제 증식하는 등 재배 기술을 끊임없이 발전시키고 있다. 이전의 파종 기술은 위험성이 높았을 뿐 아니라 균질한 특성의 작물을 생산하기도 어려웠다. 특히 이종 교배와 관련하여 차나무의 풍부한 수용력도 예측하지 못한 매우 다른 성질의 새로운 줄기들을 만들어 냈다.

한편, 차나무를 재배하는 사람들은 모든 농사일의 기본적인 일인 청소 작업, 배수 작업, 흙 갈기, 제초 작업과 같은 일을 해야 할 뿐 아니라 어린 차나무로부터 수익을 보기 위해서는 적어도 3년에서 5년을 더 기다려야만 한다. 물론 이 기간 동안에도 재배인들이 관리를 잘 해야만 비로소 어린 차나무가 매우 강한 차나무로 자라날 수 있다. 야생 상태의 차나무는 최대 높이 15m까지 자랄 수 있기 때문에 주기적으로 가지치기를 해 주어야 한다. 이로써 차나무는 약 1m 이상으로는 자라지 않는다. 따라서 찻잎을 보다 더 쉽게 수확할 수 있다. 이외에도 새싹의 성장을 촉진하기 위한 '세이핑(shaping)'이라는 가지치기도 있다. 이 세이핑은 차나무의 가지를 뻗어나가도록 하고, 또 그 모양이 수평면을 이루도록 하는, 이른바 '피킹 테이블(picking table)'을 형성시킨다.

평균 수령 30~50년에 걸쳐서 차나무로부터 찻잎을 풍부하게 생산하기 위해서는 가지치기를 규칙적으로 해 주어야만 한다. 이외에도 차나무의 성장을 증대시키고, 구조를 강화하며, 재생산을 촉진하기 위해서는 매 5년마다 좀 더 심한 가지치기를 해 주어야만 한다.

햇빛을 차단하고 토양 속에 질소 영양분을 공급하기 위해 다른 종의 나무를 일종의 '차광 나무(shade tree)'로 심기도 한다. 그리고 가지치기를 한 후 부수물인 가지나 잎들은 표토를 보존하거나 개량하기 위해 차나무들 사이에 흩어 둔다.

다양한 종류의 티

차나무로부터 찻잎을 따는 '채엽(採葉, picking tea leaves)'은 단순해 보이지만 사실은 매우 정교한 작업이다. 거의 모든 티 생산 국가에서 이 작업은 대부분 여성의 섬세한 수작업으로 이루어진다. 채엽 작업에 나선 사람들은 요구되는 채취 방식에 따라 엄지와 검지 사이에 새싹을 매우 섬세하게 쥐고 조심스럽게 다룬다. 이어 그들의 등에 메고 있는 가방이나 대바구니에 그 찻잎들을 넣는다. 이와 같은 일은 매우 정교한 작업이다. 왜냐하면 찻잎의 성숙도에 따라 함유된 방향성 물질의 양이 다르기 때문이다. 또한 요구되는 방향성 물질의 농도가 더 높을수록, 찻잎이 더 어릴수록, 찻잎의 크기가 더 작을수록 수확량도 더 적을 것이다. 따라서 다원의 티 생산량과 티 향미의 품질은 찻잎의 수확 시기에 매우 크게 좌우된다.

차나무는 기후 조건이 적당한 열대 지역에서는 계속해서 자란다. 따라서 이런 지역에서는 찻잎을 4~15일 간격으로 1년 내내 수확할 수 있다. 보다 더 기후가 온난한 곳이나 산악 지역에서의 채엽은 계절의 순환과 날씨에 따라 보통 4월부터 11월까지 이루어진다. 특히 한 해에서 특정 시기에는 찻잎에 방향성 물질이 보다 더 풍부해진다. 예를 들면 한 해의 첫 수확물은 찻잎이 섬세하고 부드러워 아로마 오일(aromas oil), 즉 방향유를 보다 더 많이 함유하고 있기 때문에 가격이 가장 높다.

녹차 황산모봉(黃山毛峰, 황산마오펑, Huang Shan Mao Feong)을 생산하고 있는 중국 안후이성(安徽省)의 한 다원.

일아이엽(一芽二葉, a bud and two leaves).

중국 녹차, 육안과편(六安瓜片, 루안과폔, Lu An Gua Pian)을 생산하기 위해 채엽하는 모습.

채엽의 전통적인 세 방식

'피코(pekoe)'는 각 줄기 맨 위에 위치한 '어린 새싹'을 가리키는 용어이다. 다른 표현의 용어로는 '끝눈(terminal bud)', '정아(頂芽)'가 있다. 이 피코는 아직 펴지지 않은 상태로 보통 미세한 잔털로 뒤덮여 있다. 피코(pekoe)는 중국어로 '백호(白毫)[Bai Hao]'의 푸젠성 방언 발음 '팍호[pak-ho]'에서 유래했지만 오늘날에는 보통 새싹에 돋아난 하얀 잔털을 묘사하는 데에 사용하고 있다.

이 피코는 세 가지의 채엽 형태와 관련해서 언급된다. '헌상급 채엽(imperial picking)', '상급 채엽(fine picking)', 그리고 '중급 채엽(medium picking)'이다.

'헌상급 채엽(imperial picking)' 또는 '특상급 채엽(super fine picking)'은 피코와 그 아래의 한 잎만 수확하는데, 품질이 최고급이다. 이 찻잎은 고대 중국에서 황제나 고위 관리에게 헌상용으로 준비되었기 때문에 채엽 방식에도 그렇게 이름이 붙었다. 이 찻잎들은 일년에 단 한 번 봄에 수확한다. 마찬가지로 품질이 매우 높은 '상급 채엽'은 피코와 그 아래의 두 잎을 수확한다. 그리고 '중급 채엽'은 피코와 그 아래의 세 잎을 수확한다. 결국 정리하면 다음과 같다.

헌상급 채엽 imperial picking : 피코 P +1/일아일엽 一芽一葉

'특상급 채엽(super fine picking)'이라고도 한다. 피코(Pekoe, P) 한 싹과 그 아래의 한 잎만을 채엽하여, 보통 'P+1', 또는 '일아일엽(一芽一葉)'의 방식이다. 제국의 황제(imperial)나 고위 관리(superior)에게 바칠 헌상용으로 준비한 데서 이름이 유래되었다.

상급 채엽 fine picking : 피코 P +2/일아이엽 一芽二葉

'헌상급 채엽'에 버금갈 정도로 높은 품질을 자랑하는 채엽 방식. 피코(P) 한 싹과 그 아래의 두 잎을 채엽하여, 보통 'P+2', 또는 '일아이엽(一芽二葉)'의 방식이다.

중급 채엽 medium picking : 피코 P +3/일아삼엽 一芽三葉

피코(P) 한 싹과 그 아래의 세 잎까지 채엽하여, 보통 'P+3', 또는 '일아삼엽(一芽三葉)'의 방식이다. 품질은 헌상급과 상급에 비해 대체로 떨어진다.

오늘날에는 찻잎을 수확할 수 있는 기계들이 많이 개발되어 있다. 그러나 그런 기계들이라도 산지의 경사지나 전문가들이 직접 손으로 채엽해야 하는 상황에서는 사용할 수 없다. 이런 이유로 인건비가 낮은 국가나 가파르고 경사진 곳의 조그만 다원에서는 최고 품질의 수확물을 얻기 위해 보통 수작업으로 채엽하고 있다.

평균적으로 티 1kg을 생산하기 위해서는 약 1만 2000잎의 새싹과 5kg의 찻잎이 필요하다. 인도에서는 찻잎을 수확하는 사람들이 하루에 평균 30~50kg의 찻잎을 수확한다.

티의 분류

영국의 식물학자 로버트 포춘(Robert Fortune, 1812~1880)이 19세기 중반에 차나무의 재배에 관한 비밀을 알아내기 전에는 유럽인들은 녹차(green tea)와 홍차(black tea)가 각기 다른 품종의 차나무에서 생산된다고 믿고 있었다. 물론 오늘날의 사람들은 녹차와 홍차가 자연 상태의 찻잎이 산화 과정을 통해 색과 맛이 변화한 것이라는 사실을 알고 있다.

산화(oxidation)는 찻잎의 세포가 파괴될 때 반응하는 효소, 즉 산화효소(oxidase)에 의해 일어난다. 이 효소는 산소와 함께 반응하면서 찻잎의 산화를 더욱더 촉진한다. 갓 수확된 신선한 찻잎은 이 산화 과정을 통해 다양한 종류의 티로 만들어질 수 있는 것이다.

만약 채엽 방식이 '티의 품질'에 영향을 주는 결정적인 요인이라면, 전통적인 방식으로 찻잎을 가공하는 전문적인 기술은 '티의 최종적 맛'에 영향을 주는 결정적인 요인이다. 대부분의 농장에서는 찻잎이 수확된 뒤 자연히 산화되는 시간을 최대한 단축하기 위해 찻잎이 도착하자마자 즉시 가공할 수 있는 가공 공장을 갖추고 있다. 개인 소유의 가공 공장이 없는 영세 재배 농가들은 종종 찻잎을 가공할 수 있는 더 큰 생산자에게 그들의 수확물을 보낸다.

티의 각 분류는 찻잎을 가공하는 방식에 따라 나눈 것이다. 예를 들면 녹차를 생산하기 위해 산화를 일으키는 효소를 비활성화하는 방법으로 찻잎들을 뜨거운 불에 달구어진 팬에 덖는 '초청(炒青, fired)' 방식을 사용하는지, 뜨거운 증기로 가득한 원통에 넣고 찌는 '증청(蒸青, steamed)' 방식을 사용하는지 등이다. 우롱차(烏龍茶, wulong, oolong)는 가볍게 산화시키거나 산화도를 조절하여 만든다. 반면 홍차는 습도를 80~90%, 온도를 22~23도로 유지한 상태에서 찻잎을 완전히 산화시켜 만든다.

티에는 6대 분류가 있으며, 백차(白茶, white tea), 녹차(綠茶, green tea), 황차(黃茶, yellow tea), 우롱차(烏龍茶, wulong, oolong tea), 홍차(紅茶, black tea), 보이차(普洱茶, 푸얼차 Pu er, Pu-erh tea)이다. 우롱차와 보이차는 중국의 6대 티 분류에서는 각각 청차(青茶)와 흑차(黑茶)에 속한다.

건조 찻잎(아래)과 찻잎을 우린 액상의 티(가운데), 우려낸 찻잎(위)을 세 줄로 배열해 놓은 모습.

티와 향신료를 혼합한 '차이(chai)'.

꽃 향을 풍기는 녹차.

백차 白茶, white tea

최고 품질의 백차는 가격이 비싼 새싹만으로 만든다. 백차는 제조 과정이 최소한에 그친다. 찻잎들을 자연적으로 건조하거나 습기를 빨리 제거하기 위해 팬을 사용하여 건조하기도 한다. 찻잎을 우린 티는 맛과 향이 섬세하고 싱그럽다. 티 카페인인 테인(thein)의 함유량이 적다.

녹차 綠茶, green tea

중국과 일본, 그리고 한국에서 선호하는 음료이다. 이들 국가에서 주로 생산하는 녹차 상품의 종류만 1500종이 넘는다. 신선한 찻잎은 산화를 방지하기 위해 열처리인 살청(殺靑) 과정을 거친다. 이 과정에서 음료의 식물적 색상인 '녹색'이 짙어진다.

황차 黃茶, yellow tea

매우 희귀한 티이다. 찻잎을 축축한 천으로 싼 상태에서 증기를 쬐어 찻잎의 온도를 높이는 민황(悶黃) 과정을 통해 특성이 결정된다. 이 과정에서 효소 산화가 약하게 일어나 찻잎과 이를 우린 찻빛이 노란빛을 띤다.

우롱차 烏龍茶, wulong, oolong tea

우롱차는 약 300년 동안 계승되어 온 전통에 따라 생산되고 있다. 찻잎을 비비거나 굴리는 성형 과정에 앞서 부분 산화를 일으켜 만든다. 중국인과 타이완 사람들은 두 가지 형태의 우롱차를 생산하고 있다. 찻잎을 약 10~30% 정도로 약하게 산화시켜 바디감이 가볍고 향긋한 꽃 향이 풍기는 우롱차와 약 40~70% 정도로 강하게 산화시켜 바디감이 무겁고 목향, 과일향, 그리고 때때로 캐러멜 향이 나는 우롱차이다. '우롱(烏龍)'은 원래 '흑룡(黑龍)'을 뜻하는데, 차나무의 가지에 똬리를 틀고 있는 검은 뱀을 가리키기도 한다. 이런 뱀을 무서워하는 아이들의 마음을 안심시키기 위해 어른들은 아이들에게 종종 그 뱀을 '소흑룡(小黑龍)'이라고 이른다.

홍차 紅茶, black tea

홍차는 찻잎을 완전히 산화시켜 만든다. 이 찻잎을 우리면 찻빛이 구릿빛을 띠어, 중국인들은 이 티를 '붉은 티'라는 뜻에서 홍차(紅茶)라 불렀다.

보이차 普洱茶, 푸얼차, Pu er, Pu-erh tea

보이차는 중국 남부 지방인 윈난성에서 처음으로 생산되었다. 이곳에서는 티를 야생에서 자라는 오래된 차나무로부터 채엽하여 만들었다. 이후 압축하여 떡의 형태인 '병차(餠茶, bricks)'로 만들어 운반하였다. 이 보이차는 오늘날 중국의 대표적인 특산품으로 자리를 잡았다. 중의학 의사들은 수세기 동안 보이차를 소화 촉진과 청결 작용의 효능제로 사용해 왔다.

가향, 가미차scented or flavored tea

티의 6대 분류 외에도 기존의 6대 분류의 티에 꽃이나 과일 또는 향신료용 꽃을 섞거나 향을 배게 한 가향차, 가미차들도 많다. 완전히 다른 접근 방식이지만, 티에 향을 가하는 일은 그 자체적으로도 이미 고유한 예술적 경지를 지닌다. 또한 이는 매혹적인 티의 세계의 또 다른 한 측면으로 고려되고 있다. 일반적으로 가향, 가미차라 하면 보통 통틀어 '플레이버드 티(flavored tea)'라 하는 경우가 많지만, 사실은 두 종류로 엄격하게 세분화되어 있다.

가향차(scented tea)는 찻잎에 꽃향 혹은 혼합된 향신료의 향을 입혀서 만든 티이다. 반면 가미차(flavored tea)는 '인공 향미료(synthetic flavorings)'나 '과일에서 추출한 방향유(essential oil)'를 뿌려 만든 티이다. 이에 따라 가향차와 가미차를 앞으로는 엄격히 구분해 표기한다.

꽃향기를 풍기는 가향차는 전통적으로 층상의 건조대에 찻잎과 꽃들을 한층한층 엇갈아 교대로 놓아 만든다. 이 과정에서는 보통 꽃의 품질이 찻잎의 품질보다 더 좋아야 하지만, 무엇보다도 더 중요한 것은 꽃의 향과 찻잎의 약한 쓴맛 사이에서 적절한 균형이 이루어지도록 세심한 주의를 기울여야 한다는 점이다.

건조실의 온도를 약 12시간 동안 40도로 유지하면, 찻잎과 꽃이 서서히 건조되면서 찻잎에 꽃향기가 배어든다. 그리고 이렇게 건조된 꽃들을 12시간마다 걷어 내고, 그 자리에 새로운 신선한 꽃들로 교체해 준다. 이러한 과정은 가향차에 향의 세기를 얼마나 요하는지에 따라 보통 4회에서 8회 정도 반복된다.

훈연차smoked tea

소종(小種, su-chong) 찻잎이 재료인 훈연차(燻煙茶, smoked tea)는 찻잎에 독특한 향을 가하기 위해 소나뭇과의 가문비나무를 밑에서 태우고, 그 위의 선반에 찻잎을 올려놓고 건조한다. 이 방법은 19세기 초 푸젠성에서 우연히 등장하였다.

일화에 따르면, 어느 한 농부가 국가로부터 개인의 창고를 포기하도록 강요를 받았다. 이에 농부는 창고에서 아직도 축축한 상태로 있는 자신의 찻잎을 잃지 않으려고 고민하였다. 궁리 끝에 근처에서 가문비나무를 태우고, 그 위에 선반을 놓고, 찻잎을 늘어놓아 건조시켰다. 이 방법으로 찻잎들은 매우 빠르게 건조되었고, '훈연향(smoky aromas)'이라는 새로운 향을 얻게 되었다. 중국에서는 이를 '송연향(松煙香, 쑹옌샹)'이라 한다. 농부는 이 발견을 자랑스러워했지만, 이 훈연차를 사려는 사람들을 찾기가 매우 어려웠다. 마침 이곳을 지나던 한 외국 상인이 이 훈연적 특성에 매혹되어 대량으로 구입해 유럽으로 건너갔다. 그런데 뜻밖에도 폭발적인 인기를 얻은 것이다.

세계 각지의 티 테루아

1. 중국(China) : 티의 종주국

2. 일본(Japan) : 녹차 대국

3. 타이완(Taiwan) : 우롱차 왕국

4. 인도(India) : '영국 홍차'의 발상지

5. 다국적 티 생산국
    - 스리랑카(Sri Lanka) : 실론티의 나라
    - 네팔(Nepal) : 세계 지붕의 티 생산국
    - 베트남(Vietnam) : 떠오르는 티 생산국
    - 동아프리카 해안국 : 홍차 생산의 신대륙

PART 2

세계의 '테루아(Terroir)'

티의 수요가 전 세계적으로 증가하고 있는 가운데, 서양이나 그 밖의 지역으로 수출되는 티의 대부분은 오늘날 산업적으로 대량 생산되고 있다. 이 거대 규모의 생산은 점점 더 생산성을 높이는 데 중점을 두고 있다. 이와 함께 티의 품질성을 한층 더 높이기 위한 독특한 산지(테루아)를 찾아내는 일도 그 중요성이 커지고 있다. 이 장에서는 티를 생산하는 여러 국가들의 독특한 특성과 각 테루아별 티에 관한 전문지식들을 소개한다.

티의 종주국
중국(China)

수천 년의 문화적 역사를 살펴보면, 중국은 화약, 나침반 등 '발명'을 비롯하여 전 세계의 문명에 일대 변화를 몰고 온 수많은 '발견'들의 종주국이었다. 티의 발견 역시도 중국이 다른 대륙을 정복하기 이전부터 뿌리를 내려왔던 그러한 문화유산의 한 일부이다.

티는 처음에는 그 의학적 효능으로 인해 약용으로 사용되었지만 수세기를 지나면서 점차 일상생활에 없어서는 안 될 중요 필수품으로서 자연스럽게 자리를 잡았다. 오늘날 중국은 매우 다양한 종류로 생산되는 티 제품과 각 산지(테루아)별 독특한 다양성, 그리고 고도의 전문적인 지식(기술)으로 전 세계의 주목을 받고 있다. 또한 전문적인 지식은 티를 생산해 왔던 문화를 통해 철저하게 계승되면서 오늘날 티를 생활의 한 양식으로 자리를 잡게 했다.

중국 윈난성 난눠 산(南糯山)에서 자생하고 있는 야생 차나무.

역사

중국은 '티(tea)'의 기원지이다. 중국의 전설에 따르면, 티가 발견된 것은 약 5000년 전의 일이다. 이후 티는 오랜 세월 동안 일상생활 속에서 중국인들과 늘 함께해 왔다. 그러나 티는 중국에서 매우 오래전부터 음용해 왔지만, 항상 오늘날의 모습 그대로 있었던 것은 아니다. 실제로 차나무를 재배하는 방법과 마시는 방식은 시간이 흐르면서 관습과 함께 발전하였다.

신농-티 발견 신화

중국 전설에 의하면 티가 최초로 발견된 시기는 기원전 2737년이다. 신화 속의 신농(神農) 황제-신의 황제로 알려져 있다-는 새로운 식물의 약리적 효능을 발견하기 위해 항상 실험해 왔다. 그 과정에서 신농 황제는 어느 날 부작용으로 인해 이상 증세에 시달렸다. 이어 나무 아래에 앉아서 그 증상을 없애기 위해 물을 끓여 마시고 피곤한 상태로 깊은 잠에 빠졌다. 신농 황제가 깨어났을 때, 언뜻 물속에 낯선 잎들이 있는 모습을 보았다. 강한 호기심에 이끌려 그 우린 잎들을 맛보았던 신농 황제는 그 잎이 약간 쓴맛은 있지만 자신의 몸을 해독시키고 활력을 불어넣은 사실을 발견했다는 것이다.

이 전설로 미루어볼 때, 티는 중국에서 적어도 약 5000년에 걸쳐서 약용으로 사용해 왔음을 알 수 있다. 중국 최초의 티 마스터인 육우(陸羽, Lu Yu, 733~804)의 저서 『다경(茶經)』에 따르면, 티를 널리 마시기 시작한 것은 주대(周代, B.C. 1046~B.C. 256)부터였다. 이 당시까지만 해도 티는 약용으로 사용하거나, 아니면 다른 음식과 함께 넣어 끓이는 등 식재료로 사용하였다. 이후 티를 그 자체로 고유의 음료로 인식하기 시작한 것은 한대(漢代, B.C. 206~B.C. 220)부터였다.

티의 세 시대- 당唐, 송宋, 명明

중국 봉건 사회는 당대(唐代, 618~907)에 최전성기를 맞아 문화의 꽃을 피웠다. 이 시대에 티 문화는 그림, 서예, 시와 함께 크게 발전하였다. 눈부신 경제 성장, 부유한 사회생활, 그리고 풍부한 문화적 교류로 티 중심의 문화가 확산하는 데 필요한 배경적 요건들이 형성되었다. 이와 함께 차나무의 재배 농장들도 더욱더 늘어나 차나무를 재배하는 기술도 진보하였다. 또한 티를 제조하는 가공 기술도 발전하여 한층 더 전문화되었다.

티가 처음으로 대중화되기 시작한 것도 이때부터였다. 티 한 잔을 조용히 내며 손님을 친숙하게 맞이하는 관습은 오늘날에는 일상적인 일이 되었지만, 당시에는 주로 관료, 귀족, 승려 등 상류 계층이 누릴 수 있었던 특권이었다. 이후 이러한 관습은 사회의 모든 계층으로 급속히 확산되었다. 이 과정에서 티는 가격이 더욱더 내리고, 술보다 더 좋은 자극제가 되어 점차 시인, 예술인, 철학자들의 기호음료로 자리를 잡았다. 이외에도 티는 유목민들에게 비타민의 중요 공급원이 되었다. 이와 같이 티의 인기가 상승함에 따라 티를 전문적으로 파는 찻집도 최초로 등장하였다. 시, 도자기, 그리고 그림 또한 티 문화를 진정한 예술로 급성장시키는 데 큰 몫을 했다.

당대(唐代)에는 티가 오늘날의 방식으로 준비되지 않았다. 당시에는 티가 병차로 압축되었다. 이를 '긴압차(緊壓茶)'라고도 한다. 티를 마시기 위해서는 먼저 이 떡 형태의 병차를 절구에 넣고 절굿공이로 찧어 분쇄해야만 했다. 이어 분쇄된 가루차에 소금을 넣고, 여기에 생강, 양파, 귤껍질(陳皮, 진피), 쌀을 넣어 끓였다. 이렇게 끓인 죽을 조그만 나무 그릇에 담아 먹었던 것이다. 이때 죽은 맑은 액체보다 걸쭉한 액체에 가까웠다. 티는 다른 식재료를 섞지 않고 마셔야 한다는 생각을 널리 확산시키는 데 큰 역할을 한 육우는 "이 음료는 물받이 속에 든 깨끗한 세척수와도 같다"고 언급했다. 티는 또한 중국 남부에서 티베트 북부에까지 총 1500km 이상에 이르는 먼 거리로 운송되었기 때문에 다루기 쉬운 병차 형태로 성형되었다. '잎차(loose leaf tea)'는 무게가 수 kg밖에 나가지 않지만, 그 부피는 당나귀가 등에 지고 운반하기에 너무도 컸다.

이 시대에 티의 인기는 중국을 넘어 해외로까지 퍼져 나갔다. 사람들이 티의 향미와 효능에 매료되면서 이웃 국가인 한국, 몽골, 그리고 수많은 유목국가들이 주요 소비국이 되었다. 중국에서는 병차의 무역이 국가적 규모의 이익을 낼 수 있다는 것을 인식한 후부터 티는 귀중한 '교환 통화'가 되었다. 당대(唐代)에 중국은 티와 말을 주관하는 관청을 설치하고, 병차를 몽골의 말과 교환하였다. 이렇게 허용된 무역을 통해 중국은 몽골의 강한 체력을 지닌 전마(戰馬)를 바탕으로 기마 부대를 갖출 수 있었다.

송대(宋代, 960~1279)에는 티의 생산과 소비 부문에서 일대 변화가 일어났다. 이 시대는 티를 휘저어 마시는 시기, 즉 '격불(擊拂)의 시기'였다. 티를 마시기에 앞서 건조 찻잎을 맷돌로 갈아 고운 가루 형태로 만들었다. 이 가루차를 체로 걸러 사발에 넣고 비취색의 거품이 일 때까지 대나무로 만든 차선(茶筅)으로 휘저어 거품을 내 마셨다. 이러한 방식을 오늘날에는 '격불 방식'이라고 한다. 이 시대에 불교 승려들에 의해 티가 처음으로 전파되었던 일본에서는 오늘날까지도 이 방식을 '차노유(茶の湯, The Cha No You)'라는 다례(茶禮)를 통해 계승하고 있다.

일반인들 사이에서도 이제 티는 보다 더 쉽고 간편하게 마실 수 있게 되었다. 즉 티를 만드는 시간이 줄어들고, 준비 방식도 간편해지면서 티의 대중성은 점점 더 커져 갔다. 최고급만 수확하는 전통도 이때부터 시작되었다. 즉 첫 새싹(피코)과 그 아래의 한 잎(P+1, 일아일엽)만 초봄의 수확기에 채엽하는 '헌상급 채엽'이다. 그리고 이 수확물은 오직 황제에게만 헌상되었다. 또한 고급스러운 액세서리도 등장하였다. 티의 비취빛이 보다 더 두드러지도록 어두운 색감의 유약을 마감재로 사용한 넓고 편평한 자기 사발이 나무로 만든 사발을 대체하였다.

중국의 티 문화가 이처럼 확산되는 가운데 13세기에는 불행이 찾아왔다. 몽골 대군이 중국을 침략하여 티의 보급이 늦추어졌던 것이다. 이로부터 약 100년 후 문화적 부흥기를 맞은 명대(明代, 1368~1644)에 이르러서 비로소 티 문화는 부활하였다. 오늘날 티를 준비하는 방식도 이때부터 시작되었다. 즉 건조 찻잎에 부글부글 끓는 물을 부어 티를 우려내는 방식이 처음으로 등장한 것이다. 주전자, 찻주전자, 손잡이 없는 찻잔인 종(盅) 등 오늘날 티를 우려내는 데 사용하는 대부분의 다구들이 이 시대에 등장하였다.

청대(清代, 1644~1914)는 중국 티의 역사에서 또 하나의 중요한 시대이다. 사실 여러 유명 티들이 청대(清代)에 이름이 명명되었다. 유명한 벽라춘(碧螺春, 비뤄춘, Bi Luo Chun)과 용정(龍井, 룽징, Long Jing)은 청대(清代) 최전승기의 건륭제(乾隆帝, 1711~1799)가 이름을 붙였다. 이 시대에 중국은 또한 티 무역에 관한 독점권을 상실하였다. 유럽에서 티의 수요가 증가하면서 차나무의 재배지가 동아시아의 다른 지역을 비롯하여 인도, 아프리카, 스리랑카 지역으로 확산되었기 때문이다. 티에 대한 비밀(156페이지 참조)이 밝혀지자, 영국은 티의 수입을 더 이상 중국에 의존할 필요가 없었다.

20세기에 전제 황권 시대의 종말, 일본의 중국 침략, 그리고 1949년 중국 공산당 혁명의 내전을 겪으면서 중국은 사회, 문화 분야에서 근본적인 변화가 일어났다. 특히 "과거는 잊고, 미래로 나아가자!"라는 구호를 내걸고 일어난 '문화대혁명(1966~1976)'은 차나무의 문화를 결정적으로 쇠퇴시켰다. 이로 인해 대부분의 찻집들이 문을 닫았다. 가족 공동 운영의 전통을 오랜 동안 계승해 온 차나무의 재배인들도 먼 지방으로 이주하여 새로운 일을 하며 정착해야만 했다. 그런데 이 20세기에는 티의 생산 효율성과 산업적인 가공 기술이 눈부시게 발전하였다. 1980년대 후반에는 중국 당국의 방침이 유연해지면

중국 최초의 티마스터 육우(陸羽 : Lu Yu, 733~804)

육우는 강둑이 붕괴하는 사고로 졸지에 천애 고아가 되었지만, 선종 불교의 사원인 용운사(龍雲寺)의 한 승려에 의해 입양되었다. 육우는 사원에서 성장하였지만 선종 불교의 가르침에는 무관심했고, 대신에 다른 분야에 흥미를 가졌다. 일화에 따르면, 육우는 사원을 떠나기 위해 유랑 극단에 합류하여 극단 배우로서 중국 전역을 떠돌아 다녔다. 육우는 이 유랑 생활을 통해 티를 준비하는 전문 지식을 섭렵하고, 그 전문 지식을 『다경(茶經)』이라는 책을 통해 최초로 집대성하였다. 이 책은 780년경에 최초로 출간된 이후, 전 세계로 번역되어 오늘날까지도 티의 지침서로 그 권위를 인정받고 있다.

중국에서는 티를 마시는 사람들이 장수하는 경우가 많아, '티'는 '불로장생의 약'으로 높이 평가되고 있다.

서 중국의 티 산업이 다시 활기를 띠었다. 여러 유명 찻집들이 다시 등장하였고, 대학교와 농업학교에서는 티를 전문적으로 다루기 시작했다. 과학을 기반으로 티 문화를 한층 더 발전시키기 위하여 중국 항저우시(杭州市)에서는 1993년도에 '티문화 연구소(IRCT, Institute for Research into the Culture of Tea)'를 발족하였다. 티와 찻주전자 등 다구만 전문적으로 전시한 박물관들도 잇따라 문을 열었다. 또한 중국 문화에서 차나무의 중요성을 강조하고, 더 나아가 산업을 육성하기 위해 티문화협회, 티 축제위원회 등 다양한 활동 단체들이 조직되었다.

오늘날 중국 사회에서는 최근 새로이 등장한 부유층으로 생활 양식이 변화하고 있다. 또한 중산층들의 티 수요도 차별화된 시장을 고도로 성장시키고 있다.

중국의 테루아

광활한 영토의 중국에는 차나무들이 대륙에 걸쳐 분포하고 있다. 특히 차나무의 테루아(재배지)는 약 258만 헥타르(2013년도 기준)의 면적에 집중되어 있다. 특히 중국 남동부의 푸젠성(福建省), 후베이성(湖北城), 안후이성(安徽省), 저장성(浙江省)은 중국 최대의 재배지이다. 이 해안 지방은 기후가 온화하면서 안개가 잦고 산악 지대가 끝없이 펼쳐져 차나무의 재배에 유리한 지역이다. 또한 차나무의 기원지인 중국 남서부의 윈난성도 티의 생산량이 많기로 유명하다.

각 지역의 지리적 환경 조건과 다양한 날씨는 각 산지의 찻잎에 독특한 특성을 띠도록 한다. 이 지역들에서 생산된 티의 이름은 찻잎이 자란 각 지역의 이름을 따서 명명된 것이다.

중국의 테루아는 크게 4대 차구(茶區)로 나눌 수 있다. 즉 양쯔강 이남의 강남 차구, 이북의 강북 차구, 그리고 중국 남서부의 남서 차구, 남동부의 남동 차구이다. 여기에서는 각 차구에서 가장 중요한 티 생산지를 소개한다.

중국 윈난성의 한 마을인 이반촌(驿坂村)의 일반 풍경.

남서 차구

남서 차구에는 윈난성, 쓰촨성, 구이저우성이 있다. 이들 지역은 험준한 산악 지역임에도 불구하고 전체적으로는 온화하면서 습한 기후(아열대성 기후)를 띤다. 간간이 우기에는 집중 강우도 있다. 높은 산지에서는 해발고도에 따라 매우 다양한 기후를 보인다.

윈난성 雲南省, Yunnan

티의 발생지로 여겨지는 윈난성은 가장 오래된 차나무의 재배지 중 한 곳이다. 수령이 약 1700년으로 이름난 야생 차나무들이 지금도 시솽반나의 열대 숲에서 자생하고 있다. 이곳의 지형은 매우 다양한데, 고도 2000m 이상으로 치솟은 봉우리의 산들도 많다. 윈난성은 여름에는 더운 날씨를, 겨울에는 온화한 날씨를 띠며, 온난습윤 기후를 보인다. 연평균 강우량은 약 1000~2000mm이다. 또한 유기 물질을 다량으로 함유한 적색토(red soil)도 풍부하다. 따라서 윈난성은 차나무를 재배하는 데 천혜의 조건을 갖추고 있다.

윈난성에서는 수천 년에 걸쳐 내려오는 전통을 오늘날까지도 고수하면서 '보이병차(普洱餠茶, 푸얼빙차, bricks of Pu er Tea)'를 생산하고 있다. 사실 홍차와 보이차는 윈난성을 대표하는 주요 특산품이다. 오랫동안 티로드(Tea Road)의 출발지였던 푸얼시(普洱市)는 지금도 여전히 티 무역의 중심지이다. 많은 재배인들이 최근에 일고 있는 보이병차의 열풍으로 시장이 새로이 열릴 것이라는 확신을 가졌다. 이와 함께 다양한 보이병차를 찾는 차별화된 시장의 분위기로 홍차와 녹차의 재배를 포기하는 사람들도 많았다. 그럼에도 윈난성은 현재까지도 '운남공부(雲南工夫, 윈난궁푸, Yunnan Gong Fu)' 등을 비롯하여 유명 홍차의 대표적인 생산지이다.

남동 차구

남동 차구에는 도서 지방인 하이난성을 비롯하여 광둥성, 광시장족 자치구, 푸젠성이 있다. 이곳에서는 티의 6대 분류에 속한 수많은 유명 티들이 생산되고 있다. 대표적 티로는 안계철관음(安溪鐵觀音, 안시톄관인, Anxi Tie Guan Yin), 백호은침(白毫銀針, 바이하오인전, Bai Hao Yin Zhen), 백모단(白牡丹, 바이무단, Bai Mu Dan), 정화홍공부(政和紅工夫, 정허훙궁푸, Zhenghe Hong Gong Fu), 대홍포(大紅袍, 다훙파오, Da Hong Pao), 육계(肉桂, 러우구이, Rou Gui), 자연향(自然香, 지란샹, Zhi Ran Xiang), 기란향(奇蘭香, 치란샹, Qi Lan Xiang), 황지향(皇枝香, 황지샹, Huang Zhi Xiang), 그리고 밀란향(蜜蘭香, 미란샹, Mi Ran Xiang)이 있다.

이곳에서 가장 흔한 유형의 토양은 붉은색과 노란색의 점토가 뒤섞인 오래된 '치토(埴土)'이다. 치토는 진흙이 절반 이상 들어 있는 토양으로 모래를 일정 비율로 섞어서 보통 작물 재배에 알맞은 '양토(壤土)'로 이용한다.

푸젠성 북부를 제외하고는 기온이 연평균 19~20도로서 온난하다. 강우량도 연평균 1200~2000mm 정도이다. 그리고 수확기는 연중 10개월로서 길다.

푸젠성 福建省, Fujian

아열대성 기후 지역인 푸젠성은 여름에는 덥고 습하고, 겨울에는 온난하여 다양한 티들이 생산되는 곳으로 유명하다. 우이 산(武夷山)의 산악 암괴는 우롱차 산지로도 유명하다. 안시현(安溪縣)에서는 품질이 뛰어난 다양한 종류의 철관음(鐵觀音, Tie Guan Yin)을 생산하고 있다. 다양한 유기 물질을 풍부히 함유하고 있는 이곳의 심토는 차나무로부터 최고 품질의 백차를 생산할 수 있는 이상적인 조건이다. 대표적인 곳으로는 정허현(政和縣), 젠양시(建陽市) 인근, 그리고 타이무 산(太姥山)이 있다. 이 푸젠성에서는 홍차와 우롱차가 발상하였다.

양쯔강 이남-강남 차구

양쯔강 이남으로는 저장성, 후난성(湖南省), 장시성(江西省), 그리고 안후이성을 비롯해, 장쑤성과 후베이성 각각의 남부 지방이 있다. 여러 유명 티들을 포함하여 중국 티의 3분의 2가량이 이 지역으로부터 생산되고 있다. 재배지의 대부분이 언덕에 위치하며, 그중 일부는 고도가 매우 높다. 이런 산악 지역의 대규모 재배지들은 토양의 배수가 훌륭하고, 일광 조건이 풍부하여 고품질의 티를 생산하는 데 최적이다. 연평균 기온은 15~18도, 봄과 여름에 집중되는 연평균 강우량은 1400~1600mm이다. 토양은 적황색토이며, 군데군데 황갈색을 띤다. 그리고 곳곳에 따라서는 충적토가 있다. 그중 장쑤성(江蘇省)의 '자사(紫沙, 쯔사)'라는 광물토는 특히 도자기의 원료로 매우 우수하여, 유명한 '이싱 차호(宜興茶壺, Yising teapots)'(202페이지 참조)를 생산하는 데 사용한다. 장쑤성 이싱시(宜興市)의 특산품인 이 찻주전자는 보통 '자사호(紫沙壺, 쯔사후)'라고 한다.

저장성 浙江省, Zhejiang

저장성은 부유한 해안가의 성으로 주로 녹차를 생산한다. 이곳의 재배지는 습하고 아열대성 기후를 보이며, 충적토에는 미네랄이 풍부하다. 저장성에서는 수출을 위해 산업적으로 대량 생산하는 낮은 품질의 주차(珠茶, gunpowder)뿐 아니라, 전통적인 방법에 따라 용정, 안길백차(安吉白茶, 안지바이차 An Ji Bai Cha)(이름과 달리 녹차이다), 혜명(惠明, 후이밍, Huiming)과 같은 고품질의 빈티지도 생산하고 있다. 저장성에서 이와 같이 다양한 품질의 티가 생산될 수 있는 데는 고산지의 재배지에서는 최고 품질의 티들을 생산하고, 평지의 재배지에서는 낮은 품질의 티들을 산업적으로 대량 생산하기 때문이다.

안후이성 安徽省, Anhui

비경으로 이름난 안후이성에서는 품질이 매우 특출한 티를 생산하고 있다. 최고봉이 해발고도 1800m까지 치솟은 황산 산의 산악 암괴 지역에서는 모봉(毛峰, 마오펑, Mao Feong) 티 중에서도 최고 품질인 황산모봉(黃山毛峰, 황산마오펑, Huang Shan Mao Feong)을 해발고도 300~800m인 곳에서 생산하고 있다. 또한 안후이성은 부식토와 철이 풍부한 적색토의 토질 환경과 온난한 기후가 조화를 이루어, 이곳의 재배인들은 높은 생산 수준

푸젠성 정허현의 한 마을 시장에서 사람들이
수확한 찻잎을 팔기 위해 내놓은 모습.

을 유지하고 있다.

가장 유명한 홍차의 산지는 남서부 지역에서도 황산 암괴 자락에 위치한 치먼현(祁門縣)이다. 치먼현은 연평균 기온이 약 15도, 연평균 강우량이 약 1700mm로서 차나무를 재배하기에 매우 유리한 천혜의 장소이다. 여기에서 재배되어 생산되는 유명 티로는 태평후괴(太平猴魁, 타이핑허우쿠이, Tai Ping Hou Kui), 기문(祁門, 치먼, Qimen)이 있다.

양쯔강 이북-강북 차구

후베이성, 장쑤성, 안후이성 각지의 북부뿐 아니라 허난성, 산시성, 간쑤성, 그리고 산둥성은 양쯔강 이북에 위치한 강북 차구 중에서도 차나무의 주요 재배지이다.

이들 지역은 중국 차나무 재배 역사상으로는 최근에 등장한 곳인데, 중국의 차 재배지 가운데서도 가장 추운 날씨를 보인다. 연평균 기온은 12도이며, 겨울철에는 영하의 기온으로도 내려간다. 강수량이 적어 1000mm를 넘는 경우가 드물며, 연평균 강우량은 700~1000mm이다. 황토와 황갈색의 토양은 중국 북부의 사막 지역 토양과 비슷하다. 독특한 기후 조건을 보이는 몇몇 산악 지역들에서는 고품질의 티들이 생산되고 있다. 그 대표적인 티로 육안과편(六安瓜片, 루안과편, Lu An Gua Pian), 곽산황아(霍山黃芽, 훠산황야, Huo Shan Huang Ya)가 있다. 또한 허난성에서는 강북 차구의 가장 유명한 티인 신양모첨(信陽毛尖, 신양마오젠, Xing Yang Mao Jian)이 생산되고 있다.

안후이성 황산 산에서 들쑥날쑥 솟은 절경으로 유명한 산악 암괴.

중국의 티 산업

중국의 연간 티 생산량은 오늘날 189만 톤을 웃돌고 있다. 티 무역을 증진하려는 중국 정부의 계획들은 티 산업 분야에서도 큰 원동력이 되고 있다. FAO 따르면 2013년도 기준, 중국의 연간 티 수출량은 32만 5800톤인데, 이들 티의 대부분은 녹차이다. 그 녹차가 중국 티 총 수출량에서 차지하는 비율은 80%에 이른다. 티 산업은 대량 생산의 거대 산업단지에서부터 수많은 소규모의 전통적인 독립 농가에 이르기까지 그 규모가 매우 다양하다.

독립 농가 재배와 산업적 대농장 재배

중국에서 차나무의 재배는 대부분 소규모의 농장을 운영하는 소농들이 하고 있다. 이는 중국이 예를 들면 인도의 경우와는 달리 단위면적(헥타르)당 티의 생산성이 낮음을 뜻한다. 차나무가 재배되는 거의 모든 지역에서는 조상 대대로 내려온 전통적인 방법으로 티를 생산하는 독립 농가들을 볼 수 있다. 수작업으로 채엽하고 가공하는 작업은 지금까지도 장인들 사이에서 흔히 볼 수 있는 광경이다. 이와 같이 전통적인 방법으로 생산된 대부분의 티들은 그 지역의 시장에서 유통되어 소비된다. 따라서 대도시를 제외하고는 산지의 바깥에서 그러한 티들을 보는 일이 매우 드물다.

반면 산업적인 대농장 재배는 중국의 티 역사에서 최근에 등장한 것으로, 이는 일본이나 인도보다도 뒤늦다. 대규모의 티 생산이 최초로 시작된 것은 1950년대의 일이지만, 산업이 조직화되고 다양화된 것은 1980년대 이후의 일이다. 지금도 여전히 값싼 노동자들이 고용되고 있지만, 오늘날에는 산업계의 욕구를 충족시키기 위해 수확 및 가공 방법이 점점 더 기계화되고 있다. 이 같은 거대 산업화는 불행하게도 바람직하지 못한 결과들도 많이 파생시켰다. 독립 농가에서 재배하여 생산한 유명 티들을 모방하여 산업적으로 대량 생산한 제품들이 오늘날 도처에 흘러넘치고 있는 것이다.

스페셜티 티 시장 specialty tea market

중국의 티 시장은 최근 들어 크게 변화하고 있다. 원래는 지역 소비에만 치중했던 생산이 점차 차별화된 시장에 대응하고 있다. 품질에 대한 시장의 요구가 주요 변화의 한 요인이다. 고품질의 티는 지금도 중국의 하류층에서는 쉽게 접할 수 없는 고가의 물품이지만, 그 수요는 그들의 평균 수입이 높아진 1990년 말부터 현저히 증가하고 있다.

희귀하고도 독특한 티에 관한 시장의 수요는 티를 만드는 장인들을 압박하는 요인이 되면서 기존의 재배 방식에서 전문성을 이끌어 내고 있다. 또한 중국에서만 생산된다고 자랑할 수 있는 특별한 형태의 티 생산도 유도하고 있다. 가장 오래된 티 분류로 알려진 보이차가 대표적이다. 이 보이차는 수많은 티 수집가들의 맛과 관심을 사로잡고 있다. 이러한 현상은 중국 도시에서 가장 많이 시판되고 있는 용정, 벽라춘, 안길백차 등 유명 녹차의 경우도 마찬가지이다. 이들 첫 수확물의 티들은 해마다 티 애호가들이 앞다투어 구입할 정도이다.

중국 티 무역의 핵심 요약

- **연간 총 생산량** : 189만 톤.
- **연간 총 판매량** : 171만 800톤.
  (연간 총 판매량 = 국내 직접 소비량 + 간접 소비량 + 수출량)
- **티 종류별 생산 점유율** : 녹차(66%), 홍차(10.5%), 우롱차(12%), 푸얼차(약 10%), 황차·백차(약 1.5%).
- **총 재배 면적** : 약 258만 헥타르.
- **연간 총 소비량** : 123만 5000톤.
- **평균 생산량** : 약 733kg/ha.
- **연간 총 수출량** : 32만 5800톤.
- **주요 수출 국가** : 모로코, 일본, 우즈베키스탄, 미국, 러시아 등.

자료 출처 : Report for 21st Session of FAO-IGG on Tea(2014. 11), *"Current Situation of Tea Production and Marketing in China"* drafted by chinese delegation.

새로운 평가 기준 : '아름다운 티'

과거 수년 동안에 중국에서는 새로운 관점의 티 평가 기준이 등장하였다. 바로 시각적 평가이다. 이상하게도 새로운 티에 열광하는 수많은 사람들이 티의 맛과 향보다는 티의 미학적인 모습에 더욱더 흥미를 보이고 있다. 이로 인해 어떤 티들은 그 찻잎을 유리잔 속으로 넣는 방식과 찻잎이 유리잔 속에서 보이는 아름다운 자태에 관하여 분석되고 있다. 따라서 찻잎이 매혹적인 모양과 색상을 띠면서도 우리는 동안에 유리잔 속에서 곧바로 선다면 맛과 향에 관계없이 가치가 높게 평가될 것이다. 이와 반대의 경우도 마찬가지이다. 티가 맛과 향이 매우 좋더라도 유리잔 속에서 그 모양이 매혹적이지 못하다면 보다 싼 가격에 판매될 것이다. 외관상 '아름다운 티'를 추구하는 이러한 유행에 맞춰 티 생산자들도 지난 몇 년 동안 티의 포장에 각별한 노력을 기울였다. 값싸고 실용적인 포장 용기들을 금속 상자와 판지 포장 등 고급스러운 용기로 대체한 것이다.

푸젠성 안시현의 티 시장에서 소매상들이 철관음을 구입하기 위해 티테이스팅을 하는 광경.

지역 수출 기업

티 역사와 마찬가지로 중국에서의 티 무역 또한 풍부한 역사를 간직하고 있다. 한때 교환 수단인 통화로도 사용되었던 티는 지금도 나라 전체에 걸쳐 수많은 지역 경제에 큰 활력소가 되고 있다.

그러나 중국은 수출에 관해서는 사뭇 다른 모습을 보인다. 중국은 경매 시스템으로는 티 상품을 팔지 않는 몇 안 되는 나라이다. 티의 제반 일을 다루는 지방 정부들의 연합체인 정부 대행 단체들이 최근까지도 시장에서 수출 시스템을 관리해 왔다. 수출용 티는 모두 정부의 통제 아래에 있는 지방 관청을 거쳐야 했고, 각 지역을 대표할 수 있는 표준화된 상품이어야만 했다. 외국의 수입업자들이 티를 구입하기 위해서는 해당 지역을 책임지고 있는 정부 관리들과 거래하는 일 외에 달리 방도가 없었다. 정부 관리는 어떤 상품이 수출될 수 있는지 면밀히 조사하여 엄격하게 통제했다. 예를 들면 수입업자들이 정부 전문가의 관할 아래에서 승인을 얻지 못한 농장으로부터는 티를 결코 구할 수 없었다.

오늘날에는 그러한 시장의 시스템도 확실히 자유화되고 있다. 그러나 대규모의 수출은 지금도 대부분 각 지역의 도매상들을 통해 조직적으로 이루어진다. 티를 생산하는 해당 지역의 성도(省都)에는 많은 도매상들과 수출업자들이 진출해 있다. 이들은 내국인과 외국인의 구매자들에게 재배 지역에 따라 독특한 특징들을 지닌 수확물들을 제시한다.

티의 명칭 제도

중국에서는 티의 이름을 짓는 경우, 많은 요인들을 고려한다. 어떤 티들은 차나무의 품종에 따라 이름을 붙이는가 하면, 또 어떤 티들은 차나무가 재배된 지명을 따 이름을 붙인다. 보다 더 시적인 방식으로는 그 이름을 전설에서 영감을 받아 붙이기도 한다. 철관음과 용정이 그와 같은 경우이다. 또 어떤 경우에는 벽라춘과 같이 황제가 관심을 보이면서 이름을 붙이기도 한다.

불행하게도 티의 명칭 제도에 관하여 통제가 부재한 상황에서 일부 재배인들이 유명 티의 이름을 도용하고, 다른 산지의 제품으로 위조하여, 다른 방법을 사용해 제조했다고 속이는 경우가 있다. 가장 대표적인 경우가 중국에서도 가장 유명한 녹차인 용정이다.

용정(龍井, 룽징)은 원래 저장성 항저우시에 인접한 조그만 지역 마을의 이름이다. 그 지역은 티를 수백 년에 걸쳐 생산해 온 곳으로 유명하다. 이곳에서는 지역 재배인들의 전문지식에 기초하여 찻잎을 손으로 직접 채엽한 후, 오직 전통 방식만을 고수하여 티를 가공, 생산하고 있다. 중국과 세계에서 티 무역이 증가함에 따라 일부 생산자들은 자신들이 생산한 티의 판매량을 높일 목적으로 경쟁자의 유명 브랜드를 도용하여 용정과 같은 형태의 티를 모조하려고 많이 노력하고 있다.

오늘날 국제 시장에 오직 수출용으로 판매되는 대부분의 용정은 쓰촨성과 타이완이 원산지이며, 특히 유기농 티의 경우에는 장시성이 원산지이다. 일부 무역업자들은 저장성 남부로부터 찻잎을 구입하여 룽징현(龍井縣) 인근에 거주하는 티 생산자에게 판매한 후, 이곳에서 그들이 티를 가공하도록 한다. 이어 무역업자들이 그 티를 진품 용정으로 판매하는 것이다. 이와 같은 유형의 속임수는 비단 중국에서만 일어나고 있는 일이 아니다. 이러한 문제는 일본, 인도, 타이완과 같은 주요 다른 티 생산국들에도 중대한 도전이 되고 있다.

티테이스터·수입업자의 전문적인 작업

세계 티 시장은 거대하다. FAO에 따르면, 오늘날 전 세계 연간 티 생산량은 약 510만 8100톤(2013년 기준)에 달한다. 유통은 대체로 산지에서 구입해 도매상들에게 판매하는 주요 수출입업체들이 하고 있다. 이어 도매상들은 구입한 티를 또 다른 유통업자인 무역상들에게 판매한다. 이들 무역상들이 국제 시장에서 모든 티들의 유통을 실질적으로 책임지고 있다. 무역상들은 당연히 고급 티 시장보다는 대량 판매 시장을 겨냥해 값싼 티들을 찾고 있다. 보다 더 좋은 품질을 찾으려는 티테이스터 겸 수입업자들은 티를 전통적으로 생산하는 독립 농가들과 신뢰 관계를 형성하기 위해 무엇보다도 그들과의 친분을 쌓는 데 주력한다. 이것이 티테이스터 겸 수입업자들이 해마다 티 생산국으로 날아가 그곳의 재배지를 방문하고, 사람들에게 공을 들이는 이유이다. 한번 신뢰 관계가 형성되면, 티테이스터 겸 수입업자들은 독립 농가로부터 작고도 실험적 분량의 티를 테이스팅할 목적으로 초청을 받는다. 도매상들에게서는 결코 찾아볼 수 없는 이 같은 일은 소중한 티를 발견할 수 있는 기회이기도 하다. 티테이스터 겸 수입업자들은 이를 통해 중간 상인을 거치지 않고 재배인들을 직접 대하면서 그 티들이 지닌 독특한 특징이나 향미의 복합성을 판별하여 티들을 선택할 수 있는 것이다. 이로써 티테이스터 겸 수입업자들은 티를 합당한 가격으로 구입할 수 있다. 이렇게 선택한 티는 보통 신선도를 유지하기 위해 항공편으로 수입한다.

중국의 전문 티테이스터, 류수

류수(Liu Xu) 씨는 국가 공인 티테이스터이다. 그는 또한 티에 관한 책 8권의 공동 집필자이기도 하다.

티의 세계에 얼마나 오랫동안 종사해 왔는가?

나는 23년 전 대학생이었을 무렵부터 티의 세계에 몸담아 왔다. 지금은 중국 국가 공인 티테이스터로 활동하고 있다.

개인적인 배경에 대해 간략히 소개해 주기 바란다. 그리고 국가 공인 티테이스터는 어떻게 되었는지도.

나는 쓰촨성의 성도인 청두(成都)에서 태어났다. 1991년에 시난지구(西南地區)의 농업대학교 식료품학부에서 티를 전공하면서 학사 학위를 받고 졸업했다. 같은 해 6월부터는 티검사·연구학과 내의 티연구소에서 연구를 시작했다. 2003년에 석사 학위를 받은 후 국가 공인 전문 티테이스터가 되었다. 지금은 저장성의 수런대학교(树人大学)와 화윈차학교(华云茶學校), 중국 농업부의 티검사센터, 중국티협회의 공익과 관련하여 수많은 평가들을 담당하고 있다. 그리고 한국이나 일본 등 해외에서 열리는 회의의 여러 행사에 초청되어 연사로도 활동하고 있다.

주요 업무는 무엇인가?

나의 일반적인 업무는 새로 개발된 티를 평가하는 일이다. 주요 티 경연대회에 정기적으로 참석하면서 지역적, 국가적 차원에서 티를 평가하고 있다. 또한 전문 티테이스터가 되기를 희망하는 학생들을 상대로 티테이스팅 과정을 가르치고 있다.

당신의 전문 분야에서 어떤 면이 가장 좋은가?

매우 뛰어난 티를 맛볼 기회가 있을 뿐 아니라 티 분야에 열정을 지닌 많은 사람들을 만나기 위해 여러 다른 재배지로 여행을 떠나는 일이다.

중국 티 산업이 앞으로 미래에 직면할 가장 큰 도전은 무엇이라고 생각하는가?

내 생각으로는 티 문화에서 젊은 세대의 흥미를 유발하는 일이 가장 큰 도전이 될 것이다. 이는 또한 티 생산의 지속적인 성장을 위해서도 대단히 중요한 일이다.

개인적으로 가장 좋아하는 티가 있다면?

티의 각 분류에서도 우수한 품질의 다양한 티들이 있는데, 내가 좋아하는 것은 바로 그러한 티들이다.

당신 개인적인 관점에서는 어떤 티를 '좋은 티'라고 보는가?

사람마다 각자 좋아하는 티가 있다면, 그 티가 바로 '좋은 티'이다. 누군가 목마름을 느낄 때 자연히 손에 들고 있는 티가 있다면, 그 티가 좋은 티이다. 좋은 티는 티를 마시는 사람에게 자연의 모든 기쁨을 선사한다. 또한 좋은 티는 마시는 사람에게 영혼을 북돋워 주고, 열정을 불어넣어 준다.

중국의 다원과 차나무

중국에서 차나무를 재배하는 다원의 총 면적은 FAO에 따르면 2013년도 기준, 258만 헥타르에 달한다. 이들 다원은 다양한 방식으로 구성되어 있다. 차나무는 그 지형의 높낮이에 따라 산비탈에 약 1m 폭의 간격으로 줄지어 심겨 있다. 가파른 경사지에 있는 작은 돌들의 디딤 벽들은 일종의 계단인 셈이다. 차나무들은 산울타리식이나 덤불숲, 아니면 계단식으로 재배될 수도 있다.

공장에서는 해마다 새로운 기계들이 등장하지만 중국의 농장에서는 아직도 전통적인 관습에 따라 재배되고 있다.

중국 재배종과 품종

1980년대 초, '중국 전국우량차품종조사공인위원회(All China Commission of examination and approval of best genus of Tea)'에서는 중국에서 재배되고 있는 모든 차나무의 재배종을 조사하여 분석하고 기록했다. 그 당시에는 약 2700종이 등재되었다. 1984년 동 위원회에서는 유망 종의 티 30종을 선정하여 재배를 장려하였다. 또 몇 년 뒤인 1987년 1월에는 22종의 재배종을 최고의 품종으로 선정하고, 이들 품종을 중국에서도 가장 재배가치가 높은 것으로 평가하였다. 결과적으로 22종의 재배종들이 다른 품종들보다 우선적으로 보급되었다. 유감스럽게도 이런 유형의 연구 목적은 중국에서 자라는 수많은 차나무의 풍부한 자연적 다양성을 보호하려는 것이 아니라, 표준화된 재배를 통해 생산성을 증가하는 것이다.

여기에서는 중국에서 가장 흔히 볼 수 있으며, 티 생산성도 뛰어난 4종의 재배종을 소개하기로 한다. 이들 각각은 각기 다른 종류의 티를 생산하는 데 사용된다. 백차 생산을 위해 재배되는 복정대백(福鼎大白, 푸딩다바이, Fuding Da Bai)과 녹차 생산을 위해 재배되는 용정 43(龍井, 룽징, Long Jing 43), 우롱차 생산을 위해 재배되는 철관음(鐵觀音, 톄관인, Tie Guan Yin), 홍차 생산을 위해 재배되는 죽엽(竹葉, 주예, Zhu Ye) 품종이다.

복정대백 福鼎大白, 푸딩다바이, Fuding Da Bai

복정대백 품종은 1857년 푸딩시(福鼎市) 인근의 산에서 야생으로 자라는 상태로 처음 발견되었다. 이를 발견한 첸환(Chen Huan)은 복정대백 품종을 재배한 최초의 인물로 알려져 있다. 복정대백 품종은 3월 초부터 11월 말까지 긴 기간 동안 '영양생장(營養生長, vegetative growth)'을 한다. 영양생장이란 줄기·잎·뿌리 등 영양 기관의 생장이다.

복정대백 품종의 새싹은 하얗고 튼실하며 잔털이 많이 나 있다. 영양분이 풍부한 찻잎은 백차를 생산하는 데 최적이지만 녹차와 홍차의 생산에도 사용되고 있다. 더욱이 가뭄과 추위에 강한 저항력을 지니고 있어 복정대백 품종은 생존율이 약 95%에 이른다. 또한 생산성도 높아서 이 품종은 약 34만 헥타르 이상의 다원에서 재배되고 있을 정도로 오늘날 중국에서 가장 광범위하게 재배되고 있다.

용정 43 龍井, 룽징 43

용정 43은 1960년대 중국 티연구센터에서 개발된 재배종이다. 1978년에는 중국과학학회로부터 상도 받았다.

1987년에 최고의 재배종으로 선정된 이후, 오늘날에는 저장성, 장쑤성, 안후이성, 장시성, 허난성 등 수십여 성에서 재배하고 있다. 생산성과 저항성이 뛰어나 새싹들이 초봄에 굉장히 풍부하게 돋아난다. 모양이 편평하고 가장자리가 갈색을 띠면서 연녹색의 찻잎들은 방향성 성분들이 매우 풍부하여 고품질의 티 생산에 최적이다.

철관음 鐵觀音, 톄관인, Tie Guan Yin

동일한 이름의 티로도 생산되는 철관음 품종은 중국에서 주로 우롱차를 생산하기 위해 광범위하게 재배하고 있다. 일화에 의하면 웨이(Wei)이라는 이름의 사람이 200년 전에 발견했다고 한다. 철관음 품종은 수확량이 풍부할 뿐 아니라 성장 속도도 매우 빠르다. 잎은 타원형이며, 어린 새싹은 붉은 자줏빛 기운이 돌아 쉽게 구별할 수 있다. 외관은 뾰족하면서도 비단결같이 부드럽다.

철관음 품종이 다른 재배종과는 다른 점이 있다면, 매우 다양한 유기 성분을 함유하고 있다는 것이다. 대표적인 성분으로는 폴리페놀류, 카테킨류, 그리고 기타 아미노산들이다. 이 품종은 또한 망간, 철, 그리고 칼륨과 같은 성분을 풍부히 함유하

차나무의 수령(樹齡)
다원들마다, 또는 한 다원 내에서도 티를 생산하는 차나무의 수령은 재배자의 선호나 재배 방식에 따라서 매우 다양하다. 어린 차나무는 보통 녹차를 생산하는 데 사용된다. 반면 광둥성이나 윈난성에서는 수령이 수백 년에 이르는 오래된 차나무로부터 우롱차나 보이차를 생산한다.

고 있어 미네랄 향미를 풍긴다.

죽엽 竹葉, 주예, Zhu Ye

오늘날 죽엽 재배종은 중국에서 가장 유명한 홍차인 기문을 생산하는 데 사용하고 있다. 죽엽 재배종은 이전에는 녹차 생산에 사용하였지만, 후윈룽(Hu Yun Long)이 1815년에 기문홍차를 생산한 이후부터는 홍차 생산에 계속 사용하고 있다. 일화에 따르면 후윈룽은 처음에는 죽엽 재배종을 녹차로 생산하기 위해 재배하였다. 그런데 후윈룽은 '홍차의 고향' 푸젠성을 여행하고 돌아온 뒤부터 차나무로 녹차를 생산하지 않고 홍차를 생산하기로 결심하였다. 이후 죽엽 재배종으로부터 생산한 홍차가 녹차보다 향미가 훨씬 더 우수하다는 사실을 안 뒤부터 후윈룽은 녹차 생산을 접고 기문홍차만 생산하였다.

차나무의 수령 樹齡

다원들마다, 또는 한 다원 내에서도 티를 생산하는 차나무의 수령은 재배인의 선호나 관습에 따라 매우 다르다. 어린 차나무는 보통 녹차를 생산하는 데 사용하는 반면, 광둥성이나 윈난성에서는 수령이 수백 년에 이르는 오래된 차나무로부터 우롱차나 보이차를 생산한다.

중국 티의 제조 과정

중국에서는 차나무의 재배에 오랜 전통이 있는 것처럼 찻잎의 가공 과정도 수세기 전부터 기술들이 확립되어 왔다. 오랜 시간에서 걸쳐 시도와 실패를 거듭하면서 습득해 온 이 같은 경험은 매우 다양한 가공 방법들을 낳아 왔다. 이로 인해 중국에서는 사실상 각 지역마다 고유의 독특한 가공 방법이 있다고 할 정도이다. 중국에서는 티의 생산이 각 지역의 농업적 전통에 기반하고 있어, 각 지역마다 티를 가공하는 방법들도 서로 다르다. 따라서 다양한 유형의 티들이 생산되는 것이다. 티의 6대 분류 발상지로도 유명한 중국은 그외 수백여 종에 이르는 다른 유형의 티들을 생산하는 방법도 개발해 왔다.

가공 방법이 발달되기 이전에는 채엽한 찻잎들을 곧바로 뜨거운 물에 삶았다. 이후 재배인들은 매우 빠르게 상하는 찻잎들을 보다 더 오래 보존하기 위하여 햇볕에 건조시키기 시작했다. 이것이 티 가공 과정의 시작점이었을 것으로 보고 있다. 그 이유는 태양열은 찻잎에 티의 특성과 향미에 영향을 주는 자연적 화학 반응을 일으키기 때문이다. 중국인들은 오랜 세월에 걸쳐서 이 반응을 이용하는 방법을 익힌 것이다.

전 세계에서 생산된 대부분의 티들이 티백에 담겨 판매되고 있듯이, 채엽에서부터 가공에 이르기까지 서로 다른 생산 방법들 또한 거의 산업화되어 있다. 이러한 기술들은 대량으로 가공하면서 효율성을 높이는 데 초점을 두고 있기 때문에 대규모의 생산자들은 품질성보다 생산성을 강조하는 경향이 있다. 또 한편으로 중국에서는 장인의 독특한 개성이 깃든 소규모의 전통적인 방법들이 지금도 여전히 사용되고 있다. 이 전통적인 방법들은 독특한 테루아로부터 티의 고유한 특징을 이끌어 내는 데 최고의 방법이다.

중국 황차, 곽산황아를 생산하고 있는 안후이성 훠산현(霍山縣)의 한 공장.

백차 白茶, white teas

섬세한 향과 싱그러운 특징으로 이름난 백차는 푸젠성이 특산지이다. 푸젠성의 푸딩시, 정허현, 젠양시가 그 대표적인 곳이다. 또한 오늘날에는 인도 다르질링의 여러 재배 단지에서도 백차를 생산하고 있다. 이 같은 경향은 근래에 들어 다른 나라들로 확산되고 있다.

백차는 전통적으로 초봄에 약 2주 동안이라는 매우 짧은 기간에만 수확되는 고급 찻잎들로 생산하기 때문에 예로부터 황제나 고위 관리를 위한 헌상용으로 준비되었다. 이런 백차의 전 가공 과정은 가장 최소한에 그친다.

백차는 보통 두 종류로 분류된다. '백호(白毫, 바이하오)'라는 잔털로 뒤덮인 새싹만으로 만든 은침(銀針, 인전, Yin Zhen, silver needles)과 새싹과 찻잎들을 혼합한 백모단(白牡丹, 바이무단, Bai Mu Dan), 수미(寿眉, ,서우메이 Shou Mei)이다. 이들 백차는 주요 단계인 위조(萎凋, withering)(시듦)와 분류(分類, sorting), 그리고 건조(乾燥, firing) 과정을 거쳐 생산된다.

위조 萎凋, withering

위조 과정에서는 찻잎들을 대나무 선반 위에 고르게 놓는다. 외적 조건에 따라 찻잎은 약 12~24시간 동안 대나무 선반 위에서 자연 건조된다. 건조 시간을 단축하기 위해 팬을 사용하여 공기의 순환을 빠르게 하는 경우도 있다. 특히 대규모의 생산 설비에서는 찻잎 건조용 기계들이 위조 과정에서 사용되고 있다.

분류 分類, sorting

위조 다음 과정이 분류이다. 이 과정에서는 부서진 찻잎과 다른 이물질이나 잔여물을 골라내고 오직 온전한 새싹과 찻잎만이 남도록 한다. 분류 과정에서는 종종 다양한 크기의 체들이 사용되며, 특히 가지들은 손으로 직접 골라낸다. 이러한 분류 과정도 오늘날에는 보통 기계를 사용한다.

건조 乾燥, firing

날씨 등의 조건이 좋다면 지속적인 위조 과정을 위해 실외에서 건조하는 것이 좋다. 전통적인 방식에서는 백차용 찻잎을 고온 건조하지 않는다. 단, 모단(牡丹, 무단, Mu Dan) 품종의 약간 낮은 품질의 티들에서 향미와 모양을 변화시키기 위해 종종 산화시키거나 고온에서 건조시킨다.

황차黃茶, yellow tea

황차는 수 세기 동안에 걸쳐 그 가치가 높게 평가되면서 많이 알려져 왔지만 오늘날에는 점점 더 희귀해지면서 군산은침(君山銀針, 준산인전, Jun Shan Yin Zhen)과 같이 단지 몇 종류만이 남아 있을 뿐이다. 또한 중국 허난성 지역에서도 극히 한정된 양만을 생산하여 이 유명한 티는 겨우 그 명맥을 유지하고 있다. '황차(黃茶, yellow tea)'라 불리게 된 이유는 '민황(悶黃)'이라는 경미발효(輕微醱酵) 과정에서 생겨 난 독특한 특징 때문이다. 즉 건조시킨 찻잎을 아직 온기가 남아 있을 때 축축한 천으로 덮은 후 증기를 통해 가볍게 발효시키면 찻잎에 노란색이 돌기 때문이다.

채엽採葉, picking

일반적으로 청명 전후로 새싹만을 딴다. 고품질의 황차를 만들기 위해서 새싹을 잔털이 무성해지기 전에 채엽한다. 때로는 곡우 3~5일 전에 일아일엽이나 일아이엽의 찻잎을 채엽한다. 황차의 품질은 수확 시기, 재배지, 수확 방법, 수확 시의 기후에 따라 달라진다.

위조萎凋, withering

위조 과정은 녹차의 경우와 마찬가지로 대나무 선반이나 천 위에서 이루어진다.

유념揉捻, rolling · 살청殺靑, fixation

녹차와 마찬가지로 찻잎에 열을 가해 단백질의 산화효소를 비활성화시킨다. 유념 과정에서는 덖은 찻잎을 펼쳐 비빈다. 세포벽을 파괴해 찻잎에서 함유 성분이 잘 나오도록 한다. 살청 과정은 열을 가한 팬 위에 찻잎을 놓고 손으로 덖는 초청 방식으로 진행된다.

민황悶黃, steam oxidation

민황 과정은 찻잎들을 바닥에 고르게 펴 놓고 그 위로 젖은 천을 덮은 채 날씨의 조건에 따라 4~10시간 동안 놓아둔다. 약하게 발효시키는 후발효 과정이다. 천으로 뒤덮인 찻잎들을 서서히 증기로 데우면 황차만의 독특한 방향성 물질들이 생성된다.

건조乾燥, drying

황차가 유통되는 동안 장기간 보존되도록 찻잎들을 110~120도의 온도에서 10~20분 동안 건조한다. 이 과정이 끝날 무렵이면 찻잎들은 수분 함량이 약 5%대로 줄어든다. 이 과정을 반복한다. 다음 과정이 체로 분류하는 작업인데, 보통 수작업으로 진행한다.

녹차 綠茶, green teas

중국에는 용정, 벽라춘, 안길백차, 그리고 신양모첨과 같은 유명 녹차들이 많이 생산된다. 각 지역에서는 수세기 동안에 걸쳐 계승되어 온 각기 전통적인 방식에 따라 풍부한 녹차들을 생산하고 있다. 오늘날에는 그 생산량이 중국 연간 티 생산량의 66%(2013년 기준)에 이른다. 주요 재배 지역은 푸젠성, 저장성, 안후이성, 허난성, 장쑤성, 그리고 장시성 등 중국 남부에 위치해 있다.

채엽 採葉, picking

채엽하는 방식이 지역마다 매우 다양하다. 보통 찻잎들을 일아일엽(一芽一葉, P+1), 또는 일아이엽(一芽二葉, P+2)으로 채엽한다. 물론 예외도 있다. 예를 들면 성숙한 찻잎들을 수확해 태평후괴를 생산하거나, 특히 육안과편은 새싹을 줄기에 남겨 두고, 오직 성숙한 찻잎만을 채엽해 생산한다.

위조 萎凋, withering

찻잎들은 채엽한 즉시 가공 공장으로 운반된다. 이곳에서 찻잎들은 위조 과정에 들어간다. 위조 과정의 시간은 찻잎의 수분 함량과 제반 조건에 따라 다르다. 전통적인 위조 방식은 찻잎들을 대나무 선반 위에 고르게 놓고 잔여 수분을 제거하기 위해 1~3시간 동안 놓아두는 것이다. 찻잎들이 너무 빠르게 건조되는 것을 막기 위해 종종 그늘 아래에 천을 깔고 그 위에 늘어놓기도 한다. 기계적인 방식은 찻잎을 내벽이 대나무 재질로 된 원통형 기계에 넣고 팬을 통해 그 안으로 공기를 불어넣어 회전을 시키면서 몇 분 동안 건조한다.

찻잎은 채엽된 순간부터 그 속에 함유된 산화효소가 공기 중의 산소와 자연적으로 화학 반응을 일으킨다는 사실을 유의해야 한다. 위조 과정에서 찻잎을 손으로 다루거나 유념 과정에서 찻잎을 비비거나 굴리는 과정은 찻잎의 세포 구조를 파괴하고 그 속에서 나오는 방향유들이 산소와 결합하여 찻잎에 화학적 변화가 일어나도록 촉진하는 것이다. 그런데 녹차를 생산하기 위해서는 이런 자연적 산화 과정까지도 완전히 억제해야 하는 것이다. 이러한 작업은 건조 과정을 통해 완성된다.

살청 殺青, fixation

살청은 단백질인 산화효소가 산화 능력을 잃도록 찻잎을 가열하는 과정이다. 그 방식은 지역마다, 재배인 개개인의 습관마다 다르다. 찻잎을 가열하는 방법에는 수많은 방식들이 있지만 중국에서는 보통 팬(pan)이나 통(vat)을 사용한다.

조그만 양의 찻잎들을 팬이나 통 속에 넣고 나무나 석탄 또는 전열로 가열한다. 그리고 찻잎들을 그 팬 바닥에 놓고 압력을 가하면서 타지 않도록 휘저어 준다. 이어 찻잎들은 조그만 묶음으로 가공된다. 요구되는 찻잎의 모양에 따라 사용하는 기술이 다른 경우도 있다. 만약 용정 종류와 같이 그 찻잎을 '편평형(扁平形)'으로 만들려면 찻잎을 앞뒤로 저어 주기 전에 찻잎을 팬 바닥에 눌러 준다. 반면 벽라춘 종류와 같이 찻잎을 '권곡형(卷曲形)'으로 비틀어 휘말려면 건조될 때까지 찻잎을 손으로 굴리면서 끊임없이 휘저어 준다. 이때 팬의 온도는 조절된다. 처음에는 온도를 낮게 하고, 살청 과정을 진행하면서 점점 온도를 높인다.

기계로 가공할 경우에는 찻잎을 회전하는 원통 안에 넣고 적어도 3회 이상 가열한다. 가열하는 각 회별 사이에는 찻잎을 꺼내 천 위에 고르게 흩어 두며 식힌다. 찻잎이 가열되는 동안에는 화학적 반응이 촉진된다. 찻잎이 함유한 당 성분과 단백질 성분이 변화하면서 티에 갓 구운 견과류를 연상시키는 방향성 특질을 생성하는 것이다. 이 과정은 또한 찻잎 속에 함유된 폴리페놀류 성분도 증가시킨다.

유념 揉捻, rolling · 성형 成形, shaping

유념 과정은 찻잎을 굴려서 찻잎 내의 세포 구조를 파괴하여 세포 벽 속에 든 풍부한 방향유들이 밖으로 배어 나오도록 하는 작업이다. 중국 녹차의 외관과 향미를 결정하는 이 유념 과정에서는 찻잎을 휘말아서 '권곡형(卷曲形)'으로 하거나, 눌러서 '편평형(扁平形)'으로 하거나, 바늘 모양의 '침형(針形)'으로 하거나, 아니면 구슬 모양의 '주형(珠形)'으로 하여 최종 상품의 모양으로 변화시킨다.

유념 과정을 손으로 진행하는 경우에는 찻잎 굴리기와 건조가 하나의 과정으로 함께 진행된다. 이와는 달리 기계적 가공일 경우에는 편평한 찻잎이나 비틀린 찻잎을 얻기 위해 다양한 기계들이 사용된다.

건조 乾燥, drying

건조 과정에서는 유념 과정에서 찻잎을 굴리는 동안 배어 나온 방향유들이 찻잎에 고착된다. 또한 잔여 수분도 제거되면서 곰팡이가 낄 위험성도 사라진다. 이 건조 과정이 끝날 무렵에는 찻잎의 수분 함량비가 2~4%대로 떨어진다.

선별 選別, sifting

중국 전통 방식에서는 가공 과정에서 부서진 잎들을 미세한 망의 체를 통해 걸러 내고 찻잎을 선별한다. 이 선별 과정에서 찻잎들은 차례로 쌓아 놓은 서로 다른 크기의 대나무 체를 통해 분류된다. 오늘날에는 기계로도 분류하고 있다. 이후 포장 작업을 거치면 상품이 완성된다.

우롱차 烏龍茶, wulong teas

중국의 장인들은 오랜 세월에 걸쳐 찻잎을 산화시키는 방법에 숙달하여 우롱차라는 새로운 종류의 티를 개발하였다. 이들 티는 단지 부분적으로 산화를 일으킨 것이다. 완전히 산화시킨 홍차와는 다르다. 산화 정도를 기준으로 보면, 우롱차는 비산화차인 녹차와 완전 산화차인 홍차 사이에 있는 티이다. 푸젠성, 특히 우이 산과 안시현에서 생산되는 우롱차의 가공 방법은 17세기에 한 농부에 의해 처음으로 개발되었다. 이후 중국의 광활한 영토에서 다양한 재배종들이 재배되고, 또한 수많은 가공 방법들이 개발되면서 우롱차는 맛과 향의 범위가 매우 넓어졌다. 그럼에도 우롱차들은 크게 두 부류로 나뉜다. 산화 정도가 10~45%로 녹차에 가까운 '그린우롱차(green wulong tea, 청향형)'와 70%에 이르러 홍차에 가까운 '블랙우롱차(black wulong tea, 농향형)'이다. 향미를 비교하면 약하게 산화된 그린우롱차는 보다 더 섬세하고 꽃 향이 풍부하다. 반면 강하게 산화된 블랙우롱차는 목재 향이 풍부하고, 때로는 과일 향도 나면서 쓴맛이 섞인 단맛이 난다.

우롱차의 가공 과정을 뒤에서 보다 더 자세히 살펴보기로 하고, 특히 '우롱차의 나라'로 불리는 타이완(138~142페이지)의 티를 소개할 때 집중적 다루기로 한다.

채엽 採葉, picking

그린우롱차는 매우 성숙한 찻잎들을 사용해 생산한다. 이들 찻잎은 예를 들면 녹차를 생산하기 위해 채엽하는 것보다 훨씬 더 크고 성숙한 것들이다. 대부분 일아삼엽(一芽三葉, P+3)으로 채엽고 있다. 따라서 채엽 시기는 녹차의 첫물차를 따는 시기보다 약 2주 정도 늦다.

위조 萎凋, withering

위조 과정은 보통 야외에서 천 위에 찻잎을 고르게 흩어 놓고 진행하지만 종종 대나무 선반에 놓고서도 진행한다. 찻잎들은 날씨의 조건에 따라 2시간가량 그대로 놓아둔다. 이 과정에서 수분 함량이 감소하면서 산화 과정이 처음으로 진행된다.

산화 酸化, oxidation

산화 과정은 매우 중요한 과정이다. 티의 감각적 향미의 개발이 전적으로 이 산화 과정에 달려 있기 때문이다. 수작업으로 가공하는 경우에는 찻잎들이 쉽게 산화되도록, 그리고 방향유들이 잘 배어 나오도록 12~18시간 동안 찻잎들을 규칙적으로 손으로 문지르는 작업을 반복하여 선반 위에 놓아둔다. 기계로 가공하는 경우에는 찻잎들을 회전하는 원통 속에 넣고 온도를 25~30도로 유지하면서 실내에서 약 8시간 동안 가열한다.

살청 殺青, fixation

다음은 살청 과정으로서 산화 과정을 중단시키기 위해 찻잎들을 가열한다. 전통적인 방식에서는 녹차를 살청하는 데 사용했던 것과 동일한 유형의 팬이나 통을 사용한다. 기계로 가공하는 경우에는 회전식 원통을 사용한다.

유념 揉捻, rolling

중국 블랙우롱차의 전형적인 모습인 비틀린 모양의 찻잎을 만드는 데는 보통 찻잎을 비트는 녹차용 기계나 찻잎을 굴리는 홍차용 기계를 사용한다. 전통적인 방식으로는 손으로 찻잎들을 대나무 재질의 매트 위에서 굴린다.

건조 및 고온 건조 乾燥, 高溫乾燥, drying and firing

이 과정에서는 찻잎들을 회전식 원통 속에 넣고 110~120도의 온도에서 약 10~20분 동안 건조한다.

끝으로 고온 건조 과정은 타이완 우롱차(141페이지 참조)의 가공 과정과 동일하지만, 다른 점이 있다면 온도가 더 높다는 점이다. 찻잎들은 보통 2회 정도 고온 건조의 과정을 거친다. 이때 온도는 생산지에 따라 다르다. 기계로 가공하는 경우에는 전자식 센서를 통해 찻잎을 고온으로 가열한다. 고온 건조 과정은 찻잎을 건조한 즉시 곧바로 거쳐야 하는 작업은 아니다. 최초로 가공한 이후 몇 달이 지나서 진행하는 경우도 있기 때문이다.

홍차 紅茶, black teas

홍차는 찻잎을 완전히 산화시켜 만든다. 이들 홍차는 중국에서도 남부 지방인 윈난성, 안후이성(특히, 치먼현), 그리고 푸젠성(특히, 정허현)에서 주로 생산된다. 중국인들이 완전히 산화시켜 생산한 이 찻잎을 '홍차'라고 하는 이유는 우려냈을 경우에 홍적색의 구릿빛을 띠기 때문이다. 여기에서 유의할 점은 남아프리카의 '레드 티(red teas)'와 혼동해서는 안 된다는 점이다. 레드 티는 '루이보스(roibos)'를 이르는 용어이기 때문이다.

중국에서 찻잎을 홍차로 가공하는 방법은 18세기부터 개발되었다. 매우 뛰어난 품질의 티와 외관상 '아름다운 티'를 추구하는 경우를 제외하고는 보통 성숙한 찻잎을 채엽하여 홍차를 생산하고 있다.

위조 萎凋, withering

위조 과정은 보통 찻잎을 땅바닥이나 대나무 선반 위에 놓고 진행한다. 이 과정에서는 찻잎이 수분의 약 60%가 제거되어 충분히 연화된다. 보통 5~6시간 동안 이루어지는 이 과정에서는 찻잎들을 종종 휘저어 준다.

기계로 가공하는 경우에는 위조 과정은 통제된 환경 속에서 이루어진다. 찻잎들을 보통 벽돌 컨테이너 안의 체 위에 놓고, 여기에 장작불을 땐다. 이것이 중국 홍차에 탄 향을 내는 기술이다. 컨테이너에 든 찻잎 아래로는 터빈을 이용하여 공기를 불어넣어 환기 작업을 계속해 준다. 약 4시간에 걸쳐 이 과정이 끝나면 찻잎들은 다음 가공 과정에 들어간다.

유념 揉捻, rolling

찻잎이 위조 과정을 거치면서 완전히 연화되면 유념 과정에 들어간다. 이 과정에서는 찻잎의 세포 구조를 파괴하여 그 속에 든 산화효소가 배어 나오도록 한다. 티에 요구되는 품질에 따라 이 과정은 보통 기계로 이루어지며, 나선 살이 돋은 원판 위에 놓인 찻잎은 압력이 가해지면서 기다랗게 말린다.

산화 酸化, oxidation

산화 과정은 외부 조건에 따라 적게는 8시간에서, 많게는 12시간까지 진행된다. 찻잎들을 땅 위에 고르게 펴 놓고 화학 반응을 촉진하기 위해 젖은 천으로 덮어 둔다. 이때 온도는 약 22도 내외로 유지한다. 이 과정은 인도 홍차를 생산할 때의 경우보다 더 긴 시간 동안 진행된다. 산화 과정이 따뜻한 온도에서 진행되면서 티에서는 떫은맛이 점점 더 줄어든다. 또한 이 과정에서는 중국 홍차를 대표하는 향미인 흙 향과 탄 향, 그리고 달콤한 향이 생성된다. 독립 농가의 재배인들은 자신들의 능력과 경험, 그리고 직감에 따라 이 과정에서 다양한 기술들을 펼친다.

건조 乾燥, drying

건조 과정에서는 찻잎에 남은 수분이 대폭 제거되면서, 산화 과정이 안정된다. 건조 기술은 지역마다 다르다. 가장 일반적인 방법은 찻잎을 컨베이어벨트에 놓고 따뜻한 공기를 불어 보내 건조하는 것이다. 가끔은 장작불을 때는 방식의 기계를 사용해 찻잎을 건조하기도 한다.

분류 및 선별 sorting and sifting

수작업이든지, 기계식이든지 간에 분류 과정에서는 찻잎들을 다른 등급으로 분리한다(분류). 그리고 선별 작업에서는 먼지나 가지, 그리고 이물질들을 제거한다. 대규모로 수확할 경우에는 분류 및 선별 과정이 자동화되어 있다. 고품질의 티를 생산할 경우에는 대부분 대나무 체를 사용한다. 이 분류 과정이 끝나면 찻잎들은 포장 과정에 들어간다.

고온 건조 高溫乾燥, firing (선택 과정)

경우에 따라서는 분류 및 선별 과정에 이어 또 하나의 과정이 추가된다. 바로 고온 건조 과정이다. 이 과정으로 찻잎의 수분 함량이 최대한으로 줄어들면서, 품질도 전반적으로 표준화된다.

보이차 普洱茶, 푸얼차, Pu er, Pu-erh tea

오랜 역사와 건강 효능으로 유명한 보이차는 '효소 산화 반응'이 아니라, '후발효 반응(後醱酵反應, post-fermented reaction)'을 이용해 만든 티이다. 이 보이차는 보통 '숙차(熟茶, aged tea)', '후산화차(後酸化茶, post-oxidized tea)', 영어권에서는 특히 '다크티(dark tea)'라고 한다. 그리고 중국에서는 6대 분류인 '흑차(黑茶)'로 분류한다. 보이차는 시간이 지남에 따라 숙성을 통해 품질이 더욱더 좋아지는 가공 방법으로 인해 독특한 특성을 띤다. 이 보이차의 기원은 당대(唐代, 618~907)까지 올라가는데, 당시에는 티를 끓여서 마시거나, 요리에 향신료로 넣어 먹었다.

이 독특한 티의 이름은 중국 남서부의 윈난성에 위치한 푸얼시(普洱市)의 지명에서 유래했다. 이곳의 재배인들은 인근의 산지로부터 생산한 티를 중국의 다른 지역으로 판매하거나, 몽골이나 티베트와 같이 멀리 떨어진 지역에까지 운송하였다. 티의 수요가 높아 그 먼 곳까지도 말의 등에 실어 보내야 했던 현실 때문에 이곳 지역 주민들은 찻잎을 모양과 크기가 다른 떡 형태의 병차로 '긴압(緊壓)'하는 방법을 고안했다.

송대(宋代)에 푸얼시는 티의 무역 중심지로 부상했다. 이곳에서 판매하던 티는 그 독특성과 상관없이 모두 '보이차(普洱茶, 푸얼차, Pu er, Pu-erh tea)'로 불렸다. 보이차는 오늘날에도 윈난성에서 주로 생산하고 있지만, 그 밖의 다른 지역인 광시좡족 자치구, 안후이성, 광둥성, 그리고 베트남 북부에서도 생산하고 있다.

이로 인해 윈난성 표준계량국은 다른 산지의 사람들이 원산지를 도용하는 일을 막기 위하여 지난 2003년에 보이차의 정의를 「윈난성에서 수확한 대엽종(大葉種)의 찻잎으로 가공한 발효 녹차 상품」으로 명

보이차의 두 종류 : '생차(生茶)'와 '숙차(熟茶)'

오늘날 그 약리적 효능과 풍부한 향미로 유명한 보이생차는 중국에서 처음으로 등장한 티이다. 보이생차는 전통적인 가공 방식에 따라 찻잎들을 보통 떡 형태로 간압한다. 이후 공기와의 접촉으로 산화 과정이 서서히 일어나면서 향미가 보다 더 향상되는 것이다. 이런 보이생차는 약 10년에서 50년 동안 긴 기간의 숙성 발효 과정을 거치는데, 적어도 30년 이상이 지나야 완전히 숙성된 것으로 본다. 또한 이런 기간 동안에 걸쳐 숙성된 티는 '빈티지'로 분류한다.

다른 티와 마찬가지로, 보이차의 품질도 생산에 사용하는 식물성 원재료에 의해 결정된다. 보통 보이생차는 종종 수령이 수백 년인 차나무로부터 생산한다. 1970년대에 희귀한 보이생차의 수요가 증가함에 따라 중국 티 산업체에서는 시장에 보다 빨리 유통할 수 있는 새로운 유형의 보이차를 개발했다. 이것이 '보이숙차'이다. 보이숙차는 보이생차 종류와 동일한 방식으로 가공하지만, 숙성 과정을 앞당기기 위하여 45일에서 60일 동안에 속성 발효 과정을 거친다. 이 과정을 '악퇴(渥堆)'라고 한다. 이 악퇴 과정을 거친 보이숙차는 곧바로 소비될 수 있지만, 보이생차와는 달리 긴 시간에 걸쳐 보존하더라도 품질이 더 나아지지 않는다. 다만 향이 시간이 지나면서 약간 나아질 뿐이다. 이런 속성 보이숙차는 보통 품질이 낮으며, 생산에 사용되는 찻잎들은 거의 대부분 농장에서 공급을 받는다. 티 애호가들 사이에서 산업적 생산이 오랜 염원이기도 했던 보이숙차는 덤불 냄새를 풍기는 흙 향, 빠른 숙성을 통해 생긴 동물성 향 등 그 독특한 특징으로 인해 오늘날 그 가치를 높이 평가받고 있다.

같은 해에 생산된 두 종류의 티. 보이숙차(왼쪽)와 보이생차(오른쪽).

보이차의 다양한 모양

보이생차와 보이숙차의 차이점 외에도 보이차에는 저마다 다른 독특한 특징들이 있다. 가장 두드러지는 특징들 중의 하나가 모양이다. 중국인들은 이 모양에서 풍부한 창의력을 발휘하였다. 보이차는 수많은 모양과 크기로 압축될 수 있지만, 가장 일반적인 모양은 다음과 같다.

- 떡 모양(餅茶, 병차) : 무게는 보통 약 355g 내외.
- 벽돌 모양(磚茶, 전차) : 무게는 약 250g.
- 둥지 모양(沱茶, 타차) : 무게는 일반적으로 100g 또는 250g(5g인 것도 있다).
- 호박 모양(緊茶, 긴차) : 크기에 따라 무게도 다양.
- 버섯 모양 : 무게는 240g 내외.
- 정육면체 모양(方茶, 방차) : 무게는 대략 5g.

보이차는 특별한 일을 기리기 위해 주문자 제작 모양으로 다양하게 생산되고 있다. 물론 잎차로도 생산된다.

확히 규정했다.

이 정의에 모든 전문가들이 다 동의하는 것은 아니지만, 윈난성에서 재배된 대엽(大葉, Da Ye) 품종의 차나무에 대해서는 이견이 없었다. 최고 품질의 보이차는 시솽반나에 위치한 명산들로부터 생산된다. 이들 명산 인근의 유러(攸樂), 반장(班章), 만좐(蠻磚), 이우(易武), 멍숭(勐宋), 반펀(班盆), 이반(驿坂) 등과 같은 지역은 지금도 티 생산지로 유명하다.

보이차를 수년 동안에 걸쳐 숙성시킨 '숙성 보이차(aged Pu er teas)'는 희소성을 띠기 때문에 수집가들은 '보이생차(普洱生茶, 푸얼성차, sheng Pu er teas)'를 숙성한 병차를 구하기 위해 고액을 스스럼없이 지불하고 있다. 숙성 보이생차는 그 희소성으로 실제로 가격이 폭등하며, 많은 사람들은 이를 투자의 기회로 보고 있다. 2000년 초에는 보이차만 생산할 용도의 차나무를 재배하는 농장들이 산비탈에 우후죽순처럼 생겨나기도 했다. 숙성 보이생차의 이 같은 폭발적인 성장은 2007년 가을에 최고치를 기록하면서 투기 시장에서 거품붕괴를 초래했다. 치솟은 가격으로 인해 시장이 붕괴하면서 새로운 투자자들이 급속히 빠져나갔다. 이후 보이차 시장은 점차 안정세를 보이고 있다. 그럼에도 숙성 보이생차는 이런 영향에 구애를 받지 않고 여전히 고가로 거래되고 있다. 숙성 보이생차의 희소성과 수요가 지금도 매우 높기 때문이다.

상표 또는 '내비(內飛)'

보이생차의 포장재에는 보통 '내비(內飛, 네이페이, nei fei)'라는 상표가 찍혀 있다. 내비는 종종 티를 가공한 장소를 알려 준다. 보이차는 상표가 새겨진 조그만 종이를 찻잎 위에 놓은 뒤 긴압한다.

보이차의 모차 제조 과정

보이차를 제조하는 첫 과정은 '모차(毛茶, 마오차, maocha)'를 생산하는 일이다. 모차는 보이생차와 보이숙차를 생산하기 위한 중간 단계의 티이다.

채엽 採葉, picking

다른 티의 경우와 마찬가지로 보이차의 품질도 사용하는 식물성 원재료에 의해 결정된다. 채엽한 찻잎들의 크기로 총 9등급으로 분류한다.

위조 萎凋, withering

보이차의 제조 과정은 위조 과정으로 시작한다. 찻잎들을 몇 시간 동안 실외에 두면서 햇볕에 건조한다. 대량 생산 과정에서는 찻잎들을 실내의 선반에 펴 놓고 뜨거운 증기 복사열로 가열한다.

살청 殺青, fixation

소규모의 살청 과정은 팬에서 약 2~3분 동안 진행한다. 한 팬에 놓은 찻잎들의 양은 녹차를 생산할 경우보다 훨씬 더 많다. 그리고 팬은 보통 장작불로 가열한다.

유념 揉捻, rolling

유념 과정에서는 대나무 매트에 찻잎을 놓고 커다란 구형을 이룰 때까지 손으로 계속 굴려 준다. 대량 생산 과정에서는 찻잎들을 홍차나 잎이 비틀린 모양의 녹차를 제조할 때 사용하는 것과 동일한 유형의 '유념기(press roller)'로 굴려 준다.

재살청 再殺青, second fixation

찻잎들은 경우에 따라서 팬에서 다시 살청된다. 첫 살청의 경우와 마찬가지로 2~3분 동안 진행된다.

재유념 再揉捻, second rolling

첫 유념 때와 마찬가지로 동일한 방법으로 진행된다. 전통적인 방식으로는 대나무 매트 위에서 손으로 찻잎을 굴리고, 대량 생산 방식으로는 유념기로 찻잎을 굴린다.

건조 乾燥, drying

재유념 과정 이후 찻잎들을 야외에서 햇볕에 건조하거나 온도와 습도가 자동으로 조절되는 온실에서 건조한다. 대량 생산 과정에서는 찻잎들을 가열기를 통과하는 컨베이어벨트 위에 놓고 건조한다.

분류 sorting

찻잎을 제외한 모든 잔여물들을 분류 과정에서 수작업을 통해 제거한다.

이 모든 과정이 끝나면 모차가 완성된다. 농부들은 종종 모차를 다른 전문 가공업자에게 판매한다. 가공업자들은 이 모차를 다시 다른 모양으로 긴압한다. 최고 품질의 찻잎들은 보이생차를 생산하기 위해 따로 준비해 둔다. 모차의 경우는 보이숙차나 보이생차를 생산하는 데 모두 사용할 수 있다. 이후 과정부터는 보이생차와 보이숙차의 가공 과정이 다르다.

보이생차 普洱生茶, 푸얼성차, sheng Puer teas

보이생차의 최종적인 과정으로는 단지 두 과정이 남아 있다. 분류와 떡 모양(다른 모양도 가능)으로 긴압하는 과정이다.

운남칠자병차(雲南七子餠茶, 윈난치찌빙차, Yunnan Qi Zi Bing Cha)

티의 이름이나 티의 제조 방식에는 전통이나 특별한 사고방식이 담겨 있는 경우가 많다. 운남칠자병차(雲南七子餠茶, 윈난치찌빙차, Yunnan Qi Zi Bing Cha)라는 문구가 새겨진 보이병차(普洱餠茶, 푸얼빙차)가 대표적인 경우이다. 그 이름의 뜻은 '윈난성의 일곱 아들의 병차'이다. 그렇다면 왜 '일곱 아들(七子)'인가? 일단 숫자 '7(七)'은 중국에서 행운의 수이다. 또한 이 수는 '한 가족이 많은 부를 가져다 줄 수 있는 아들들을 다산할 수 있을 것'이라는 별도의 의미도 내포하고 있다. 결국 소비자들은 보이병차를 구입함으로써 티뿐만 아니라 가족의 번창도 함께 얻는 셈이다. 이외에도 둥근 모양은 보름달을 의미한다. 보름달은 중국에서는 온가족이 함께 모인다는 내용을 상징한다.

보이생차의 제조 과정

분류 및 모음 sorting and grouping

찻잎을 여러 등급으로 분리하는 과정인 분류는 보통 손으로 하거나 기계로 한다. 찻잎들은 크기 순서로 가장 작은 1등급부터 가장 큰 9등급으로 분류된다. 이 과정에서 생산지가 다른 찻잎들도 함께 모은다.

긴압 緊壓, compression

우선 찻잎들을 원하는 무게의 병차에 맞게 나눈다. 이들 찻잎에 증기를 쬐어 수분을 공급하여 부드럽게 한 후 성형이 잘 일어나도록 한다. 이어 티의 상표 또는 내비(內飛)가 새겨진 종이를 찻잎 위에 놓고 천 속에 넣는다. 끝으로 전통적인 방식으로는 찻잎들을 돌로 내리눌러 압축한다. 기계적인 방식으로는 유압 프레스로 압축한다.

건조 乾燥, drying

찻잎이 일단 떡 모양의 병차로 긴압되면 대기 중에 건조시키기 위해 천을 벗긴 상태로 놓아둔다. 이 과정에서 잔여 수분이 제거된다. 대량 생산 과정에서 병차는 경우에 따라서 건조 시간을 단축하기 위해 난방 시설로 온수관이 설치된 실내에 보관한다. 이 병차들은 긴압 과정에서 성형을 위해 수분을 줄이기 이전의 무게, 즉 원래의 무게로 되돌아갈 때까지 건조된다.

포장 包裝, packaging

보이차는 전통적인 방식으로는 각 병차마다 개별 인식이 가능하도록 종이로 포장해 왔다. 병차 각각은 말린 대나무 껍질로 포장하고, 이를 일곱 개 들이로 묶어 '통(筒, 퉁, tong)'이라는 죽통에 포장한다. 그리고 각 죽통은 다시 여섯 묶음의 단위, 즉 '건(件, 젠, jian)' 단위로 대나무 바구니에 넣는다. 계산해 보면, 병차 7개의 6배이므로 총 42개의 병차를 포장할 수 있다. 만약 모든 병차의 무게가 357g이고, 1건 속에 42개의 병차가 있다면, 1건의 무게는 14.99kg이다.

보이숙차의 제조 과정

보이숙차를 생산하기 위해서는 온도와 습도가 높은 상태에서 모차의 발효 과정을 빨리 진행시켜 숙성 기간을 단축해야 한다.

악퇴 渥堆, fermentation

속성 발효인 악퇴 과정에서는 먼저 찻잎들을 물에 젖은 천으로 덮고 실내에 놓아둔다. 이어 45일에서 65일 동안 온도와 습도를 높은 상태로 유지한다. 이 과정에서 찻잎들을 여러 회에 걸쳐 뒤섞어 준다.

분류 分類, sorting

악퇴 과정이 끝나면 찻잎들을 먼저 기계로 분류한다. 이어서 발효되지 않은 찻잎들을 골라내기 위해 손으로 다시 분류한다.

긴압 緊壓, compression

이 과정은 보이생차의 긴압 과정과 동일하다. 보이숙차는 특별한 경우에만 전통 방식으로 긴압하고, 일반적인 경우에는 유압 프레스를 사용한다.

모든 제조 과정이 끝나면, 티로 마시기에 앞서 찻잎에 발효 과정이 충분히 일어나도록 적어도 3개월 동안은 기다린다.

보이차의 숙성

숙성 과정의 조건은 보이차의 향미를 개발하는 데 굉장히 중요하다. 이상적인 실내 온도는 비록 일정하게 유지되지는 않더라도 최소한 20~30도 사이로 유지해야 한다. 온도가 20도 이하이면 숙성 시간이 더 오래 걸린다. 그리고 햇빛이 들지 않고, 환기가 잘 이루어지는 곳에서 실내 습도를 60~70%로 유지하면서 보관해야 한다. 이때 찻잎들은 혹시나 향이 흡수될 수 있는 커피나 향신료 등의 방향성 물질과는 격리해 두어야 한다. 원칙적으로는 보이생차와 보이숙차도 분리해 두어야 한다. 홍콩에서는 보이생차를 더 빨리 숙성시키기 위해 여러 기술들을 개발해 왔다. 이러한 기술들 중 하나로 '습윤 저장법(wet storage)'이 있다. 이 방법은 상대습도를 90%, 온도를 30~35도로 유지하여 숙성시키는 것이다. 이런 조건 아래에서는 찻잎들의 숙성이 매우 빠르게 진행된다.

티를 마시는 다양한 지역 풍습

티는 중국에서는 생활에 없어서는 안 될 요소이다. 그런 만큼 중국의 차나무 재배 면적도 약 258만 헥타르에 이른다. 이런 중국에서 티를 마시는 방식이 지역마다 다르다는 것은 놀라운 일이 아니다. 특히 중국 서부의 여러 성에서는 티를 마시는 풍습이 매우 다르다. 윈난성에서는 예를 들면 다이족(傣族, 태족), 하니족(哈尼族, 합니족), 그리고 징퍼족(景頗族, 경파족)들은 그들의 티를 죽통에 넣고 발효시킨 후 야채를 첨가한다. 또 다른 민족들은 티를 간식으로 씹어 먹는다. 중국 북서부 허난성의 싱양시(滎陽市)의 이슬람교도들은 손잡이가 없는 작은 잔인 '종(盅, 충, zhong)'에 티와 설탕, 그리고 호두를 넣어 우려내 마신다.

한편, 중국은 티의 6대 분류를 유일하게 모두 생산하고 있다. 티의 소비문화가 지역에 기반하고 있어 중국인들의 티를 즐기는 취향도 지역마다 매우 다양하다. 예를 들면 중국 남부의 안시현 지역에서는 철관음 이외의 티를 찾아보기란 불가능한 일이다. 놀랍게도 이름난 수확물들을 개발해 온 이곳 재배인들조차도 그들 지역의 특산물 이외의 다른 티를 소비하는 일이 거의 없다.

일반적으로 중국인들은 녹차를 선호하며, 보통 유리잔이나 병에 담아 자연스럽게 마신다. 중국인들이 티를 마실 경우에는 매우 고품질의 빈티지일지라도 그냥 찻잎 위로 뜨거운 물을 붓고, 찻잔의 4분의 1 정도를 마신 후에는 다시 물을 붓고 우린 찻물을 희석시킨다. 비록 향미가 더 나아지거나 좋아지는 것도 아니지만 이런 습관들은 매우 널리 퍼져 지금은 관습으로 굳어 있다. 그런데 중국에는 티를 마시는 또 다른 방식이 있다. 티에 세심한 주의를 기울이며, 보다 더 나은 티로 우리는 방법, 즉 '종'으로 티를 준비하는 것이다. 여기서 '종'은 '가이완(蓋碗, 개완, gaiwan)'과 같은 뜻의 용어이다. '종'은 광둥어이고, '가이완'은 중국 표준어이다. 오늘날에는 가이완이 더 많이 쓰이고 있다. 여기에서는 우리말인 '개완'으로 표기한다.

생활용품_차병(茶瓶, tea bottle)

중국에서 찻잎을 우리기 위해 주로 사용하는 도구는 차병(茶瓶)이다. 차병은 일상에서 매일같이 볼 수 있는 용품이다. 유리, 플라스틱, 스테인리스스틸 등 다양한 재질의 차병은 보통 뚜껑이 있다. 어떤 것은 찻잎들을 바닥에 남도록 하는 필터도 있다. 이 필터로 인해 차병에 찻잎을 한 번 넣고도 여러 회 우려내 마실 수 있다. 중국인들은 이런 차병으로 기차에 탑승해 있든지, 워크숍에 참석해 있든지, 사무실에 있든지, 버스 안에 있든지 등 하루 내내 언제든지 티를 마음대로 우려내 마신다.

개완蓋碗

개완은 찻잔, 받침, 그리고 뚜껑으로 한 벌을 이루고 있다. 뚜껑의 아랫면은 향을 맡을 때 사용한다. 개완은 향을 농축하면서 적은 양의 물로 찻잎을 우릴 수 있는 중국식 다기이다. 개완으로 우리는 방식은 명대(明代, 1368~1644)에 처음으로 등장하였는데, 오늘날에도 티 애호가들뿐 아니라 일반 대중들 사이에서 많이 사용하고 있다. 개완에서는 티의 향이 농축되어 찻잎을 한 번 넣고서도 여러 회 우려내 마실 수 있다. 또한 우리는 횟수에 따라 미묘하게 달라지는 향의 차이도 알 수 있다.

개완은 모든 종류의 티를 우리는 데 사용할 수 있지만, 특히 백차와 녹차와 같은 향이 은은한 티를 우릴 때 그 위력을 더욱 더 발휘한다. 물론 보이차와 우롱차를 우릴 경우에도 매우 효과적이다. 전통적인 방식으로는 찻잔을 입에 대고 찻물을 직접 마시는데, 이때 뚜껑은 찻잎을 걸러 내는 데 사용한다.

우린 찻물을 보다 더 나은 상태로 보관하기 위해서는 '차해(茶海)'나 따로 준비된 용기에 옮겨 담는 것이 좋다. 차해는 '공도배(公道杯)'라고도 한다.

개완을 사용한 티테이스팅에는 다음의 주요 과정이 있다.

• 뜨거운 물로 개완을 데운다. 이 작업은 반드시 거쳐야 하는 과정은 아니다. 그러나 티를 준비하는 여러 과정들 중에서도 티를 우리기에 앞서 개완을 준비하는 상징적인 단계이며, 개완을 정화(淨化)하는 작업이다.

• 티스푼-차시(茶匙)라고도 한다-에 약 5㎖ 분량으로 찻잎을 수북이 떠서 개완에 넣는다. 찻잎의 양은 티의 유형과 마시고 싶은 농도에 따라 티스푼 1/2술~2술(2~10㎖)까지 다양하게 조절할 수 있다. 일반적으로 찻잎의 양을 더 늘릴수록 우리는 시간은 더 짧게 해야 한다(사진 ❶).

• 찻잔에 놓인 찻잎 위로 적당한 온도의 물을 붓는다(사진 ❷). 뚜껑으로 조심스럽게 저어서 찻잎들이 완전히 물에 잠겼는지 확인한다(사진 ❸).

• 찻잎이 필요한 만큼 우러나오도록 그대로 둔다. 물의 양에 비하여 찻잎의 양이 많이 사용되었기 때문에 처음에는 매우

①

②

짧게 우려야 한다(15~45초). 만약 우러나는 과정을 체크해 보고 싶은 경우에는 찻물을 약간의 양으로 볼(bowl)에 따라 맛을 본다.

- 찻물이 다 우러나면 뚜껑으로 찻잎을 걸러 내면서 찻물을 공도배나 별도의 용기로 옮겨 담는다. 이때 뚜껑을 비스듬히 기울여 찻잎이 나오지 않도록 하여 찻물을 완전히 따른다. 이는 우려내고 남은 찻잎에서 함유 성분들이 계속해서 우러나오는 일을 막기 위한 것이다. 받침은 개완을 보다 더 편하게 쥘 수 있도록 해 준다(사진 ❹).

- 뚜껑의 아랫면과 우린 찻잎으로부터 풍기는 향을 깊이 들이마신다. 신선하게 우려낸 찻잎으로부터 방출되는 미묘한 향들 중의 일부는 휘발성이 매우 강하여 증발이 일어나는 순간에만 느낄 수 있다.

- 맛을 본다.

우린 찻잎을 다시 우려내는 경우에도 위의 과정을 동일하게 반복한다. 이때 우려내는 횟수가 늘수록 우리는 시간도 더 늘린다. 개완을 사용하여 티를 준비하는 데는 여러 방식이 있다. 예를 들면 어떤 사람들은 짧게 여러 회 우리기를 권하는 반면, 또 어떤 사람들은 오직 2회만 우리기를 권한다.

만약 백차나 녹차를 우리는 데 적당한 온도의 물을 구하기 어렵다면, 개완의 4분의 1 정도를 소량의 찬물로 채우고, 그 위에 끓는점에 가까운 온도의 물을 부으면 된다.

③

④

특별 인터뷰

중국의 티 개발 전문가, 헤

헤(He) 씨는 농업연구소에서 새로운 티를 개발하는 부서에서 근무하고 있다. 또한 그는 1991년부터 차나무를 전문적으로 재배하고 있다.

당신은 티의 세계에 어떻게 들어오게 되었나?

나의 가족은 여러 대에 걸쳐 티를 생산해 왔다. 정확히 얼마나 오래되었는지는 기억하지 못하지만 오랜 세월 동안 티를 오직 자급자족용으로 생산해 온 것만은 분명하다. 수확이 풍년을 맞았을 때는 티를 기부하기도 했다. 티는 이제 가족의 유산이 되었다.

나는 1987년부터 1991년까지 저장성의 농업대학교에서 티를 전공하였다. 이후 줄곧 티 분야에 종사해 왔다. 처음에는 중국 농업부에서 근무하였다. 주요 업무는 농부들을 대상으로 차나무를 재배하는 방법과 찻잎을 가공하는 기술을 가르치는 일이었다. 지금은 새로운 티를 개발하는 농업연구소에서 근무하고 있다. 이와 동시에 1991년부터는 다원을 운영하면서 내가 개발한 티를 생산하고 있다.

운영하고 있는 다원은 규모가 어느 정도인가?

개인 소유의 다원은 중국의 토지 단위로 약 2무(亩)(1亩=15분의 1ha)이다. 또한 580무에 이르는 다원도 임차해 운영하고 있다.

티의 연간 생산량은 얼마인가? 고용인도 있는가?

고품질의 티를 매년 1.5톤 이상씩 생산하고 있다. 약 20명의 직원들이 나와 함께 농장과 가공 공장에서 일하고 있다. 그 밖에도 수확기에는 채엽을 위해 대략 300명을 고용한다.

이곳에서 생산한 티를 판매하는 가게가 있는가?

나는 티 생산자이자, 상인이다. 현재 개인 소유의 가게 두 곳을 운영하고 있으며, 여덟 명의 다른 사람들이 내가 생산한 티를 판매하여 도움을 주고 있다.

티를 어디에 판매하는가? 국내 시장인가, 아니면 국제 시장인가?

주로 국내 시장에 판매하기 위해 생산한다.

어떤 종류의 티를 생산하는가?

생산을 처음 시작했을 당시에 중국은 아직 구매력이 낮았다. 그래서 기계로 채엽하는 낮은 등급의 티를 생산했다. 현재는 구매력이 높아졌기 때문에 손으로 직접 채엽하는 고품질의 티를 생산하고 있다. 그 생산량은 처음 시작했을 때보다는 적은 양이다. 임금 인상으로 생산원가가 큰 폭으로 상승하더라도 고품질의 티를 앞으로도 계속해서 생산하고 싶다.

생산을 시작한 후, 산업계와 고객층에서 생긴 변화가 있다면?

그 당시에 중국인들은 티를 모양새로 평가하였다. 이는 티 산업의 발전에도 큰 장애 요소가 되었다. 그래서 나는 고객들에게 티를 단지 모양새로 평가할 것이 아니라 영양적 가치와 향미를 기준으로 보다 더 나은 평가를 할 수 있도록 교육하려고 노력하고 있다.

차량 접근이 불가능한 태평후괴 다원으로 향하는 거룻배에서의 전경.

"중국차의 모든 이름을 익히기에는 일생으로는 부족하다!"

_ 중국 속담

티 스토리_제❶편

안후이성의 녹차, '태평후괴(太平猴魁, 타이핑허우쿠이, Tai Ping Hou Kui)'

아주 오래전 원숭이 한 쌍이 새끼원숭이와 함께 웅장하기로 이름난 황산 산에서 살았다. 어느 날 새끼원숭이가 두려움도 없이 주변 지역을 살펴보기 위해 밖으로 나갔다가 짙은 안개로 길을 잃었다. 걱정이 된 아비원숭이는 새끼원숭이를 급히 찾아 나섰다. 아비원숭이는 여러 날에 걸쳐 찾아 헤맸지만 새끼원숭이는 그 어느 곳에서도 보이지 않았다. 그런데 안타깝게도 그 아비원숭이가 지금의 타이핑현(太平縣) 인근에서 지친 나머지 배수로로 추락해 죽고 말았다.

마침 야생 차나무로부터 찻잎을 채집하기 위해 그 지역을 우연히 지나가던 한 노인이 죽어 있는 한 원숭이를 보았다. 바로 아비원숭이였다! 처참한 광경에 슬픔을 느낀 노인은 그 원숭이를 산기슭에 고이 묻어 주었다. 이어 원숭이의 넋을 위로하기 위하여 그곳에 차나무 몇 그루와 다른 개화 식물들을 심었다. 노인이 막 떠나려고 하자, 낯선 목소리가 들려왔다.

"노인이여, 그대의 의로운 행위야말로 반드시 보답을 받을 것이다!"

이때 노인은 주위를 둘러보았지만 아무도 없었다.

이듬해 봄에 노인은 원숭이를 묻었던 그곳의 차나무로부터 찻잎을 수확하기 위해 산에 올랐다. 그런데 놀랍게도 산 전체가 그 차나무들로 뒤덮여 있었다. 그때였다! 어디선가 또다시 낯선 목소리가 들려왔다.

"그대가 재배하여 풍요롭게 살 수 있도록 이 모든 차나무를 선물로 주겠노라!"

낯선 목소리에 화들짝 놀란 노인은 바로 이 지점에서 그가 전에 묻어 주었던 한 원숭이를 떠올렸다. 이어 목소리가 어쩌면 그 원숭이의 넋일 것이라는 생각이 스쳐갔다. 노인은 이 선물을 기념하기 위해 이곳의 지명을 '원숭이 언덕'이라는 뜻으로 '후강(猴岡, 허우강)'이라 짓고, 차나무의 이름은 '원숭이 차'라는 뜻으로 '후차(猴茶, 허우차)'라 지었다. 또한 티의 이름도 품질이 매우 훌륭하여, '최고'나 '선두'를 뜻하는 '괴(猴, 쿠이)'를 붙여 '후괴(猴魁, 허우쿠이)'라 지었다.

한편 기록에 의하면, 태평후괴 품종은 명대(明代)부터 안후이성 타이핑현에서 재배되었다. 청대(清代)에는 황제를 위해 독점적으로 재배 및 수확되었다. 그리고 2004년에는 중국차 박람회에서 '티 왕(King of Tea)'의 영예까지 안았다.

태평후괴 품종을 재배하는 다원을 향하면서 바라본 풍광.

중국 티 : Chinese Teas

백호은침 白毫銀針

바이하오인전(Bai Hao Yin Zhen)

분류 : 백차.

설명 : '하얀 잔털'이라는 뜻의 백호(白毫, Bai Hao)는 은침(銀針, Yin Zhen) 종류 중에서도 최고 등급을 의미.

이명 : 은침(銀針), 인전(Yin Zhen), 실버니들(Silver Needles).

산지 : 푸젠성(福建省)/푸딩시(福鼎市), 정허현(政和縣), 젠양시(建陽市).

수확기 : 3월 말~4월 초.

재배종 : 대백(大白, Da Bai), 대호(大毫, Da Hao).

백호은침(白毫銀針, 바이하오인전)은 청대(淸代) 제7대 황제 가경제(嘉慶帝) 재위 초기인 1796년에 최초로 생산되었다. 주로 황제에게 헌상용으로 바치기 위해 독점적으로 재배되었다. 당시의 푸젠성 지역에서는 이 티를 생산하기 위해 새싹(피코, P)들을 야생 차나무로부터 채엽하였다. 그리고 약 100년 후인 1885년부터는 새싹들을 야생 차나무가 아닌 대백(大白, Da Bai) 품종의 차나무로부터 채엽하고 있다. 굉장히 섬세하기로 유명한 이 티는 오직 새싹 한 싹과 그 아래의 두 잎을 채엽하는 일아이엽의 '상급 채엽'을 통해서 생산된다.

테이스팅 노트 : 우린 새싹에서는 신선한 건초 향과 이슬에 젖은 꽃 향이 난다. 우린 찻물에서는 달콤하면서도 야채류의 맛이 나고, 개밀(wheatgrass)과 클로버꽃의 향이 풍긴다. 입안의 감촉은 매우 부드럽다. 이어 살구와 국화과 식물이 결합된 듯한 매우 우아한 향이 감돌며 긴 여운을 남긴다. 달콤하면서도 갈증을 해소하는 향미는 미각과 입안의 감각을 이완해 준다.

우리는 다기 : 개완, 소형 티포트.

군산은침 君山銀針

준산인전(Jun Shan Yin Zhen)

분류 : 황차.

설명 : '준산(君山)' 섬에서 생산하는 은침(銀針, Yin Zhen) 티.

이명 : 마운틴실버니들(Mountain Silver Needles).

산지 : 후난성(湖南省) 웨양시(岳陽市) '둥팅 호(洞庭湖)' 내의 '준산(君山)' 섬.

수확기 : 4월.

재배종 : 군산군체종(君山群体種, Jun Shan Qun Ti Zhong).

군산은침(君山銀針, 준산인전)은 매우 희귀한 티이다. 후난성 북부에 위치한 '둥팅 호(洞庭湖)' 가운데의 '준산(君山)' 섬으로부터 매우 적은 양으로 생산되기 때문이다. 가공 과정이 녹차와 비슷하지만 민황 과정을 통해 가볍게 발효시킨 것이 특징이다. 또한 이 과정을 통해서 찻잎이 노란색으로 변한다.

테이스팅 노트 : 새싹은 매우 아름다운 털 모양의 녹침(綠針, green needles)으로 둘러싸여 있다. 우린 찻잎에서는 플랜테인(바나나류), 갓 구운 땅콩, 녹색 야채류, 그리고 파파야 등 풍부하고도 미묘한 향들이 난다. 과일과 야채류를 혼합한 듯한 향에 뒤이어 백후추와 바닐라의 미세한 향이 이어진다. 찻물이 담황색을 띠는 이유는 미세한 녹침 입자들이 부유하면서 흐릿해진 것이다. 향이 농축된 찻물은 매우 탁하여 입술에 묻으면 막을 형성한다. 달콤한 맛과 시큼한 기운이 균형을 이루고 있다. 약간 자극적인 국화 향은 생목 향과 땅콩 향이 더해지면서 오래도록 이어진다. 야채류와 바닐라의 향도 매우 부드럽게 긴 여운을 남긴다.

우리는 다기 : 개완, 소형 티포트.

용정사봉 龍井獅峰

룽징시펑(Long Jing Shi Feng)

분류 : 녹차.

설명 : 항저우시 시펑현(용정 5대 산지)에서 생산되는 용정.

이명 : 드래곤 웰(Dragon's Well), 룽칭(Lung Ching).

산지 : 저장성(浙江省)/시펑현(獅峰縣), 룽징현(龍井縣), 메이자우현(梅家塢縣).

수확기 : 3월 말~4월 초.

재배종 : 용정 43(龍井, Long Jing 43).

용정사봉(龍井獅峰, 룽징시펑)은 중국에서도 가장 유명한 티이다. 차나무는 저장성의 성도 항저우시 인근에서 재배되고 있다. 이 지역은 거대 담수호인 시후 호(西湖, 서호)로 유명하다. 이곳을 원산지로 하는 서호용정(西湖龍井, 시후룽징)은 오늘날 엄청난 인기로 인해 그 상품명이 수없이 도용되고 있다. 이런 이유로 '서호용정'과 '절강용정(浙江獅峰, 저장룽징)'을 구별하는 일은 매우 중요하다. 서호용정은 원산지에서 채엽에서부터 마지막 선별까지 전 가공 과정을 오로지 수작업으로 진행하고 있다. 반면 절강용정은 성 전체에 걸쳐 재배하여 생산하고 있다. 채엽은 대체로 수작업으로 진행하지만 이후의 가공 작업은 기계로 진행한다. 서호용정은 중국에서도 가장 많이 모조되고 있기 때문에 시장에서 유통되는 대부분의 용정은 원산지 밖의 지역에서 생산된 것이다. 심지어 다른 성에서도 생산되고 있다. 다른 성에서 생산된 것들은 품질이 좋지 않은 모조품이다. 대부분의 서호용정은 산의 두 비탈면에서 재배하고 있다. '사자 봉(獅峰)'의 뜻을 지닌 시펑현을 비롯하여 룽징현, 메이자우현 등이다. 봄철에 진행되는 이곳의 수확 및 생산은 두 부류로 나뉜다. 양력 4월 5일경인 청명(清明) 전에는 최상급 새싹만 골라 따는 '헌상급 채엽'을 통해서 용정 중에서도 가장 유명한 '명전용정(明前龍井, 밍첸룽징, Ming Qian Long Jing)'을 생산한다. 2주 후인 4월 20일경인 곡우(穀雨) 전에는 '상급 채엽'을 통해 '우전용정(雨前龍井, 위첸룽징, Yu Qian Long Jing)'을 생산한다.

전설에 의하면, 약 250년경 한 도교 스님이 항저우시 인근의 한 우물에 용이 숨어 있다는 사실을 우연히 발견하였다. 그 지역 농부들은 당시 극심한 가뭄으로 큰 재앙을 맞아 밤낮으로 비가 내리기만을 기도하고 있었다. 마침 이곳을 지나던 도교 스님이 농부들에게 자신이 발견한 사실을 들려주었다. 이에 농부들은 그 우물가로 찾아가 용에게 자신들을 도와 달라고 기도하였다. 농부들이 간절히 기도하자, 갑자기 구름들이 몰려들며 비가 쏟아지기 시작했다. 이후 사람들은 이 일을 기리기 위해 이곳에서 생산되는 티와 인근의 고대 사원에 '용정(龍井, 룽징)'이라는 이름을 붙였다고 한다.

테이스팅 노트 : 시펑현에서 수확된 여린 녹색의 찻잎들은 보통 길고 편평한 모양이다. 우린 찻잎에서는 해초류와 날조개의 미세한 향이 난다. 비취색의 찻물에서는 부드러운 식물 향이 풍기다. 입안에서는 허브와도 같은 자극이 싱그러우면서도 달콤한 맛을 낸다. 또한 식물성 향이 입안으로 가득 차면서 아루굴라(arugula)와 익힌 펜넬(fennel), 그리고 녹두 향이 풀바디감이 펼쳐진다. 마지막 향미는 부드러움과 강함이 놀라운 균형을 이루면서 약한 떫은맛과 함께 오래 지속된다.

우리는 다기 : 개완, 소형 티포트.

황산모봉黃山毛峰

황산마오펑(Huang Shan Mao Feong)

분류 : 녹차.

설명 : 모봉(毛峰, 마오펑) 티 중에서도 최고급의 티.

산지 : 안후이성(安徽省)/황산 산, 황산 암괴 지대.

수확기 : 4월.

재배종 : 황산대엽종(黃山大葉種, Huang Shan Da Ye Zhong).

일화에 의하면, 아주 오래전 황산 지역에 열렬히 사랑한 한 남녀가 있었다. 그런데 지역의 영주가 여인에 눈독을 들여 첩으로 들이면서 남녀의 행복은 산산이 부서졌다. 이 같은 생이별 후, 반쯤 넋이 나갔던 여인은 연인을 다시 만나기 위해 달아났지만, 불행하게도 연인은 이미 영주가 목숨을 앗아간 상태였다. 여인이 산속에서 싸늘한 주검이 된 연인을 껴안고 울면서 쏟아낸 엄청난 양의 눈물은 강을 이루었고, 정화된 여인의 몸은 차나무로 화하였다는 것이다. 오늘날 이 지역이 구름이 연중 잔뜩 끼고, 습도가 높은 것도 이로 인한 것이라는 이야기가 있다.

테이스팅 노트 : 황산모봉의 녹색 찻잎은 모양이 아름답고 부드러워 눈을 즐겁게 한다. 고품질의 새싹들은 마치 우아한 춤을 추듯이 약간 휘말려 있다. 우린 새싹에서는 '소렐(sorrel)' 향과 생야채 향이 오묘하게 난다. 부드러운 찻물에서는 국화의 꽃받침 향과 녹두 향이 섬세히 풍긴다. 입안에서는 가벼운 뒷맛으로 부드러운 야채 향이 여운을 남긴다.

우리는 다기 : 개완, 소형 티포트.

안길백차安吉白茶

안지바이차(Anji Bai Cha)

분류 : 녹차.

설명 : 안지현(安吉縣)에서 백엽종(白葉種, Bai Ye Zhong)으로 생산한 녹차.

산지 : 저장성(浙江省)/안지현(安吉縣).

수확기 : 3월 말~4월 초.

재배종 : 백엽종(白葉種, Bai Ye Zhong).

안길백차(安吉白茶, 안지바이차)는 그 이름과 달리 녹차이다. 이름은 찻잎의 색상이 옅은 녹색을 띠며 거의 하얀색에 가까운 데서 유래하였다. 서양에서는 거의 알려져 있지 않지만, 중국에서는 매우 높이 평가되고 있다. 생산 역사는 약 15년에 불과하다. 이 재배종은 안지현에서 최초로 발견되었다. 최근에는 이 티의 인기가 급상승하고 있어 수많은 재배인들이 그 유행에 편승하여 재배에 나서고 있다. 지금은 중국 여러 곳에서 다양한 안길백차를 볼 수 있다.

테이스팅 노트 : 찻잎의 색상은 연한 녹색을 띠고, 모양은 가느다랗고 기다라면서 매우 고르다. 펴진 찻잎들은 매우 연하고, 차나무의 가지로부터 세심한 주의를 기울이면서 수확하여 그 상태가 완벽하다. 찻잎에서는 하얀 꽃 향이 살짝 풍기는 아스파라거스 향과 신선한 풀 향이 뒤섞인 싱그러운 향이 난다. 찻물의 색상은 옅고, 입안의 감촉은 부드러우면서도 목 넘김이 편안하다. 달콤하면서도 상큼한 맛의 감촉은 신선한 콩 향과 꽈리(ground cherry) 향을 증폭한다. 전반적인 감촉은 온화하면서도 균형을 잘 이루고 있다. 야채류의 신선하면서도 미묘한 향미는 길게 이어지면서 꽃 향을 누그러뜨리고 맛도 더해 준다.

우리는 다기 : 개완, 소형 티포트.

혜명惠明

후이밍(Huiming)

분류 : 녹차.

설명 : 약 1100여 년 전, 산에 사원을 건립하고 차나무를 심은 한 승려의 법명에서 품종명이 유래되었다.

산지 : 저장성(浙江省)/리수이시(丽水市), 간쑤성(甘肅省)/징닝현(静寧縣).

수확기 : 봄(4월~5월), 가을(9월~10월).

재배종 : 혜명(惠明, Huiming).

간쑤성 징닝현에는 츠무 산(敕木山)의 한 사면이 위치해 있다. 일화에 의하면, 혜명(惠明, 후이밍) 티가 이곳에서 생산된 시기는 약 1100년 전으로 거슬러 올라간다. 당시 법명이 혜명(惠明)인 한 승려가 인근의 난촨 산(南泉山)에 사원을 건립하고, 그 주위에 차나무를 심은 데서 유래했다는 것이다. 이 사원 주위에서는 오래전부터 차나무를 재배해 온 농장들을 지금도 볼 수 있다.

테이스팅 노트 : 어두운 녹색을 띠며 비틀린 모양의 찻잎들은 미세한 털들로 뒤덮여 있다. 우린 찻잎에서는 신선한 초록의 나뭇잎 향과 바닷바람 냄새, 그리고 오스만투스꽃 향이 풍긴다. 투명하고도 초록기가 옅게 도는 찻물에서는 꽃과 잎을 갓 땄을 때의 싱그럽고도 섬세한 향이 난다. 입안에서 맴도는 감촉은 멜론 껍질과 풋풋한 대두의 단 향으로 매우 부드러워 목 넘김도 감미롭다. 마지막으로 크로커스꽃(crocus) 향이 약하게 일면서 길게 이어진다.

우리는 다기 : 개완, 소형 티포트.

동산東山

둥산(Donsan)

분류 : 녹차.

설명 : 동정벽라춘(洞庭碧螺春, 둥팅비뤄춘)으로 유명한 산지에서 생산하는 녹차. 생산 역사가 10년으로 짧다.

산지 : 장쑤성(江蘇省).

수확기 : 4월~5월.

재배종 : 군체소엽종(群体小葉種, Qun Ti Xiao Ye Zhong).

동산(東山, 둥산)은 동정벽라춘(洞庭碧螺春, 둥팅비뤄춘)이 생산되는 지역에서 함께 생산된다. 이 티의 역사는 생산된 지 불과 10년밖에 되지 않을 정도로 짧다. 동정벽라춘을 생산하는 품종과 동일한 차나무로부터 생산하고 있다. 채엽은 수작업으로 진행하지만 이후의 가공 과정은 기계를 사용한다. 동정벽라춘의 생산이 끝남과 동시에 생산이 시작된다. 훌륭한 다원으로부터 나올 수 있는 향의 풍부한 잠재력 덕분에 대량으로 생산하고 있다. 동산은 매일같이 부담없이 즐길 수 있는 티이다.

테이스팅 노트 : 짙은 녹색의 찻잎은 우려내면 무르익은 복숭아와 해바라기 씨앗, 그리고 신선한 조개류의 향이 두드러진다. 찻물은 향이 풍부하며, 촉감이 매우 부드럽다. 입에 와 닿는 느낌은 강렬하고, 향은 호두와 해초류를 연상시킨다. 마지막으로 긴 여운을 남기는 맛에서는 떫은맛의 기운이 느껴진다.

우리는 다기 : 티포트.

안계철관음 安溪鐵觀音

안시톄관인(Anxi Tie Guan Yin)

분류 : 우롱차.

설명 : 생산 역사가 200여 년에 이르는 중국의 대표적인 우롱차.

산지 : 푸젠성(福建省)/안시현(安溪縣) 시핑향(西坪鄉).

수확기 : 4월 말~5월 초.

재배종 : 철관음(鐵觀音 Tie Guan Yin).

전설에 의하면, 웨이(Wei)라는 이름의 한 농부가 밭에서 집으로 돌아가는 길에 종종 자비의 여신인 관음보살을 모신 사원을 지나가곤 했다. 그런데 농부는 다 허물어져 가는 사원과 관음보살의 철상(鐵像)을 볼 때마다 가슴이 아팠다. 그러던 중에 농부는 비록 사원을 재건하고 철상을 복원할 능력은 없었지만, 철상을 손보고, 경내를 쓸며, 향을 피우기로 마음먹었다. 어느 날 밤, 관음보살이 농부의 꿈속에 나타나 말하였다.

"사찰 뒤의 동굴 속에는 자손누대에 걸쳐 누릴 수 있는 보물이 있다 … 그 보물을 찾아 이웃들과 함께 공평하게 나눠 사용하라!"

다음 날 농부는 동굴을 찾았는데, 거기에는 어린 새싹의 찻잎만 동그라니 있을 뿐이었다. 농부는 그 새싹을 자신의 다원에 심어 온갖 정성으로 돌보았다. 그 결과 새싹은 어느덧 튼튼한 나무로 자랐고, 2년이 지나자 아름다운 찻잎들도 생산하였다. 농부는 이 찻잎을 개완에 넣어 우려내 마셨는데, 그 맛과 향이 깔끔하고 놀라울 정도이며, 몇 번을 우려내도 이어진다는 사실을 발견하였다. 이 결과에 한껏 고무된 농부는 더욱더 관심을 기울여 그 나무를 돌보았다. 몇 년이 지나자, 그 나무는 이제 200그루 이상으로 불어났다. 이로 인해 막대한 부를 쌓은 농부는 사원을 소유하고, 철상도 복원할 수 있었다. 그리고 농부가 이웃들에게 나무의 씨앗을 나눠 주어 그들 모두가 행복하게 살면서부터 철관음의 진가가 알려졌다는 이야기이다.

또 다른 전설로는 웨이라는 이름의 농부가 어린 새싹을 심었던 '철항아리'와 '관음보살'의 첫 글자를 따 그 이름을 지었다는 것이다. 오늘날 이 철관음은 매우 유명하여 중국 전역의 수많은 곳에서 재배하지만, 최고 품질의 철관음은 오직 안시현에서만 볼 수 있다.

테이스팅 노트 : 찻잎을 손바닥으로 문질러 비벼 만든 철관음에는 초록 색조의 섬세한 성분들이 생성되어 있다. 우린 찻잎에서는 클로버꽃 향과 히아신스 향, 그리고 봄 계곡에 핀 백합의 향취를 느낄 수 있다. 입안에 와 닿는 감촉은 신선한 버섯 향과 국화 꽃받침과 같은 야채 향에 이어 향긋한 꽃 향이 풍부해지는 느낌이다. 벨벳같이 매우 부드러운 찻물에는 애호박과 바닐라의 향긋한 향이 강하게 풍긴다. 마지막으로 야채와 꽃을 신선하게 재조합한 향미가 이어진다.

우리는 다기 : 공부(工夫, 궁푸)식 다기(144페이지 참조), 개완, 티포트.

봉황단총밀란향鳳凰單欉蜜蘭香

평황단충미란샹(Feng Huang Dan Cong Mi Lan Xiang)

분류 : 우롱차.

설명 : 봉황단총(鳳凰單欉, 평황단충) 십대밀화(十大蜜花)의 품종으로 생산하는 티. 수령이 800년이나 된 어미차나무도 있다.

이명 : 밀란향(蜜蘭香, 미란샹, Mi Lan Xiang).

산지 : 광둥성(廣東省).

수확기 : 4월 말~5월 초, 9월~10월.

재배종 : 밀란향(蜜蘭香, Mi Lan Xiang).

중국 광둥성의 펑황 산(鳳凰山)에서 탄생한 봉황단총밀란향(鳳凰單欉蜜蘭香, 평황단충미란샹)의 역사는 약 1000년 전 이상으로까지 올라간다. 이곳 펑황 산에서 생산한 티는 육우의 저서『다경(茶經)』(780년)에도 기록되어 있다. 이후부터 이 지역은 다른 지역에서는 결코 찾아볼 수 없는 독특한 차나무의 품종, 즉 '단총(單欉, 단충, dan cong)'으로 유명해졌다.

단총은 '특정한 차나무로부터 찻잎을 따 생산한 티'를 이르는 용어이다(특정한 개별 차나무를 이르는 호칭이기도 하다). 한 단총에서 수확한 찻잎으로부터는 약 1.5kg의 티를 생산할 수 있다. 오래된 단총에서는 값비싼 수확물을 얻을 수 있다. 이 단총 중에서도 가장 오래된 차나무는 수령이 800년이나 된다.

펑황 산의 지역에는 야생 차나무로부터 찻잎을 수확하여 티를 생산하는 관습이 있다. 전통적으로는 오직 이 방법으로만 티를 생산해 왔다. 오늘날에도 수많은 재배인들이 전통적인 방법으로 차나무를 숲에 심는다. 일부 다원에서는 야생 차나무를 심고 가지치기를 전혀 하지 않는다. 이러한 두 관습은 오직 고품질의 티를 생산할 경우에만 적용된다. 일단 가공된 티들은 향을 기준으로 이름을 붙인다. 예를 들면, '난초의 꿀 향'이 나면 '밀란향'으로, '오렌지 꽃 향'이 나면 '황지향(皇枝香, 황지샹, Huang Zhi Xiang)'으로 이름을 붙인다.

이 같은 향을 풍부하게 개발하여 안정화하기 위해 보통 이 티들은 고온 건조의 두 과정을 거친다. 이 과정을 통해 품질이 향상되는 것이다. 이 티들은 예전부터 여러 대에 걸쳐 황제에게 헌상되었으며, 오늘날에도 매우 귀하다.

테이스팅 노트 : 기다랗고 어두운 색상의 찻잎에서는 흑설탕과 설탕에 조린 멜론의 두 향이 뒤섞여 풍긴다. 우린 찻잎에서는 브리오슈, 감귤류, 그레이프푸르트, 리치(lychee) 향들의 놀라운 행렬이 이어진다. 구운 빵과 곰보버섯의 중후한 향들이 이 같은 향들의 파동에 실려 나온다. 복숭아빛의 찻물은 향이 찻잎만큼 풍부하다. 입안에 와 닿는 감촉은 놀라울 정도로 강하면서 풀바디감으로 펼쳐진다. 이국적인 과일 향과 머스캣 향, 그리고 멜론 향도 오랫동안 이어진다. 달콤한 끝 맛은 상쾌한 민트 향으로 긴 여운을 남긴다.

우리는 방법/다기 : 공부(工夫, 궁푸)식(144페이지 참조)/개완, 티포트.

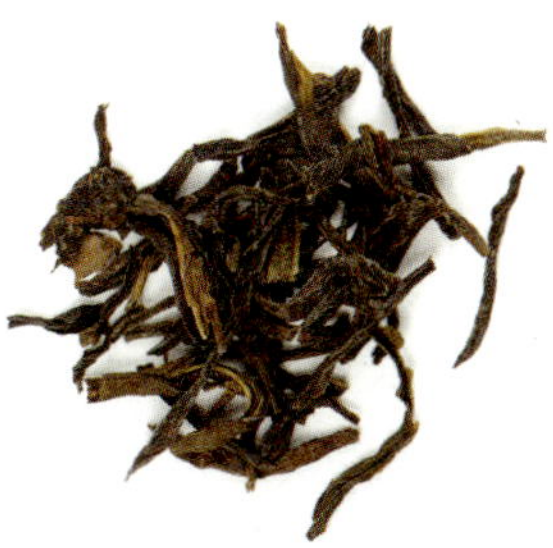

운남홍공부雲南紅工夫

윈난훙궁푸(Yunnan Hong Gong Fu)

분류 : 홍차.

설명 : 윈난성에서 운남대엽종의 찻잎으로 만든 홍차. '전홍(滇紅, 뎬훙, Yunnan black tea)' 중에서도 고품질의 티이다.

산지 : 윈난성(雲南省).

수확기 : 4월.

재배종 : 운남대엽(雲南大葉, Yunnan Da Ye).

홍차가 윈난성에서 생산된 역사는 일반적인 생각과는 달리 매우 짧다. 윈난성에서 홍차를 생산하기 위해 차나무를 재배한 시기는 20세기 초부터였다. 그럼에도 불구하고 이곳에서는 세계적으로 유명한 홍차들이 생산되고 있다. 여기에서 '공부(工夫, 궁푸, Gong Fu)'라는 명칭은 윈난성에서 생산된 고품질의 티를 뜻한다. 공부라는 명칭이 붙은 고품질의 티들은 새싹들이 풍부히 들어 있는 것이 큰 특징이다. 운남홍공부의 티들은 해발고도가 높은 쓰마오(思茅) 지역의 농장에서 주로 생산하고 있다. 찻잎들은 초봄에 매우 조심스럽게 채엽된 후 약한 산화 과정을 거친다. 이후 가열된 큰 팬에 놓고 손으로 눌러 비비면서 건조시킨다.

테이스팅 노트 : 찻잎에는 황금빛이 아름답게 감도는 '금아(金芽, goden buds)'가 풍부히 들어 있다. 부드럽게 휘말린 모양의 찻잎에서는 부드러운 블론드타바코(blonde tabaco, 황색종 담배)의 향, 캐러멜 향과 함께 강한 탄 향이 난다. 붉은 오렌지색의 찻물에서는 마멀레이드(marmalade)의 향이 풍긴다. 입안에 감도는 맛은 약간 달콤하다. 담배 향, 이국적인 목재 향, 그리고 잘 익은 살구의 향이 입안을 가득 채우는 느낌이다. 마지막으로 풍부하고도 길게 이어지는 향미는 매우 훌륭하다.

우리는 다기 : 사기 티포트, 개완.

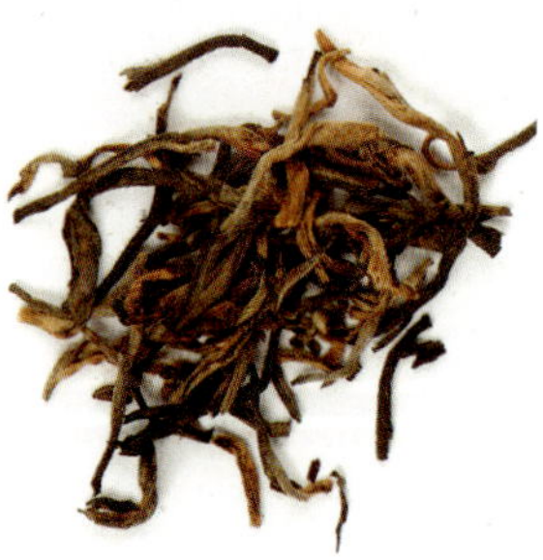

보이숙차普洱熟茶 1999

푸얼수차(Shou Pu er teas) 1999

분류 : 숙성 차/흑차(중국 6대 분류법 기준).

설명 : 윈난성 푸얼시에서 생산된 보이숙차. '1999'는 생산 연도이다.

산지 : 윈난성(雲南省)/시솽반나(西双版纳)

수확기 : 4월.

재배종 : 운남대엽(雲南大葉, Yunnan Da Ye).

이 보이차는 1999년에 속성 발효(악퇴)를 통해 생산되어 숙성되고 있다. 보이생차의 숙성 과정과는 달리, 이 숙성 과정은 보이차의 향미를 크게 개선시키지 않는다. 그러나 갓 생산된 보이숙차의 거칠고도 딱딱한 성질을 부드럽고도 유연하게 바꾸어 준다. 윈난차업(Yunnan Tea Company)에서 생산되는 이 보이숙차는 홍콩의 상점에서 보통 병차의 형태로 거래되고 있다. 오래된 차나무로부터 채엽한 찻잎으로 만든 이 '보이숙차 1999'는 보이숙차 중에서도 귀하다. 넓은 찻잎들은 보통 전통적인 방식으로 떡 모양의 병차로 긴압하는데, 티를 마시기 위해 떼어 낼 때도 병차로부터 쉽게 분리된다.

테이스팅 노트 : 이 보이숙차를 살짝 씻은 후 부드럽게 하면 달콤한 토마토 향과 뿌리 향, 그리고 강렬한 토탄(土炭, peat)의 향취가 물씬 풍긴다. 강한 동물 향은 젖은 양털을 연상시킨다. 찻물은 매우 어두운 적갈색을 띤다. 입안에 감도는 감촉은 숙성된 돼지고기 향, 가문비나무 향, 그리고 타르 향이 부드러우면서도 풀바디감으로 펼쳐진다. 그리고 단풍나무, 브리오슈, 그리고 진한 초콜릿의 탁한 향은 입안을 감미롭게 한다. 끝으로 부드럽게 이어지는 탄 설탕 향과 부싯돌 향은 마지막 향미를 누그러뜨린다.

우리 방법/다기 : 공부(工夫, 궁푸)식(144페이지 참조)/개완, 티포트.

보이생차 普洱生茶 1974 HJH 74342

푸얼성차(Sheng Pu er teas)

분류 : 숙성 차/흑차(중국 6대 분류법 기준).

설명 : 1974는 생산 연도이다. 윈난성 시솽반나 멍하이현(勐海縣)에서 주로 생산하고 있다. '74342'에서 '74'는 레시피가 최초로 개발 및 사용된 연도이다. '34'는 품질 등급이 3등급과 4등급인 찻잎을 혼합했다는 뜻이다. '2'는 멍하이 공장(차창)을 의미한다.

산지 : 윈난성(雲南省)/시솽반나(西双版纳) 멍하이현(勐海縣) 등.

수확기 : 4월.

재배종 : 운남대엽(雲南大葉, Yunnan Da Ye).

오래된 보이차라도 '빈티지(vintage)'로 매겨지려면 적어도 30년 이상 동안의 숙성 과정을 거쳐야 한다. 이 보이생차는 떡 형태로 긴압되지 않은 사실에 유의해 두자. 홍콩에서는 티를 지하 저장고에 보관하면서 세심하게 숙성시키고 있다. 후발효 과정은 잎차(loose tea)의 형태가 긴압된 병차의 형태보다 더 빨리 일어난다. 이로 인해 티는 더 빨리 숙성되기도 하지만, 반대로 더 빨리 품질이 떨어지기도 한다. 잎차 형태로 숙성된 보이생차는 1970년에 처음으로 등장하였다. 유명한 멍하이 차창에서 가공한 최초의 티들이 그런 경우이다.

테이스팅 노트 : 중간 크기의 찻잎은 색상이 어두운 색에서부터 밝은 갈색에 이르기까지 다양하다. 이들 찻잎에서는 태양열에 달구어지는 흙 향이 물씬 풍긴다. 매우 깊고 짙은 농도의 찻물에는 '세립질(fine texture)'이 풍부하다. 입안에 와 닿는 향미는 흙에서 갓 뽑아낸 감자와 당근의 향으로 복합적이다. 또한 여기에는 꽈리와 솔티 캐러멜, 그리고 진한 초콜릿의 향이 풍부히 섞여 있다. 마지막으로는 정제된 미네랄 향이 길게 이어진다. 이 티는 시간이 지남에 따라 더욱더 빛을 발하는 원숙미를 지닌 티이다.

우리는 방법/다기 : 공부(工夫, 궁푸)식(144페이지 참조)/개완, 티포트.

녹차 대국 일본(Japan)

일본에서는 티를 우리는 일이 예술적인 일이자 일생의 일이다. 그 일은 '차도(茶道, The Way of Tea)'라는 정신적 의식으로까지 발전되었다. 티는 일본열도에 처음 전파되었을 시기부터 매우 큰 의미가 부여되었다. 이후 티를 마시는 일은 빠르게 확산되면서 정교한 의식으로까지 승화하여 오늘날 일본 문화의 중요한 한 양식으로 자리를 잡았다. 일본인들은 차나무를 재배하는 방식에서뿐만 아니라 티를 마시는 의식에서도 매우 세련되고도 독창적인 문화를 창조해 왔다.

중국과 달리 일본의 전설에 따르면, 티의 발견은 중국 남북조 시대의 승려 달마대사(?~?534)와 관련이 있다고 한다. 달마대사는 6세기경 인도의 왕자로서 출가하여 중국에서 선종(禪宗)을 창시한 인물이다. 이 선종은 12세기에 일본으로 전파되어 오늘날 일본 선종의 시초가 되었다.

이에 의하면, 달마대사는 결코 잠을 자지 않겠다는 불가능에 가까운 맹세를 하고 명상 수행에 전념하였다. 그러던 어느 날 지속적인 명상 수행에 지친 나머지 한순간 잠이 들었다. 이어 잠에서 깬 달마대사는 순간 잠이 들어 명상에 장애가 있었던 사실을 자각하고 자신의 눈꺼풀을 찢어내 땅속에 묻었다. 몇 년 후 달마대사가 예전에 명상 수행에 잠겼던 그 장소를 지나갔는데, 그곳에서 길쭉한 모양의 잎을 지닌 두 그루의 큰 나무를 보았다. 그의 두 눈꺼풀이 그 두 그루의 차나무로 자랐다는 이야기이다.

역사

일본 역사상 티가 최초로 전파된 시기는 8세기였다. 당시 중국에서 불교를 공부하기 위해 유학에 나섰던 승려들이 귀국하면서 함께 전파된 것이다. 티는 이미 중국에서는 매우 대중적인 음료였는데, 특히 승려들은 장시간에 걸친 명상 수행에서 잠을 떨쳐 낼 각성제로 마셨다. 또 한편으로 역사적 기록에 의하면, 불교 승려 사이초(最澄, 767~822)가 중국의 티 문화를 일본에 최초로 전파했다고 한다. 이를 근거로 볼 때, 일본인들이 티에 대한 관심을 갖게 된 것은 바로 이 시기였다고 보는 것이 타당하다. 그런데 중국과 일본의 양국 사이는 오랜 동안 긴장 관계에 놓여 있었기 때문에 티 문화가 중국에서 일본으로 전파되어 본격적으로 정착한 것은 오랜 세월이 흐른 12세기에 이른 뒤부터였다.

일본 임제종(臨濟宗)의 창시자인 에이사이(榮西, 1141~1215)는 1191년에 중국으로부터 귀국길에 오르면서 차나무의 씨앗을 들여왔다. 에이사이는 이 씨앗을 규슈(九州) 섬 북부인 히젠(肥前) 지역과 후쿠오카현(福岡縣) 하카타(博多) 지역의 한 수도원에 심었다. 또한 에이사이는 티를 약리적 효능에 맞게 마셔야 한다는 한의학적 사고도 널리 퍼뜨렸다. 1211년에는 티에 관한 책도 일본 최초로 출간하였다. 이런 에이사이는 차나무의 씨앗을 일본에 들여온 것 외에도 당시 송대(宋代)에 중국에서 유행했던 티의 준비 양식도 일본에 소개하였다. 당시의 티는 찻잎을 고운 가루로 갈아서 물에 타 마셨다. 맛차(抹茶, 말차, Matcha)의 양식이다. 소박함과 규율, 그리고 예식을 중요시하는 임제종의 철학은 일본의 티 양식을 발전시키고 성문화하는 데 굉장히 큰 영향을 주었다.

세월이 흐르면서 차나무는 혼슈(本州)에 위치한 옛 수도, 교토(京都) 인근에서 재배되기 시작했다. 초기에는 승려들이 명상 수행을 하는 동안 각성 효능을 보기 위해 티를 마셨지만, 점차 정치인과 지성인에게도 티를 마시는 일이 보편화되었다. 한편, 상류층들은 높은 수준의 의식적인 모임을 통해 티를 마시기 시작했고, 그 휘하의 사무라이들도 티를 마시는 일을 생활화하였다. 이로 인해 당시 일본에서는 중국에서와 마찬가지로 티테이스팅 경연 대회의 열풍이 불었다. 수많은 티 애호가들이 중국 티를 분별하는 자신의 능력을 입증하기 위해 밤낮을 가리지 않고 진행되는 경연 대회로 몰려들었다.

훗날 일본의 위대한 티테이스터로 추앙을 받는 사람도 그러한 경연 대회에서 홀연히 등장하였다. 16세기 티 애호가들 중 한 사람이었던 센노리큐가 일본의 티 의식인 '차노유(茶の湯)'를 성문화하고, 당시 선종 불교의 가치와 일본 티와 관련한 다양한 양식들의 밀접한 관계를 정립한 것이다.

그런데 일본은 17세기에 접어들어 도쿠가와 막부가 "누구도 일본 열도를 떠날 수 없고, 누구도 외부 세계와 접촉할 수 없다"는 쇄국(鎖国) 정책을 펴면서 1641년부터 1853년까지 약 200년 동안 세계로부터 고립되었다.

반면 중국은 이 당시에 200년 이상의 긴 기간에 걸쳐 전 세계를 무대로 티 무역을 독점하였다. 그럼에도 일본의 고립 상태는 반드시 부정적인 영향만 있었던 것은 아니다. 이 시기에 일본은 고립에 기인해 독창적인 문화를 창조하였으며, 티를 가공하는 새로운 방식도 개발하였기 때문이다. 1738년에는 나가타니 쇼엔(永谷宗円, 1681~1778)이 찻잎을 증기로 찌는 방식-중국 방식과는 다른 일본식 증청 방식-을 개발하였다. 이 방법으로 쇼엔은 찻잎에서 싱그러운 향이 풍기는 새로운 녹차를 개발하였다. 이 녹차는 중국의 녹차와는 그 제조 방식과 향미가 완전히 달랐으며, 당시 대중들로부터 높은 인기를 얻어 큰 반향을 불러일으켰다.

1859년에 일본은 쇄국 정책을 포기하고 자국을 국제 시장에 완전히 개방하였다. 그리고 티를 미국에 수출하기 시작했다. 이후 미국은 일본의 주요 티 수출국이 되었다. 19세기 말, 발명가 다카하시 겐조(高橋謙造)가 가열식 회전 실린더를 발명하면서 일본은 티 생산의 산업화에 나섰다. 또한 일본에서는 처음으로 홍차를 생산하기 시작하였다.

제1차 세계 대전 이후에 일본의 티 수출은 신기록을 수립하였다. 그 당시에 이미 일본은 녹차 수출량이 2만 2003톤, 홍차 수출량이 1만 1178톤이라는 놀라운 기록을 세운 것이다. 그러나 이 같은 폭발적인 수요도 오래가지 않았다. 홍차의 수출도 매우 급격히 줄어들었다.

미국인들이 풀바디감이 있는 '영국식 홍차(English-tasting tea)'(full-bodied black tea)를 더 선호하면서부터 이런 홍차를 낮

은 비용으로 대량 생산하는 케냐, 인도, 스리랑카와의 가격 경쟁에서 밀려난 것이다. 이 같은 경쟁 구도에서 일본의 티 시장은 점점 더 내수 시장의 유통에 무게를 두었다. 그러던 중 1920년대에 일본의 과학자들이 티에는 비타민류(vitamins)와 카테킨류(catechins)가 함유되어 있다는 사실을 과학 연구로 입증하였다. 그러자 일본 정부는 내수 시장에서 티의 소비를 촉진하기 위해 국민들을 상대로 티를 건강을 지키는 필수적인 요소로 매일같이 마실 것을 독려하면서 홍보 활동에 적극적으로 나섰다.

제2차 세계 대전 이후에는 티의 효능을 지속적으로 개선해 온 재배인연합회와 각종 단체들이 설립되었고, 티를 이용한 수많은 종류의 제품들도 등장하였다. 특히 티는 유통의 편리를 위해 티백에 담겨 판매되었고, 티 제품의 포장이나 디자인에도 많은 노력들이 기울여졌다.

이후 일본은 생산 방식에서도 가지치기의 새로운 기술을 개발하고, 수확을 기계로 하면서부터 생산성이 크게 향상되었다. 일본은 오늘날 오직 녹차 생산에만 집중하고 있다.

일본의 티마스터

일본의 티 역사에서는 수많은 티마스터들이 등장하여 큰 활약을 하였다. 티마스터들은 심미적인 연구를 통해 티 문화를 새로운 방향으로 인도하였다. 다음에 소개되는 세 명의 티마스터는 일본에서 맛차를 준비하는 양식을 개발하고, 티 준비 의식인 차노유의 예식(禮式)을 확립한 사람들이다.

무라타 주코 村田珠光, 1422~1502

15세기 일본의 선종 승려 무라타 주코는 오늘날 일본의 '차도(茶道, The Way of Tea)'와 티 의식의 개조로 알려져 있다. 주코는 당시 괴승, 시인으로 유명했던 잇큐 소준(一休宗純, 1394~1481)에게서 티에 관한 양식을 사사했다. 소준은 그의 제자인 주코에게 붓다의 정신은 티를 마시는 행위뿐만 아니라 티를 준비하는 사소한 몸가짐에서도 발현될 수 있어야 한다는 가르침을 폈다. 이후 주코는 손님에게 티를 접대한 최초의 사람으로서 티테이스팅의 절차도 대폭 간소화하였다. 주코는 8대 쇼군 아시카가 요시마사(足利義政, 1436~1490) 소속의 공식 티마스터로 활동하면서 쇼군에게 티를 준비하는 과정에 깃든 겸손성, 엄격성, 그리고 세련미 등의 미덕을 소개하였다. 이어 주코는 호화스러운 살롱과 사치스러운 영빈관을 폐쇄하고, 티 의식을 거행할 수 있는 전용 건물을 최초로 설계하였는데, 정원 뒤뜰에 소박한 재료들로 지은 오두막(또는 정자)이었다.

다케노 주 武野紹鷗, 1502~1555

주코를 계승하면서 초창기에 일본의 티 의식을 개척하였던 티마스터는 다케노 주였다. 주는 주코가 세운 원칙에 입각하여 티 의식을 처음으로 실행한 인물이기도 하다. 그런 주는 선종의 이상적인 소박미로써 티 의식을 주코보다 더 풍부히 발전시켰다. 주는 개인주의에 입각하여 차도를 실현하는 방법으로 차실(茶室)을 한국이나 일본의 막사발과 같은 평범한 물건들로 장식하였다. 또한 주는 주코가 고가의 중국산 다구들을 보관하기 위해 사용했던 진열장들을 치우고, 그곳에 서예 몇 품과 꽃꽂이를 소박하게 진열하였다. 주의 '소박하면서도 자연스러운' 티 의식은 와비(侘び) 철학의 대표적인 특징인 감정의 엄격한 통제, 신중성, 정직성에 영향을 받은 것이다. 와비 철학이란 차도의 극치로서, 간소하고도 차분하며 고요한 아취를 추구하는 일본의 대표적인 미학(美學)이다.

센노리큐 千利休, 1521~1591

한편 나이 9세에 다케노 주의 제자로 입문한 센노리큐는 스승이 확립한 티의 양식을 확산시켰다. 센노리큐가 확산시켰던 이 티 의식은 행위 예술로서, 그리고 정신적 수행 방식으로서 파급되어 나갔다. 또한 센노리큐는 선조들이 세운 다양한 티 양식들을 통합하는 가운데 차도의 규칙을 정하고, 티 의식인 '차노유(茶の湯)'를 성문화하면서 티 양식을 고도로 발전시켰다. 이로부터 청렴성, 겸손성, 소박성, 그리고 미완성은 차도의 근간을 이루는 기준이 되었다. 또 한편 센노리큐는 차노유에 사용되는 다구들의 수를 대폭 줄이고, 찻집을 나무껍질, 흙, 짚 등과 같은 거친 재료들을 사용하여 짓도록 했다. 센노리큐는 그 밖에도 차실 특유의 작은 출입문인 '니지리구치(躙口)'를 처음으로 고안하였다. 차실을 들어오는 손님들이 니지리구치에서 절을 할 수 있도록 한 것이다.

차노유 의식에 7개의 수칙(110페이지 참조)을 규정한 것으로 유명한 당대의 거장 센노리큐도 전제 군주 도요토미 히데요시(豊臣秀吉, 1536~1598)로부터 반역죄를 선고받고 자살하면서 역사의 뒤안길로 사라졌다. 일화에 의하면, 센노리큐는 충실한 벗들과 차노유를 마지막으로 함께 한 자리에서 "불길한 입술이 여기에 닿았다. 아무도 이 티를 마셔서는 안 된다"고 말하면서 자신이 든 잔을 깨뜨렸다. 이어 센노리큐는 자신의 명예와 존엄을 지키기 위해 비장한 각오로 할복자살하였다는 이야기이다.

일본의 대표적인 가루 녹차인 맛차.

일본의 티 산업

일본의 티 산업은 시간이 흐르면서 여러 성장 단계를 거쳐 발전하였다. 일본의 티 산업은 태동될 당시부터 국제 시장의 수요에 맞게 건립되었다. 산업 초창기에는 티 생산량의 상당 부분을 수출하였다. 1970년대 초까지 일본에서 홍차를 생산한 것도 이런 이유 때문이었다. 그런데 오늘날 일본은 티 생산량의 대부분을 국내 소비에 충당하고 있으며, 티 수출량은 생산량에서 극히 미미한 수준이다. 일본은 또한 녹차 생산에 집중(99.3%, 2013년도 기준)하고 있으며, 그중에서도 센차가 녹차 생산량의 거의 대부분(63%, 2013년도 기준)을 차지한다. 그리고 재배면적은 오늘날 전 세계에서 7위를 차지하고 있다.

티를 마시는 행위는 지금도 일본의 전통 속에서 깊이 자리를 잡고 있다. 그런데 오늘날 일본의 젊은 세대들은 전통적인 티보다는 커피에 보다 더 많은 관심을 보이고 있다. 이로 인해 일본은 현재 소비자들의 입맛에서 새로운 트렌드의 변화를 겪고 있다. 일본은 해마다 수천 톤씩에 이르는 그랑크뤼급(grands crus)의 홍차를 인도의 다르질링으로부터 수입하고 있으며, 고급 우롱차도 타이완의 고산 지대로부터 대량으로 수입하고 있다. 그럼에도 불구하고 일본의 티 산업은 티를 원료로 한 치약, 건강보조식품, 파스타, 아이스티, 그리고 폴리페놀류 추출 캡슐 상품 등으로 인해 계속 번창하고 있다.

일본에서는 채엽에서부터 티의 마지막 가공 작업에 이르기까지 전 과정을 직접 수행하는 소규모의 재배자들을 찾아보기가 어렵다. 값비싼 기계를 통해 재배자나 가공업자들은 생산의 세부 단계에서 전문성을 기하거나 생산 유통의 세분화를 이루고 있다. 오늘날 일본의 티 산업은 아래의 다이어그램과 같이 여러 부문으로 전문화되어 있다.

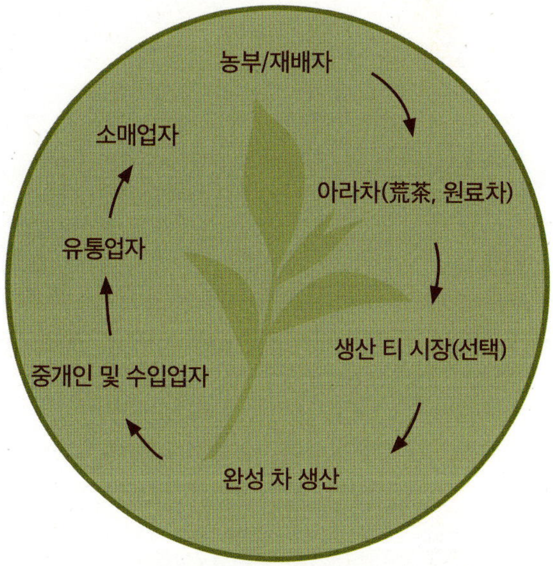

일본 티 무역의 핵심 요약

연간 총 생산량 : 8만 6467톤

티 종류별 생산 점유율 : 녹차(99.3%), 홍차(0.7%).

각 지역별 연간 생산량 : 시즈오카현(3만 2200톤), 가고시마현(2만 6500톤), 미에현(7130톤), 후쿠오카현(2239톤), 교토부(2110톤), 미야자키현(2808톤), 나라현(1776톤), 사가현(1507톤), 구마모토현(1310톤), 나가사키현(809톤), 기타 20개 지역(4157톤)

총 재배면적 : 약 4만 5400ha

평균 생산량 : 약 1904kg/ha

최대 수출 지역 : 시즈오카현

연간 총 소비량 : 약 11만 8010톤.

연간 녹차 총 수출량(수입량) : 2942톤(4875톤).

주요 수출 국가 : 미국(1853년 이후부터).

자료 출처 : 일본 농림수산성 농림수산통계, 일본전국차생산자단체연합회 2013년도 통계 자료.

시즈오카현의 티 시장은 보통 새벽 5시부터 티를 구매하려는 사람들로 붐빈다.

일본의 차나무 재배인들은 다원을 운영하면서 티의 종류와 품질에 따라서 채엽한다. 일부 재배인들이 수확물을 직접 가공하는 것을 제외하고는 대부분의 재배인들은 수확물을 팔거나, 아라차(荒茶, 황차, 원료차)를 생산하는 가공업체에 하도급을 준다. 이어 가공업체들은 아라차를 다양하게 묶어 티 시장에서 경매로 판매한다(일부 가공업체는 아라차를 그들의 협력 업체에 독점 공급하거나 우선권을 주는 경우도 있다). 이때 티테이스터들은 다양한 종류의 아라차를 테이스팅해 본 뒤 여러 그룹으로 분류한다. 이렇게 분류된 아라차들은 최종 상품에 맞게 가공 과정을 거치도록 유통업자들에게 배송된다. 끝으로 중개인과 수입업자들이 이 티를 다시 수많은 유통업자들과 소매상인들에게 판매한다.

아라차(荒茶, 황차, 원료차)

일본 녹차의 가공 과정은 여러 단계에 걸쳐 진행된다. 아라차는 보통 최종적인 티로 완성되기에 앞서 부분적으로 가공한 찻잎을 가리킨다. 보통 75% 정도로 가공한 것으로 생찻잎에 줄기가 포함되어 있다. 아라차는 흔히 반차(番茶, 번차, Bancha), 센차(煎茶, 전차, Sencha), 보차(棒茶, 봉차, Bocha)를 생산하기 위해 사용한다. 여기서 보차는 쿠키차(茎茶, Kukicha)라고도 한다. 티의 생산은 찻잎의 채엽 및 품질 단계에서부터 미리 결정된다.

144
葉桐

특별 인터뷰

일본의 티 시장 거래 감독인, 사토

일본

사토(Sato) 씨는 시즈오카현에 소재한 티 시장의 관리자이다. 시즈오카현의 티 시장은 수확기에는 적게는 11만 톤, 많게는 22만 톤까지 매일 거래된다.

티의 세계에 얼마나 오랫동안 종사했는가?

40년 이상 동안 이 계통에 몸담아 왔다.

이 계통의 길을 걷게 된 계기가 있다면?

나의 아버지는 차나무를 재배하는 사람이었다. 아버지가 찻잎을 티 시장에 내다 팔러 갈 때면 나도 항상 따라갔다. 이곳은 너무도 자주 온 곳이지만, 언젠가 나의 관심과 호기심, 그리고 일하고 싶은 욕망이 이곳에서 함께 성장했다는 사실을 깨달았다. 지금은 내가 이곳에 지원하여 종사한 지도 벌써 수십 년이라는 세월이 흘렀다.

여기서 하는 일은 무엇인가?

경매 규칙들을 엄격히 준수시키고 판매량을 확실히 기록하는 등 거래를 감독하고 있다.

당신의 전문 분야에서 어떤 면이 가장 좋은가?

아름답고 훌륭한 티들을 보면서 맛보는 일이다! 또한 성수기에는 일이 정신없이 돌아가는데, 그러한 삶의 리듬도 즐긴다.

그동안 이 일에 종사하면서 특별한 일은 없었는가?

이 일에 40년 동안 종사하면서 나는 매우 큰 거래들을 성사시켜 왔다. 그러나 나의 기억에 가장 오래 남은 것은 첫 거래이다. 내가 시장에 전혀 경험이 없었던 매우 젊은 시절이었다. 당시 나는 10만 킬로그램이라는 어마어마한 양의 판매를 놓고 협상하고 있었다. 주위 환경으로부터는 엄청난 압박이 있었고, 판매인들과 구매인들 사이에서도 팽팽한 긴장감이 돌았다 … 마침내 거래가 성사되자, 나는 그 상황을 통제할 수 있었다는 데 대해 매우 큰 자부심을 갖게 되었다.

일본의 티 산업이 앞으로 미래에 직면할 가장 큰 도전은 무엇이라고 생각하는가?

병에 넣어 판매되는 아이스티가 지나칠 정도로 높은 인기를 끌고 있다는 데 주목해야 한다. 지금은 자판기가 곳곳에 설치되어 있다. 그 자판기의 제품은 값이 싸고, 품질도 좋으며, 건강에도 좋다(일본에서는 설탕을 넣지 않는다). 수많은 사람들 중에서도 특히 젊은 세대들은 전통적인 방식으로 찻잎을 우려내 티를 마시는 데 더 이상은 시간을 들이려고 하지 않는다. 이는 명백한 사실이다. 따라서 단순히 마시는 용도보다도 맛을 음미할 수 있는 고품질의 티에 관심을 불러일으키도록 노력해야 한다. 젊은 세대들이 좋은 티를 맛보고, 그 티를 평생 기억할 수 있도록 하고 싶다.

개인적으로 가장 좋아하는 티가 있다면?

일본의 녹차에는 특별하고도 고유한 특징이 있다. 그것이 센차이든지, 교쿠로이든지, 반차이든지 간에.

개인적인 관점에서는 어떤 티를 '좋은 티'라고 보는가?

개인적인 입장에서 '좋은 티'는 다양한 요소들이 조화를 이룬 티이다. 그 요소는 찻물의 색상, 찻잎의 외관, 그리고 기분 좋은 향과 풍부한 맛이다.

티 산업전문가 사토 씨(왼쪽)가 티에 품질에 관해 설명하고 있는 모습.

일본의 테루아

테루아의 특질은 각 산지에서 생산되는 티의 특성과 향미에 중요한 영향을 준다. 일본에서는 바다가 육지로부터 120km 이내에 있다. 이로 인해 해풍은 찻잎에 아이오딘(요오드) 향을 입히고, 바다 향은 신선한 풀과 해초류의 향을 찻잎에 스며들도록 한다. 그러나 나중에 다시 살펴보겠지만, 가공 방법도 또한 티의 독특한 향미에 매우 큰 영향을 준다.

일본에서 차나무의 재배지는 북단의 아키타현(秋田県)에서부터 남단의 오키나와현(沖縄県)에 이르기까지 열도를 따라 길게 분포하고 있다. 특히 혼슈 남부를 비롯하여 남도인 규슈와 시코쿠(四国)는 차나무의 주요 재배지이다. 이곳의 기후는 다른 지역보다도 더 추운 기후를 보인다. 연평균 기온은 10~18도, 연평균 강수량은 약 1500mm 정도이다. 테루아의 개념은 그랑크뤼급을 제외하고는 보통 일본 티에는 잘 적용하지 않는다. 일본에서는 한 지역 내에서도 서로 다른 다원에서 수확한 찻잎들을 모아서 혼합하거나, 심지어는 다른 현에서 수확한 찻잎들까지도 혼합하여 티를 가공하는 일이 매우 일반적이기 때문이다. 아래 지도에서는 일본의 주요 차나무 재배지를 보여주고 있다.

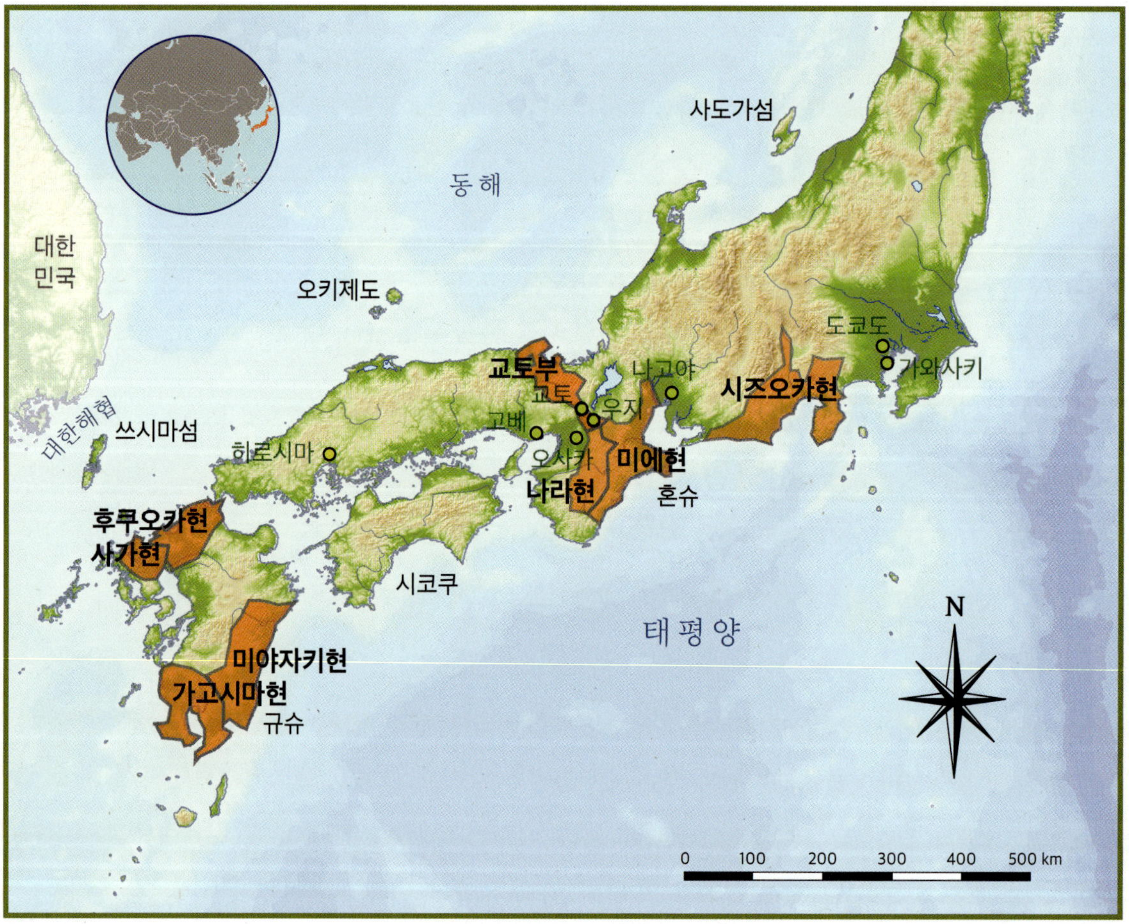

혼슈本州

시즈오카현静岡県

태평양에 면해 있는 시즈오카현은 차나무를 재배할 수 있는 최적지로 평가되고 있는 곳이다. 2013년 기준, 재배 면적은 1만 8300ha, 연간 생산량은 3만 2200톤으로 국내 1위로서 일본 연간 총 생산량(8만 6467톤)의 약 37%에 달한다. 바다에 인접한 데 따른 가혹한 날씨와 일본 연평균 기온보다 낮은 기온으로 다양한 기후 변화를 보인다. 이러한 환경적 조건들로 인해 시즈오카현에서 생산되는 티들은 일반적으로 품질이 높다. 또한 차나무도 가혹한 조건 속에서 자라면서 보다 더 풍부한 향미를 생산한다.

시즈오카현에서 티를 생산해 온 역사는 매우 깊다. 예로부터 다른 현에서도 수확한 찻잎들을 최종 가공을 위해 이곳으로 보냈을 정도이다. 현재 이곳에 집중되어 있는 수백여 명의 티 생산자들은 매우 높은 생산성과 함께 광범위한 유통망을 갖추고 있다.

교토부京都府

혼슈 중앙부에 위치한 교토부는 아열대 습윤 기후로 겨울에는 온화하고 여름에는 습한 날씨를 보인다. 부청 소재지인 교토시(京都市)는 1000년 이상 동안이나 일본의 수도였다. 이로 인해 이 지역에서는 차나무들이 오래전부터 광범위하게 재배되었다. 오늘날 교토시 인근의 다원들은 오직 고품질의 티 생산에만 전념하고 있다. 따라서 이곳에서 생산되는 티의 양은 극히 적어 일본 총 생산량의 약 3%에 불과하다.

일본 열도에서 차나무 재배지로서 가장 유명한 곳은 교토 인근에 있는 우지시(宇治市)이다. 12세기 말, 승려 에이사이가 차나무의 씨앗을 중국으로부터 들여와 이곳에 처음으로 심은 곳이다. 다원들이 언덕 아래에 집중되어 있어 해안 지역의 악기상으로부터 영향을 덜 받는다. 일본 최초의 재배지로도 알려진 우지시는 티의 품질이 높기로 유명한데, 특히 맛차와 교쿠로가 그 대표적이다.

규슈九州

가고시마현鹿兒島県

규슈는 일본의 최남단에 있는 섬이다. 이 섬은 아열대성 기후를 보이기 때문에 다원에서는 모든 종류의 티를 생산할 수 있다. 증청 방식으로 생산하는 센차, 반차, 가부세차(かぶせ茶, Kabusecha), 교쿠로 등과 초청 방식으로 생산하는 가마이리차(釜炒り茶, Kamairicha) 등이다.

가고시마현은 2013년도 기준, 연간 티 생산량이 2만 5600톤으로 국내 2위로서 일본 연간 총 생산량의 약 31%를 차지하고 있다. 규슈의 또 다른 주요 재배지로는 사가현(佐賀県), 미야자키현(宮崎県), 그리고 후쿠오카현(福岡県)이 있다.

나라현京都府 및 미에현三重県

티의 유명도가 덜한 나라현에서는 해발 고도 200m~500m인 야마토(大和) 고원에서 주로 차나무를 재배하고 있다. 이곳에서는 센차, 반차, 가부세차 등이 생산된다. 미에현의 다원들은 나라현의 다원들보다 더 낮은 고도에 위치해 있다. 주로 가부세차와 센차 등을 생산하고 있다.

일본의 다원과 차나무

일본인들은 차나무를 독특한 방식으로 재배하고 있다. 일본 다원의 아름다운 모습이 이를 잘 보여 주고 있다. 차나무를 나란히 심어 놓고 약간 둥글게 다양한 높이로 가지치기를 하여 원통형의 울타리를 만들어 놓았다. 이 울타리 모양을 만들기 위해 차나무를 두 열로 심는다. 차나무를 앞뒤로 약 30cm 간격으로 잇따라 심고, 60센티미터로 간격을 두고 두 열로 심는다.

다원들은 완만한 비탈면의 작은 언덕에 계단식으로 위치해 있다. 평지에 있는 다원에서는 보통 상업용의 티를 대량으로 생산하기 위해 차나무를 재배하고 있다. 이러한 다원들은 대부분 기계로 쉽게 수확할 수 있도록 '차광나무(shade tree)'도 없이 평지에 자리를 잡고 있다. 재배인들은 토양의 양분이 고갈되고 땅바닥이 말라 갈라지는 건열(乾裂)을 막기 위하여 이랑 사이에 볏짚을 흩어 놓는다.

일본에서는 이런 평지의 다원에서 어린 차나무로부터 첫 새싹을 채엽하는 데 보통 4~5년의 시간이 걸린다. 처음으로 채엽하기 직전의 해에는 새로운 가지들이 점차 자라면서 윗부분이 둥근 모양을 형성하도록 가지치기를 한다. 이렇게 모양을 내면 채엽할 수 있는 표면적이 최대가 되어 어린 새싹들을 최대량으로 수확할 수 있기 때문이다. 수확 첫해의 봄에 채엽이 있은 뒤로는 차나무의 생장을 촉진하고 내구력을 높이기 위해 가지치기를 5~6년 주기로 철저히 해 주어야 한다. 이런 가지치기를 한 이후에는 차나무가 휴면기에 들어가기 때문에 앞으로 1년 동안은 찻잎을 다시 수확하지 않는다. 일본 차나무의 생산 연령은 수확량에 따라 다르지만 대략 30년 정도이다.

일본에서 현재 차나무의 재배를 위해 널리 보급된 기술로는 공기를 순환시키기 위해 환풍기를 다원 곳곳에 계획적으로 설치한 것을 들 수 있다. 높이 약 4m인 기둥에 환풍기를 달아서 아침에는 여러 층의 안개를 고루 분산시키고, 낮에는 땅에 축

차나무 위에서 공기를 순환시키는 환풍기.

아시쿠보(足久保) 마을의 한 다원.

적된 열을 유지시킨다. 환풍기는 또한 새싹에 자칫 손실을 줄 수 있는 결로(結露), 즉 이슬이 맺히는 현상을 막아 준다. 이슬은 태양광 아래에서는 돋보기와 같은 기능으로 열을 집중시켜 새싹을 태울 수 있으며, 영하의 기온에서는 얼어서 찻잎의 품질을 떨어뜨릴 수도 있기 때문이다. 이러한 기능의 환풍기는 보통 기온이 5도에 이르면 자동적으로 작동되도록 설계되어 있다.

일본 재배종

오늘날 일본에는 약 55종의 재배종이 등록되어 있다. 그중 약 40종이 오직 녹차 생산을 위해 재배되고 있다. 재배종이 이렇게 매우 다양하지만, 일본에서는 주로 잡종인 야부키타종(藪北種, 수북종, Yabukita)으로 티를 생산하고 있다. 그 밖에도 고코(悟空, 오공, Gokou), 베니후키(紅富貴, 홍부귀, Beni Fouki), 그리고 사미도리(さ緑, Samidori) 등의 재배종도 티를 생산하기 위해 사용한다.

야부키타 藪北, 수북, Yabukita

야부키타종은 스기야마 히코사부로(杉山彦三郎, 1857~1941)가 시즈오카현에서 시넨시스 품종들을 교배하여 개발한 재배종이지만, 1954년에 이르러서야 공식적으로 등록되었다. 야부키타종은 가혹한 섬 날씨에도 저항력이 높고, 향미도 매우 강하여 일본 전역으로 재배가 확산되었다. 이후 일본 다원의 약 70%가 이 야부키타종을 재배하고 있다. 특히 시즈오카현에서는 재배 비중이 약 90%에 이른다. 야부키타종의 이런 장점에도 불구하고, 일본에서는 이 한 품종에만 재배가 치중되어 있어 그에 따른 위험성도 함께 안고 있다. 즉 차나무의 유전적 형질이 동일하여 품질뿐 아니라 결점도 모두 같아 다원 전체적으로는 질병과 해충에 매우 취약한 것이다. 따라서 재배인들은 차나무 한 그루, 한 그루를 매우 각별히 보살펴야 하는 문제점이 있다.

야부키타종 단일 품종의 광범위한 재배는 다양한 산지에서 모은 찻잎들을 묶어 분류하는 데 매우 편리하다. 그러나 이 과정에서 향미가 상실되는 단점도 있다.

고코 悟空, 오공, Gokou

고코종은 교토부 우지시 인근에서 현재 작은 규모로 재배하고 있다. 보통 교쿠로와 맛차를 생산하는 데 우선적으로 사용한다. 일본 교토의 티실험센터(Center for Tea Experiment)에서 처음 개발된 고코종은 방향적 특질이 매우 뛰어난 것으로 유명하다.

베니후키 紅富貴, 홍부귀, Beni Fouki

일본에서는 처음에 베니후키종을 홍차를 생산하기 위해 재배했다. 오늘날에는 일본 남부의 일부 지역에서만 재배하고 있다. 이 베니후키종에서 딴 찻잎으로는 보통 넓적한 접시 모양의 가열된 팬에서 초청 과정을 통해 녹차를 생산한다. 카테킨의 함

차광 재배

차나무는 종종 햇빛에 노출되는 시간을 줄이기 위해 특별한 차광막으로 덮어 준다. 그러면 찻잎의 화학적 성분에 변화가 일어난다. 즉 차광막으로 가려서 광합성 반응이 효율적으로 일어나지 못하도록 방해하면 이에 대한 반작용으로 차나무가 엽록소와 아미노산을 찻잎에 더욱더 보강 생성하는 것이다. 또한 차나무는 이를 위해 토양으로부터 더욱더 많은 영양분을 흡수한다. 이와 같은 유형의 재배로는 타닌(tannin)의 함유량이 적은 대신에 엽록소는 더 많이 함유한, 부드럽고도 짙은 녹색의 찻잎을 생산할 수 있다.

전통적인 방식은 차광을 위해 차나무 위로 대나무 구조물을 세우고 그 위에 볏짚을 흩어 놓는다. 볏짚은 오늘날에도 여전히 사용되고 있지만, 대부분의 경우에는 철골 구조물 위로 합성섬유 재질의 그물을 덮어 준다. 햇빛의 차광 비율은 볏짚은 95% 이상인데 비해 그물은 약 80% 정도이다.

전통적인 방식에 따르면, 차광 재배하는 차나무는 가지 전체를 따라 돋는 새싹의 수량을 최대화하기 위하여 가지치기를 전혀 하지 않는다. 따라서 차광 재배를 하는 다원에서는 고임금에도 불구하고 인부들을 고용하여 손으로 직접 채엽한다. 채엽은 보통 늦은 봄에 이루어지는데, 이처럼 시기가 늦은 이유는 차광으로 인해 찻잎이 느리게 성숙하기 때문이다. 한편 채엽 인부들은 새싹을 선별하기에 앞서 가지들을 하나씩, 하나씩 골라내야 한다. 차광 재배를 하는 다원에서는 보통 교쿠로, 가부세차, 덴차(碾茶, 연차, Tencha), 그리고 맛차를 생산한다. 이때 티의 종류에 따라 차광 기간을 달리한다.

유량이 높다는 이야기도 있어 지금은 폭발적인 인기를 누리고 있다. 최근에는 과학자들에 의해 그 의약적 효능, 특히 알레르기 반응에 대한 저항력과 관련하여 연구가 활발히 진행되고 있다.

사미도리 さ緑, Samidori

사미도리종은 고야마 마사지로(小山政次郎)가 새로이 개발한 품종이다. 사미도리종은 주로 교쿠로와 맛차를 생산하는 데 사용한다. 연하고 밝은 녹색의 찻잎에서는 약간 쓴맛과 함께 풍부한 향의 찻물이 우러나온다.

수확

일본에서 수확기는 보통 5월 중순에서 9월까지이다. 첫 수확물은 흔히 '신차(新茶)'라고 하여, 애호가들 사이에서도 인기가 높아 가격이 매우 비싸다. 고품질의 신차는 가장 작은 새싹만 오직 손으로 직접 채엽하며 생산한다. 해발고도에 따라서 다르지만, 매년 4~5회 정도 수확이 이루어진다. 수확 이후 새싹이 다시 자라나는 데는 보통 45~50일의 시간이 걸린다.

일본 녹차의 제조 과정

일본의 티 가공 방식은 오랫동안 중국의 가공 방식에 영향을 받아 왔다. 그러나 전문적인 가공 방식들이 수세기에 걸쳐 정교하게 개발되고, 또한 최첨단 기술이 적용되면서 오늘날에는 그 가공 방식이 중국과는 완전히 다르다.

녹차를 생산하는 경우에 일본은 찻잎을 증기에 찌는 '증청 방식'을 사용한다. 우지식(宇治式)으로 알려진 이 가공 방식으로는 초본식물(herbaceous plants)의 향과 바다 향이 깃든 싱그러운 향을 낼 수 있다.

일본의 재배인들은 높은 인건비에 직면하여 국제 시장에서 가격 경쟁력을 갖추기 위해 기술적 진보를 재빠르게 수용해 왔다.

일본식 녹차를 생산하려면 찻잎을 먼저 아라차의 형태로 가공해야 한다. 이렇게 생산된 신선한 아라차는 최종적으로 가공하는 회사에 경매를 통해 판매된다. 이 아라차를 생산하려면 채엽 이후에 세 단계의 필수적인 과정, 즉 증청, 유념, 건조의 과정을 반드시 거쳐야 한다.

아라차의 가공 과정

채엽 採葉, picking

일본에서는 보통 가위와 공기 압축기가 달린 기계로 채엽한다. 공기 압축기는 찻잎을 주머니로 불어 넣는 역할을 한다. 두 명이 한 조를 이루어 정확한 채엽을 위하여 찻잎들을 둥근 모양으로 자른다. 다원이 산기슭이 아닌 평지에 있으면 비록 정확도는 덜하지만, 한 사람이 수확 기계를 조종하여 대량으로 수확한다. 이렇게 채엽한 찻잎들은 곧바로 가공 공장으로 보내진다.

위조 萎凋, withering

채엽을 거쳐 가공 공장으로 운반된 갓 따 낸 찻잎들은 건조 과정에 들어간다. 일부 재배인들은 찻잎들을 몇 시간 동안 방치해 두기도 한다.

증청 蒸靑, steaming

위조 과정을 거친 찻잎들은 증청 과정에 들어간다. 증청에는 두 종류가 있다. 일반적으로 살짝 쪄 내는 아사무시(浅蒸し) 방식과 약간 길게 쪄 내어 맛을 강화한 후카무시(深蒸し) 방식이 있다. 아사무시 방식은 찻잎을 약 20~40초 동안 쪄 낸다. 이 방식으로 증청한 찻잎들은 야채 향이 강하게 난다. 대표적인 티로는 '아사무시 센차(浅蒸し煎茶)'가 있다. 후카무시 방식은 아사무시 방식보다 찻잎을 쪄 내는 시간이 더 길다. 찻잎을 2배의 시간인 40~80초 동안 쪄 내는 것이다. 이 방식으로 증청한 찻잎들은 더 작고 잘 부서지지며, 향도 강하고 찻빛도 어둡다. 대표적인 티로는 '후카무시 센차(深蒸し煎茶)'가 있다. 오늘날 일본인들은 이 유형의 티를 더 선호한다.

냉각 冷却, colling

증청한 찻잎은 커다란 회전식 원통 속이나 철망에 넣어 식히는 과정에 들어간다. 이 과정에서 찻잎에 남아 있던 수분들이 증발하면서 수분 함량이 줄어든다.

제1건조 : 조유 粗揉

수분을 줄인 찻잎은 회전식 원통 속에서 약 45분 동안 100도의 온도로 예비적으로 건조된다. 이후 찻잎들은 온도를 낮춘 약 40~80도에서 30분 동안 건조된다.

회전식 원통의 가장자리는 대나무 재질로 되어 있으며, 건조되는 동안에 기계 팔이 찻잎을 계속 혼합하면서 내벽에 문지른다. 이 과정에서 찻잎의 색깔이 결정되고, 타닌의 성분도 많아지면서 녹차에 새로운 맛이 생긴다.

유념 揉捻, rolling

조유 과정을 거친 찻잎은 약 20~30분간 세포벽의 구조를 파괴하는 유념 과정에 들어간다. 찻잎과 줄기를 연하게 하고, 찻잎에 함유된 방향유가 배어 나오도록 한다.

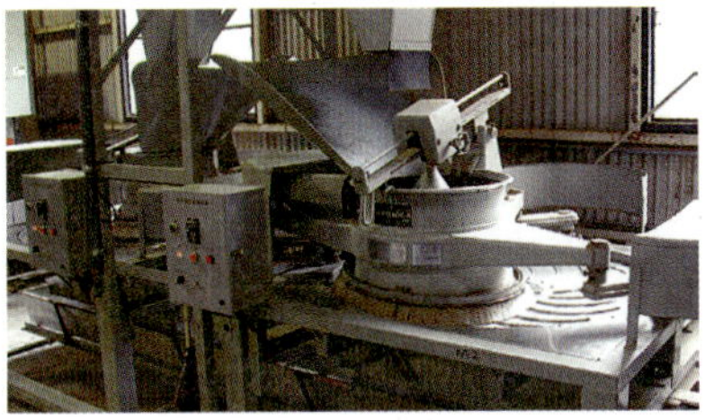

제2건조 : 중유 中揉

찻잎들은 유념 과정에서 배어 나온 수분과 방향유를 서서히 고착화하기 위해 약 30도 내외 온도의 회전 실린더에 넣어, 20~40분 정도 다시 건조된다. 이 과정을 거치면 찻잎의 수분 함량은 약 13%대로 떨어진다.

일부 가공업자들은 가공 과정의 전 단계에 걸쳐 최대 5~6개의 다른 회전식 실린더를 사용한다. 각 회전식 실린더는 온도와 회전 주기가 각기 다르다. 이렇게 하는 이유는 찻잎의 온도를 30~35도로 일정하게 유지하면서 수분의 함량을 서서히 줄이기 위한 것이다.

정유 精揉, shaping

기계 팔이 장착된 설비가 찻잎을 바늘 모양으로 만든다. 이 과정에서 온도는 70~120도로 40~60분 정도 유지한다.

제3건조

찻잎들이 30분 동안 컨베이어벨트 위에 놓여 돌아가면서, 약 85도의 온도로 가열된다. 이것이 아라차의 마지막 가공 과정이다.

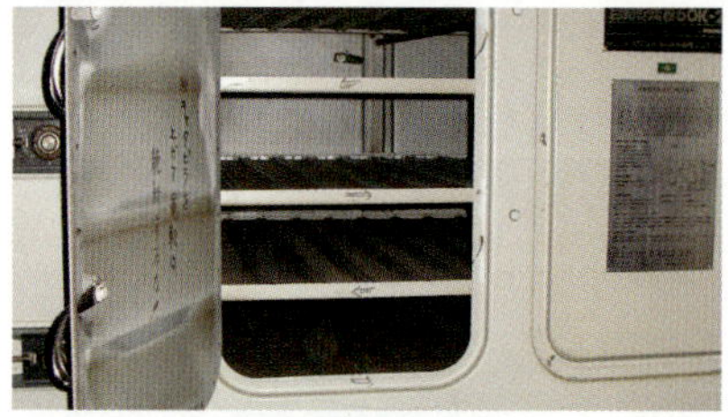

최종 가공 과정

분류 grouping

가공 과정의 마지막 단계에서 찻잎들을 서로 묶어 분류하거나 혼합하는 과정이다.

분리 및 선별 sifting and sorting

이물질이나 줄기들을 찻잎으로부터 분리하고, 찻잎들은 체를 사용하여 다양한 크기로 선별한다. 분리에는 보통 철망과 롤러가 사용된다. 경우에 따라 광학 스캐너를 장착한 여러 대의 카메라를 설치하여 판독을 통해 분리할 수도 있다. 이 과정에서는 찻잎을 크기와 색상에 따라 고압 분사 공기로 분리한다.

최종 건조 final drying

찻잎의 모양과 요구되는 맛에 따라 건조되는 방식도 매우 다양하다. 찻잎은 일반적으로 약 40도의 온도로 가열했을 때 향을 풍긴다. 건조 시간이 길면 풀 향이나 야채 향은 줄어들지만 갓 구운 견과류의 향은 새로이 생긴다. 이 마지막 단계를 거치면 찻잎의 수분 함량은 1~3%대로 떨어진다.

포장 packing

일본의 티들은 보통 기계로 포장된다. 보통 20~25kg의 무게로 진공 포장된다. 여느 식품과 마찬가지로 포장 용기 안에 질소를 충전재로 넣어 찻잎이 오래 보관되도록 한다.

티를 준비하는 지역별 방식

일본에서 티를 마시는 일반적인 방식은 최종 가공된 잎차를 뜨거운 물에 우려내 마시는 것이다. 그러나 이 방식은 오늘날 일본 젊은이들의 생활 방식과는 잘 맞지 않다. 자판기를 통해 손쉽게 구입할 수 있는 아이스티나 아이스커피와 같은 신상품들이 점점 더 인스턴트식품의 소비를 지향하는 일본의 젊은 세대들에게 큰 인기를 얻고 있기 때문이다. 그럼에도 불구하고 티를 마시는 전통적인 방식은 아직도 일부 부유층 사이에서는 유행으로 남아 있다. 특히 레스토랑에서는 반차, 호우지차(焙じ茶, Hojicha), 그리고 겐마이차(玄米茶, 현미차, Genmaicha)를 다관에 넣어 제공하고 있다. 이런 곳에서는 손님들이 최고급 품질의 맛을 경험해 보기 위해 센차와 교쿠로와 같은 티를 전통 방식인 센차도(煎茶道, Senchado)에 따라 우려내 마신다.

센차도 煎茶道, Senchado, Way of Sencha

센차도는 찻잎으로 일본 티를 우려내는 정교한 의식이다. 일본의 지성인들은 차노유의 엄격한 수칙에서 벗어나기 위한 한 방편으로 센차도를 창안하였다. 티를 우리는 방식에 중국 방식을 도입하여 보다 더 편안하고 실용적이다. 그리고 센차도는 철학적이고도 미학적인 토의로 이어졌다. 중국 명대(明代) 현자들의 정신적인 세계를 추구했던 일본의 지성인들은 티를 마시는 의식을 행하는 동안 서예, 동양화, 시, 그리고 음악과 같은 예술적인 활동을 배경 요소로 병행하였다. 시간이 흐르면서 잎차의 인기가 상승하자, 센차도를 장려하는 사람들은 센차를 물과 함께 끓이는 방법을 차노유의 엄격한 수칙과는 다른 독특한 방식으로 개발하였다.

센차도는 오늘날 차노유만큼은 잘 알려져 있지는 않지만, 아직도 일본 지성인들 사이에서는 널리 유행하고 있다.

아이스티 페트 음료

페트병에 든 아이스티는 일본 어디에서나 볼 수 있을 정도로 상업적으로 대성공을 거두었다. 그 아이스티의 기반은 대부분이 녹차이지만 우롱차나 홍차인 것도 있다. 아이스티의 원료인 찻잎은 대부분 중국, 타이완, 그리고 베트남에서 수입한 것이다. 일본에서는 이렇게 수입한 찻잎을 우려내 음료로 만든 뒤 페트병에 포장하여 판매하고 있다.

센차도로 우리는 방식

센차도는 교쿠로나 센차와 같은 고품질의 티를 고농도의 향미로 우려내는 방식이다. 중국의 공부식(工夫式, 궁푸식)(144페이지 참조)과 같이 이 방식은 찻잎을 여러 단계에 걸쳐 우려낸다. 이렇게 우려내는 각 단계에서는 새로운 향미가 탄생한다.

센차도의 주요 단계

- 티포트(다관)을 데우고, 다구들을 준비한다.
- 찻잎을 데워진 다관에 넣는다. 이때 찻잎의 양은 티스푼(차시) 1~2술(5~10㎖) 정도로 한다(사진 ❶).
- 물을 찻잎 위로 붓는다. 물의 최적 온도는 65~75도이다. 물을 이 온도로 맞추기 위해 끓는 물을 찻잎 위에 붓기 전에 먼저 작은 사발-숙우(熟盂)의 기능-에 따른다(사진 ❷). 이때 사발은 1인당 하나씩이다. 물을 차가운 사발에 넣으면 온도가 약 10도 정도 내려간다. 또한 사발을 사용하면 찻잎과 물의 양을 정확히 맞출 수 있다(사진 ❸).
- 약 30분간 기다린다. 처음으로 우릴 경우, 찻잎이 완전히 적셔져야 하므로 시간이 가장 길다. 다관에서 우러난 찻물을 사발에 따른다(사진 ❹). 만약 여러 명의 손님을 맞이할 경우에는 각 사발에 동일한 양으로 조금씩 따른다. 그리고 다관을 완전히 비운다. 그렇지 않으면 티는 계속 우러나게 된다.
- 맛을 본다.
- 동일한 방식으로 다시 우려낸다. 이후부터는 우리는 시간을 더 짧게 한다.

❶

❷

❸

❹

규슈 다관

규슈 다관에는 손잡이 봉이 달려 있다. 그리고 다관 내부에는 눈이 작은 거름망이 있어 찻물을 따를 때 찻잎을 걸러 내 준다.

차도 茶道, The Way of Tea

윤리와 도덕적 규칙에 입각한 순수한 삶은 티의 본질과 일치한다. 일본에서 차도는 15세기에 등장하였다. 일본의 메이지 시대의 사상가 오카쿠로 가쿠조(岡倉覺三, 1863~1913)는 그의 저서 『茶の本, *Book of Tea*』에서 일본 문화와 티의 정신 사이의 밀접한 관계를 설명하면서 차도에 대하여 다음과 같이 정의하였다.

> 차도는 우리의 일상생활에서도 가장 기본적인 욕구인 미(美)를 사랑하는 의식에 바탕을 두고 있다. 우리는 차도를 통해 순수와 조화, 상호배려의 묘미, 사회적 질서 속에 내재하는 낭만적인 요소들을 배운다 … 티(Tea)의 철학은 그 용어의 일상적인 의미에서와 같이 그리 간단한 미학(美學)이 결코 아니다. 왜냐하면 윤리, 종교, 인간, 그리고 자연을 결부하여 전체적인 개념으로 표현하기 때문이다. 티는 청결에 기초하여 위생적이며, 티를 통한 웰빙이 복잡함과 소모적인 것이라기보다 단순함 속에 놓여 있다는 데서 경제적이며, 티는 우주에 대하여 우리 수준의 작은 규모까지 정의하기 때문에 '도덕기하학(Moral Geometry)'이다.

한편 센노리큐는 차도의 본질을 네 가지의 기본 원칙으로 압축, 요약하였다. 조화, 존경, 순수, 그리고 평온이다. 또한 센노리큐는 일본의 대표적인 미학인 와비 철학을 차도와 융합하였다. 와비 철학은 고독과 검소에 입각하여 인간과 사물의 관계를 냉철하게 관조하는 정신적, 미학적인 개념이다. 좀 더 구체적으로는, 와비 철학은 인간관계를 통해 물질주의를 초월하고, 공(空)에서도 완전성을 찾을 수 있다는 전제로 미완(未完) 속에서 아름다움을 추구한다. 이런 의미에서 차도는 경계가 없다. 티가 사람과 사물 사이에 숨은 아름다움을 발견할 수 있는 삶의 한 방식이라 믿는 사람이라면 누구든지 차도에 이를 수 있는 것이다.

일본의 차 의식, '차노유茶の湯'

차노유는 고도로 성문화된 의식으로서 수백여 개의 상이한 단계들로 구성되어 있다. 이 차노유는 일본에서 차도를 표현하는 가장 정교한 의식이다. 차노유는 센노리큐가 정한 네 가지의 주요 원칙에 따라 진행된다. 차노유의 목적은 겸손하고도 조화로운 분위기 속에서 손님들이 티를 서로 주고받으면서 서로를 영적인 차원에서 고무시키는 것이다.

'차노유(茶の湯)'는 문자 그대로 '찻물'을 의미한다. 차노유를 진행하는 방법에는 두 가지가 있다. '차지(茶事, 차사)'와 '차카이(茶会, 차회)'이다. 이중 보다 더 공식적인 방법이 차지이다. 차지는 보통 3~4시간 동안 진행되며, 최대 4명까지 참석할 수 있다. 먼저 공식적인 의식이 진행되기에 앞서 안주인은 정원에서 손님들에게 성대하게 환영인사를 한다. 이어 정자 또는 차실에서 차노유의 첫 도입부인 '쇼자(初座, 초좌)'를 진행하며 식사를 간단히 대접한다. 이를 모임을 뜻하는 용어로 '가이세키(会席, 회석)'라 한다. 식사 후 정원에서 손님들과 잠시 휴식 시간을 가진 뒤, 안주인은 차노유에서 가장 중요한 절차인 '고자(後座, 후좌)'를 준비한다. 이때는 맛차를 고농도로 우린 '고이차(濃茶, 농차)'를 준비한다. 이후 다시 정원에서 휴식 시간을 가진 뒤, 저농도로 우린 '우스차(薄茶, 박차)'를 준비한다. 이와 같은 절차들은 긴 명상 시간과 함께 서로에게 예의와 존경을 보이는 가운데서 진행된다.

한편 차지의 약식(略式)으로 차카이가 있다. 차카이는 단지 30~45분 정도의 짧은 시간으로 진행되는데, 이때 보통 티와 사탕이 함께 제공된다. 손님들의 수가 많을 경우에는 차카이가 더 적당하다.

센노리큐가 확립한 차노유의 7수칙

센노리큐가 확립한 7수칙을 차노유에서 준수해야 하는 다른 규정들과 함께 간략히 소개한다. 언뜻 보기에 다음의 수칙들은 단순해 보일지도 모른다. 그러나 일단 각 수칙마다 그 바탕에 깔려 있는 깊은 본질을 생각해 본다면, 그리 간단한 일이 아니다. 다관을 잡은 사람이 자신의 개성을 티에 완벽히 녹여내야 할 뿐 아니라, 각 단계마다 손님의 욕구에 대응하여 매우 깊은 주의를 기울여야 하는 일이기 때문이다.

- "정원에 핀 꽃들로 꽃꽂이를 할 것."
  꽃꽂이는 소박하고도 자연스럽게 준비한다.
- "숯으로 데운 물을 마련할 것."
  이 수칙에 내포된 의미는 안주인이 티를 준비하는 데 노력과 능력, 그리고 성실을 담아야 한다는 것이다.
- "여름에는 시원하게 할 것."
  티를 마시는 환경도 계절적인 분위기에 맞춰 손님을 최대한 편안하게 한다.
- "겨울에는 따뜻이 할 것."
- "모든 일을 미리 준비할 것."
  세부 사항에 대해 계획을 면밀히 세운다.
- "뜻밖의 비에 대비할 것"
  티를 준비하는 안주인은 뜻밖의 가능성을 염두에 두어야 한다.
- "각 손님에게 전력을 다할 것."

맛차를 준비하는 간단한 방법

맛차를 준비하려면 3개의 필수적인 다구를 준비해야 한다. 맛차를 담는 사발인 '차완(茶碗)'과 거품이 일도록 휘젓는 도구인 '차선(茶筅)', 그리고 분말의 맛차를 떠내는 데 쓰는 조그만 숟가락으로 '차사쿠(茶杓)'이다. 차사쿠는 한국, 중국에서는 차시, 차표라고도 한다.

- 뜨거운 물로 차완과 차선을 데운다. 약 30초 이후 차완에 든 물을 버리고 물기도 완전히 닦아 낸다.
- 차완에 맛차를 필요한 분량만큼 넣는다(사진❶). 한 차완에 맛차의 적당량은 차사쿠로 2술(5㎖)이다. 맛차를 촘촘한 거름망 위에 넣고 차사쿠로 고르게 한다. 이 과정은 매우 중요하다. 맛차가 뭉치는 것을 막고, 맛차의 형태를 더 부드럽게 만드는 과정이기 때문이다.
- 맛차 위로 온도 약 75도의 물을 약 4분의 1컵(60㎖) 분량으로 붓는다(사진❷). 이어 차선으로 차완의 밑바닥에서부터 위로까지 힘차게 휘젓는다. 이를 격불이라고 한다(사진❸). 이때 바닥을 긁지 않도록 유의한다. 거품이 생기기 시작할 때 주의해서 휘저으면 커다란 거품이 터지면서 표면에 작은 거품들이 가득 찬다(사진❹).
- 완성된 맛차를 즐겁게 마신다.

①

②

③

④

티 스토리_제❷편

맛차(抹茶, 말차, MATCHA)

맛차는 매우 고운 가루로 만든 녹차로서 일본의 다도 의식에서 전통적으로 사용해 왔다.

맛차는 12세기에 승려 에이사이(90페이지 참조)가 일본에 처음으로 전했다. 당시에는 오늘날처럼 사발에 넣고 격불하지는 않았고, 다만 중국 방식에 따라 찻잎을 고운 가루로 만들었다. 이와 같은 맛차 양식은 중국에서는 훗날 사라졌지만 일본에서는 오늘날까지도 차노유를 통하여 전통적인 방식으로 계승되고 있다.

최상품의 맛차는 우지시 인근에서 차광 재배를 통해 생산하고 있다. 이곳에서 생산된 찻잎들은 먼저 아라차로 가공된 뒤 분류 과정에 들어간다. 즉 고운 가루로 쉽게 만들 수 있도록 찻잎에서 잎맥들을 제거한다. 이것이 '덴차'이다. 이 덴차를 맷돌에 넣고 간다. 한 산지에서 생산된 단일의 순수한 맛차는 거의 없다. 대부분 향미의 강약을 조절하기 위해 서로 다른 산지의 맛차들을 혼합하기 때문이다.

맛차의 신선도

맛차는 신선도가 생명이다. 밝은 연녹색의 신선한 맛차는 진한 초콜릿 향과 작은 과일 향을 풍긴다. 입안 가득히 전해지는 감촉은 매우 진하고 풍부하다. 그리고 돼지감자를 떠올리는 놀라운 향이 난다. 달콤한 맛의 간식거리와 잘 어울리는 쓴맛으로 매우 자극적인 티이다.

일본의 티 생산 전문가, 스기야마 와타루

스기야마 와타루 씨는 시즈오카현에서 티 가공 공장을 운영하고 있다.

티의 세계에 얼마나 오랫동안 종사했는가? 그동안 어떻게 지내왔는가?

나는 국립티테스트센터(National Tea Test Center)에서 2년 동안 공부하였다. 이후 아버지가 경영하는 티 가공 공장에서 일을 배우기 시작했다. 이곳에서는 아버지의 지도에 따라 차나무의 재배 및 티의 가공 과정을 익혔다. 아버지인 스기야마 타다히라는 티 분야에서는 꽤 영향력이 있는 분이었다. 일본 농림수산성으로부터 수상 경력도 여러 회 있는 분이다. 현재 운영하고 있는 다원의 차나무로부터 최고 품질의 티를 생산할 수 있게 된 것도 모두 그런 아버지의 노력 덕분이었다.
2000년도에 아버지가 돌아가신 후 나는 가업을 이어받았다. 그때부터는 살충제와 비료를 거의 사용하지 않고 최고 품질의 티를 생산하기 위해 노력하면서 여러 티 전시회에 참가하였다.

현재 운영하고 있는 다원의 규모와 연간 티 생산량은 얼마인가? 고용인은 몇 명을 두고 있는가?

지금 운영 중인 다원은 규모가 대략 250헥타르이다. 그리고 연간 생산량은 거의 15톤에 이르고 있다. 고용인은 정규 직원이 4명이다. 수확기에는 채엽을 위해 계절노동자로 약 20명을 고용하고 있다.

당신이 주로 하는 일은 무엇인가?

다원을 돌보는 일이다. 매일같이 음력에 맞춰 재배에 필요한 일들을 하고 있다. 예를 든다면 차나무를 관리하거나 비료를 주는 일 등이다.

티를 어디에 판매하는가? 국내 시장인가, 아니면 국제 시장인가?

전량 국내 시장에 판매하고 있다. 티 전문 가게와 소비자들에게 직판하고 있다.

이 분야에 종사한 이후, 산업계에서 생긴 변화가 있다면?

이곳 시미즈시(清水市)는 아주 오래전부터 티를 수출해 왔다. 내가 티 분야에 갓 뛰어들었을 때 일본 경제는 호황을 누리고 있었다. 당시 우리가 생산한 티들은 선물용으로 주로 제공되었다. 이런 탓에 티를 막대한 양으로 구입했던 기업들도 많았다. 그런데 지금은 경제적 여건이 악화되어 매출액이 당시보다 상당히 줄었다. 또 요즘에는 페트병 티 음료가 인기를 얻고 있어 소비자들이 점점 더 잎차를 구입하지 않는 추세이다. 그럼에도 아직까지는 고품질의 티를 찾고 있는 사람들도 꽤 있다. 이들이 바로 우리 다원에서 생산한 티 제품의 주요 소비층이다.

가장 좋아하는 티가 있다면?

일본 녹차이다!

일본의 티 명명법

일본에서 테루아의 개념은 중국과는 달리 크게 중요하지 않다. 지금까지 보아 왔듯이, 균형을 이룬 향미를 창조하기 위하여 다른 산지의 아라차들을 혼합하는 관행으로 일본에서는 특정한 티에 대해 정확한 산지를 규명하는 일이 불가능하다. 따라서 일본의 티는 산지명이 아니라 찻잎의 가공 과정과 생산 방법에 따라 이름을 붙이는 경우가 많다. 그럼에도 매우 높은 등급의 티에는 가끔 테루아를 언급하기도 한다. 일본 티에는 크게 8개의 종류가 있다. 센차, 반차, 호우지차, 겐마이차, 교쿠로, 가부세차, 맛차, 그리고 타마료쿠차(玉綠茶)이다.

센차 煎茶, 전차, Sencha

센차는 '우려낸 티'라는 뜻이다. 일본에서도 가장 대중적인 티인 센차는 일본 연간 티 생산량의 약 63%(2013년도 기준)를 차지하고 있다. 예전의 80%를 차지했던 것에 비하면 많이 줄어든 상황이다. 센차는 일반 대중을 소비 대상으로 한 중간 품질에서부터, 맛과 향에서 미묘하고도 복잡하면서 매우 희귀한 고품질에 이르기까지 품질이 매우 다양하다. 센차는 오늘날 증청 방식으로 대량 생산하고 있다.

이 센차를 재가공한 2차 생산 티인 쿠키차(보차라고도 한다)는 센차의 제조 과정에서 생긴 부산물인 줄기를 찻잎과 함께 섞어서 만든다. 맛차도 센차의 변형인 덴차를 재가공한 2차 생산 티이다. 이 맛차는 한 해의 첫 수확물 중 어린 새싹과 잎맥을 제거한 찻잎만 특별히 엄선하여 생산한다.

반차 番茶, 번차, Bancha

반차는 보통 늦여름이나 가을 수확기에 채엽한 찻잎과 줄기를 증청 방식으로 가공해 생산한다. 그중 고품질의 반차는 6월에 채엽한 찻잎으로 생산한다.

호우지차 焙じ茶, Hojicha

호우지차도 반차를 재가공한 2차 생산 티이다. 반차를 약 200도의 고온에서 몇 분간 볶는 과정을 통해 생산한다. 이 볶는 과정에서 찻잎의 많은 특성들이 사라지지만, 대신에 헤이즐넛을 떠올리는 달콤한 향과 맛이 생성된다.

겐마이차 玄米茶, 현미차, Genmaicha

겐마이차도 센차와 반차를 재가공한 2차 생산 티이다. 센차와 반차를 현미 또는 굽거나 튀긴 쌀과 함께 고압 상태에서 볶아서 생산한다. 겐마이차는 매일같이 마실 수 있는 보급형 티로 매우 이상적이다. 그런데 겐마이차에도 고품질의 티가 있다. 최종 상품의 품질은 역시 원료로 사용된 티에 좌우된다. 상품에 따라서는 기존의 센차나 반차 외에 맛차를 혼합한 것도 있다.

호우지차 찻잎.

맛차.

타마료쿠차 玉綠茶, 옥록차, Tamaryokucha

타마료쿠차에는 두 종류가 있다. 무시세이타마료쿠차(蒸し製玉綠茶, 증청 타마료쿠차)와 가마이리세이타마료쿠차(釜炒り製玉綠茶, 초청 타마료쿠차)이다. 먼저 무시세이타마료쿠차는 보통 구리차(ぐり茶)라고도 한다. 구리(ぐり)는 일본 전통 공예 등에서 볼 수 있는 동그랗게 말린 문양을 묘사하는 용어이다. 이런 무시세이타마료쿠차는 증기에 찌는 증청 방식으로 생산한다. 일본 전역에서 생산하고 있는 이 티는 중국의 비틀린 모양인 '권곡형(卷曲形)' 녹차의 맛과 모양을 본뜬 것이다.

또 다른 종류인 가마이리세이타마료쿠차는 간단히 '가마이리차(釜炒り茶)'라고도 하는데, 보통 넓적한 접시 모양의 팬에서 덖는 초청 과정으로 생산한다. 주요 생산지는 규슈 지역이다. 오늘날에는 기계식 가공 과정으로 대부분 생산하지만, 손으로 직접 가공하는 곳도 일부 남아 있다.

교쿠로 玉露, 옥로, Gyokuro

'귀중한 이슬'이라는 뜻을 지닌 교쿠로는 일본에서 생산하는 티 가운데서도 가장 높은 등급의 티이다. 5월 말~6월 초에 일 년에 단 한 번 수확하여 증청 방식으로 생산한다. 전통적인 방식으로는 새싹의 길이가 약 2cm가 되면, 재배인들은 차나무 위로 볏짚을 덮고 약 10일 동안 차광 재배에 들어간다. 이 기간이 지나면 재배인은 다시 더 많은 볏짚을 덮은 후 약 11일 동안 차광 재배를 한다. 이렇게 차광 재배는 총 21일 동안 진행된다. 이 과정을 마치면 줄기를 따라 돋은 새싹들을 한 잎, 두 잎 주의 깊게 채엽한다. 재배인들은 교쿠로의 풍부하고도 섬세한 향미를 촉진하기 위해 그들의 수확물에 세심한 주의를 기울인다. 이로 인해 교쿠로는 세계에서 가장 풍미가 좋은 티로 평가되고 있다.

가부세차 かぶせ茶, Kabusecha

가부세차도 차광 재배를 통해 생산되지만(엄밀하게는 반차광 재배), 교쿠로의 경우보다 차광 기간이 짧다. 재배인에 따라서 반차광의 합성 섬유 천을 각 차나무 위로 씌워 놓기도 하고, 시설을 통해 농장 전체를 뒤덮어 놓기도 한다. 차나무는 평균 12일 동안 차광시켜 재배한다. 가부세차는 차광 재배한 찻잎을 증청 방식으로 가공하여 생산한다.

가부세차를 재가공한 2차 생산 티도 있다. 쿠키차와 유사한 가리가네(雁ヶ音, Karigane)이다. 가리가네는 특별히 교쿠로를 생산하는 과정에서 생긴 부산물로만 생산하는 티이다. 가리가네는 쿠키차와는 달리 차광 재배한 찻잎과 줄기로만 생산한다.

맛차 抹茶, 말차, Matcha

맛차는 약 1000여 년 전에 승려 에이사이에 의해 일본에 전래되어 최초로 소비된 티이다. 처음에는 건조 찻잎을 부스러뜨려 맷돌에 넣어 갈았다. 오늘날 최상품의 맛차는 차광 재배를 통해 채엽한 찻잎으로만 생산된다. 덴차를 원료로 생산하는 2차 생산 티이다.

교쿠로와 맛차의 숙성

숙성 티는 서양에서는 잘 알려져 있지 않지만 동양에서는 매우 흔하다. 일본도 마찬가지이다. 많은 사람들이 센차를 향미의 신선함, 생동감, 그리고 미묘함 등에서 높이 평가하고 있지만, 일본 티의 애호가들은 교쿠로와 맛차를 몇 개월 동안 숙성시킬 경우, 센차보다 향미가 더 부드럽고, 더 풍부하다고 평가한다.

"티는 생활의 일부이다. 티를 마시는 일은 갈증이 날 때 물을 마시듯이, 배가 고플 때 밥을 먹듯이 자연스러운 일이다."

_ 하마모토 소슈(浜本宗秀)

일본 티 : Japanese Teas

반차番茶, 번차, Bancha 시즈오카静岡

분류 : 녹차.

설명 : 세 번째 수확물의 찻잎과 줄기를 증청 방식으로 생산한 티.

산지 : 시즈오카현(静岡県).

수확기 : 최상급은 6월, 나머지는 9월.

재배종 : 야부키타(藪北, 수북, Yabukita).

오늘날 가장 인기 있는 티는 센차이지만, 에도 시대(1603~1868) 중기까지는 일본인들이 매일같이 마셨던 티가 반차였다. 당시에는 시골에서나 산간에서나 모든 가정집에서 반차를 자급자족 용도로 소량으로 생산하였다.

테이스팅 노트 : 6월에 수확한 여름 반차로 이루어진 찻잎들은 모양이 불규칙하지만 부드럽고도 튼실한 인상을 준다. 짙은 녹색의 찻잎은 편평하고, 연노랑색의 줄기는 찻잎들 사이에 산재해 있다. 찻잎을 우리면 신선한 아몬드 향이 강한 과실 향과 함께 풍기면서 초본 식물 향과 미묘한 바다 향이 이어진다. 연녹색의 찻물은 맑게 빛난다. 입안 가득히 차는 느낌은 부드럽고도 달콤하며 쓴맛은 거의 없다. 신선한 풀 향과 흰살 생선의 약한 비린 향이 섞여 조화를 이루고 있다. 마지막으로 갈증을 해소하는 듯한 상쾌한 느낌이 길게 이어진다.

우리는 다기 : 중간 크기의 티포트.

후카무시센차深蒸し煎茶, Fukamushi Sencha 아지阿智

분류 : 녹차.

설명 : 센차를 증기로 장시간에 걸쳐 쪄 내 재가공한 2차 생산 티.

산지 : 나가노현(長野県)/아지촌(阿智村).

수확기 : 5월 초.

재배종 : 야부키타(藪北, 수북, Yabukita).

일본 센차에는 두 종류가 있다. 아사무시센차(浅蒸し煎茶)와 후카무시센차(深蒸し煎茶)이다. 아사무시센차는 엄격하게 선별한 새싹을 짧은 시간에 쪄 내 바디감이 가벼운 티로서 섬세하고도 신선한 야채 향이 풍긴다. 반면 후카무시센차는 생잎을 긴 시간에 걸쳐 쪄 내 바디감이 무거운 티이다. 타닌의 강한 맛과 함께 아이오딘 향미가 물씬 풍긴다. 후카무시센차는 솔직하고도 직선적인 향미로 인해 오늘날 일본인들이 가장 많이 마시고 있다.

테이스팅 노트 : 건조 찻잎에는 부서진 찻잎과 편평하면서도 바늘 모양 같은 찻잎들이 뒤섞여 있다. 찻잎을 우리면 어두운 녹색의 곱고 보드라운 감촉이 다소 뻑뻑한 반죽의 느낌으로 바뀐다. 그 향은 녹색 야채 향과 해초류의 향을 풍긴다. 거품이 이는 녹색의 찻물은 약간 뿌옇다. 입안에 와 닿는 느낌은 풀바디감으로 가득하다. 신선한 풋내를 연상시키면서 약간 쓴맛으로 발전하는 미감이다. 또한 야채와 아이오딘의 배경 향 위로 조리된 시금치와 향긋한 제라늄꽃 향이 역류하면서 비강 후각을 자극한다.

우리는 다기 : 소형 규슈 다관, 소형 티포트.

교쿠로 玉露, 옥로, Gyokuro 타마호마레 玉誉

분류 : 녹차.

설명 : '옥같이 소중하고 귀한 이슬'이라는 뜻을 지닌 티.
일본 최고 등급의 티.

산지 : 교토부(京都府)/우지시(宇治市).

수확기 : 5월에 연 1회.

재배종 : 고코(悟空, 오공, Gokou)

일반적으로 차광 재배는 17세기에 처음 시작된 것으로 알려져 있다. 그러나 교쿠로는 야마모토 카헤이(山本嘉兵衛)가 1835년 우지시에서 처음으로 차광 재배를 통해 생산하였다. 교쿠로는 일본에서 생산되는 티 가운데서 가장 고급 티이다. 오직 수작업으로 생산되며, 생산의 각 단계마다 각별한 주의를 기울인다. 교쿠로의 독특한 생산 특징은 수확에 앞서 약 3주 동안 차광 재배가 이루어진다는 것이다. 이때 차광율은 약 85~90%이다. 오늘날 대부분의 재배인들은 그물망을 사용하여 차광 재배를 하고 있다. 그러나 일부 재배인들은 최고급 티를 생산하기 위해 지금도 전통적인 방식으로 볏짚을 사용해 차광 재배를 하고 있다. 차광 재배의 목적은 햇빛을 가려 찻잎에서 일어나는 광합성 반응을 방해하여 그 반작용으로 차나무가 찻잎에서 엽록소와 아미노산(특히 테아닌)을 보강하여 생성시키고, 타닌의 생성은 억제하기 위한 것이다. 교쿠로도 오늘날 증청 방식으로 대량 생산되고 있다.

테이스팅 노트 : 아름다운 모양의 건조 찻잎은 어두운 녹색을 띠며 윤기로 번들거린다. 찻잎의 크기는 다양하고, 향은 녹색 야채 향과 엽록소 향, 그리고 미묘한 버터 향이 풍긴다. 우린 찻잎에서는 식욕을 돋우는 야채죽의 향이 난다. 진한 녹색의 에메랄드빛 찻물에서도 동일한 향이 진하게 풍긴다. 입안을 감도는 벨벳과도 같은 부드러운 감촉은 매우 강렬하다. 엽록소의 향을 시작으로 콘샐러드 향, 죽 향, 그리고 기름진 견과류의 향이 강하게 이어진다. 깍지완두의 신선하고도 달콤한 끝 향은 매우 오래도록 지속된다. 떫은맛과 쓴맛이 전혀 없는 매우 훌륭한 티이다.

우리는 다기 : 소형 규슈 다관, 소형 티포트.

센차煎茶, 전차, Sencha 게이코쿠渓谷

분류 : 녹차.

설명 : 아사무시센차(浅蒸し煎茶)의 일종. 센차를 증기에 약하게 쪄서 재가공한 2차 생산 티이다.

산지 : 시즈오카현(静岡県).

수확기 : 5월 초.

재배종 : 야부키타(藪北, 수북, Yabukita).

17세기 초에 등장한 센차는 일본에서 가장 보편화되어 있는 티이다. 생산량도 일본 연간 티 생산량의 약 63%(2013년도 기준)에 이른다. 재배지도 남부의 가고시마현에서부터 북부의 이바라키현(茨城県)에 이르기까지 폭넓게 분포한다. 특히 일본 최대의 티 생산지인 시즈오카현에는 재배지가 밀집되어 있다. 센차에도 다양한 종류가 있으며, 그중 고품질의 센차는 보통 4월 말에서 5월 초에 찻잎을 수확해 생산한다. 찻잎의 모양은 마치 솔잎같이 기다랗지만 편평하다. 찻물에서는 식물성 향과 아이오딘 향이 물씬 풍긴다. 센차 게이코쿠는 아사무시센차의 일종으로서 증기로 약 30초 동안 짧게 살청한 것이다. 나가노현 덴류촌(天龍村) 인근에 산재해 있는 소규모의 다원들에서 주로 생산되고 있다.

테이스팅 노트 : 건조 찻잎은 바늘 모양으로 매우 아름답다. 찻잎을 우리면 미나리 향과 마름(water chestnut) 향, 그리고 신선한 풋내가 부드럽게 풍긴다. 약간 흐릿한 황록색의 찻물에서는 조리된 샐러리 향과 해초류의 향이 풍긴다. 풍부한 타닌으로 입안에 와 닿는 감촉은 혀에 생생한 자극을 순간적으로 주면서 곧바로 부드러워진다. 고품질의 티에서는 아루굴라의 식물성 향이 입안을 가득 채우면서 뒤이어 약한 솔 향이 이어진다. 끝 맛으로는 라임 껍질과 그린망고의 미묘하고도 상쾌한 향미가 긴 여운을 남긴다.

우리는 다기 : 소형 규슈 다관, 소형 티포트.

호우지차焙じ茶, Hojicha 시즈오카静岡

분류 : 녹차.

설명 : 반차를 볶거나 덖어서 재가공한 2차 생산 티.

이명 : 반차 호우지차, 호우지차.

산지 : 시즈오카현(静岡県).

수확기 : 하반기(보통 9월).

재배종 : 야부키타(藪北, 수북, Yabukita).

이 호우지차는 반차를 찻잎이 완전히 갈색으로 변할 때까지 약 200도의 고열로 볶아서 새로운 향미로 재가공한 2차 생산 티이다. 일본에서는 일반적으로 호우지차를 건강을 위해 여름에는 차갑게, 겨울에는 뜨겁게 마신다. 그리고 아이스티 페트 음료로 대량으로 생산하고 있다. 일본의 가정집에서는 부엌의 가스레인지 위에 도기제 솥을 올려놓고, 그 솥에서 소량의 찻잎을 볶아 호우지차를 만들어 먹기도 한다.

테이스팅 노트 : 줄기 조각과 큰 찻잎들을 섞어서 볶은 호우지차는 색상이 모두 갈색이다. 호우지차를 우리면 우린 찻잎에서 마음을 진정시키는 구운 향과 목재 향이 난다. 맑은 호박색의 찻물에서도 동일한 향이 풍긴다. 입안에 와 닿는 느낌은 매우 달콤하다. 식물성 향뿐 아니라 바닐라 향과 땅콩 향이 배경 향인 구운 향과 목재 향에 미묘하게 더해진다. 감촉은 타닌의 맛을 찾아볼 수 없어, 부드럽고도 달콤하다.

우리는 다기 : 중간 크기의 티포트.

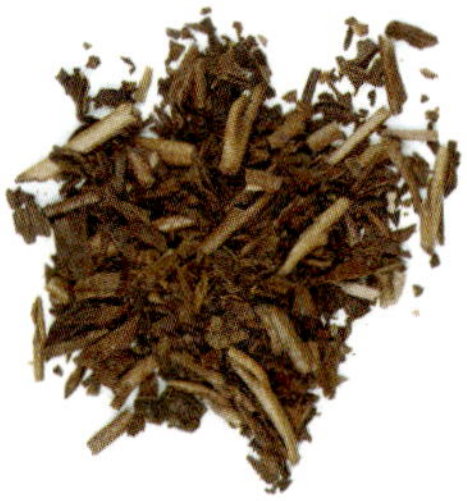

겐마이차 센차-맛차 玄米茶 煎茶-抹茶, Genmaicha Sencha- Matcha

분류 : 녹차.

설명 : 센차·맛차·튀긴 쌀을 고압 상태에서 덖어서 재가공한 2차 생산 티.

산지 : 시즈오카현(静岡県).

수확기 : 티의 유형에 따라 봄부터 가을까지.

재배종 : 야부키타(藪北, 수북, Yabukita).

겐마이차 센차-맛차는 센차와 맛차, 그리고 튀긴 쌀알을 고압 상태에서 덖거나 볶는 과정을 통해 생산한 티이다. 겐마이차는 가난한 사람들이 영양분을 보충하기 위하여 쌀과 티를 혼합하여 우려내 음료로 마셨던 것이 시초이다. 오늘날에는 사회 각계각층의 많은 사람들이 즐기고 있다. 겐마이차는 보통 반차로부터 생산되지만 여기에서 소개하는 겐마이차는 센차와 맛차와 함께 섬세하게 조합되어 있다.

테이스팅 노트 : 센차와 쌀알들이 고운 가루의 맛차와 고루 섞여 있어서 전체적으로 밝은 녹색을 띤다. 일부 사람들은 쌀알을 팝콘처럼 튀겨서 혼합하고 있다. 이 티를 우리면 볶은 쌀 향과 바닷바람의 향이 물씬 풍긴다. 가루 형태의 맛차는 찻물의 색상을 흐리는데, 대부분은 뿌옇게 만든다. 입안에 와 닿는 감촉은 미묘한 자극과 함께 벨벳같이 부드러운 느낌이다. 달콤한 쌀 향은 초본식물 향과 함께 조합되어 마지막 향미를 편안하고도 안정적으로 길게 끌어 준다.

우리는 다기 : 중간 크기의 티포트.

가부세차 かぶせ茶, Kabusecha 가와세 川瀬

분류 : 녹차.

설명 : 교쿠로같이 반차광 재배를 통해 생산한 티. 생산지는 가와세 다원.

산지 : 시즈오카현(静岡県).

수확기 : 5월 초.

재배종 : 야부키타(藪北, 수북, Yabukita).

가부세차도 교쿠로처럼 다원에서 채엽에 나서기에 앞서 약 2주(평균 12일) 동안 차광막을 덮고 재배한다. 이때 차광막은 반투명이어서 엄밀하게는 반차광 재배이다. 이와 같은 차광 재배의 목적은 교쿠로와 마찬가지로 찻잎에 엽록소와 아미노산(특히 테아닌)을 더 많이 생성시켜 더 부드럽고 풍부한 향미를 생성시키기 위한 것이다. 그런데 가부세차의 경우에는 합성 섬유 재질의 차광막이 반투명에 가까워 차광율이 약 80% 정도밖에 되지 않는다. 생산 과정은 대부분 생산원가를 줄이기 위해 기계로 가공하고 있다. 품질도 적정 가격의 수준대로 생산하고 있다. 따라서 가부세차는 교쿠로와 센차의 중간대로, 향미의 강약도 잘 조율되어 있다. 가부세차도 증청 방식으로 생산한다.

테이스팅 노트 : 건조 찻잎은 부서진 찻잎과 바늘 모양의 찻잎들이 뒤섞여 있다. 색상은 균일하게 녹색이다. 찻잎을 우리면 반죽처럼 굳으면서 실란트로(cilantro, 코리앤드 잎)향과 신선한 풀 향 등 식물성 향이 강하게 난다. 짙은 녹색의 찻물은 부유 물질에 의해 뿌옇고 탁하다. 식물성 향이 살구 향에 물들면서 입안으로는 순간적으로 상큼함과 함께 부드러운 감촉이 전해진다. 강렬한 초본식물의 향들은 라즈베리의 미묘한 향과 융합을 이룬다. 향들을 주도하는 식물성 향은 입안을 강렬하게 채우면서 약한 떫은맛을 낸다. 우아한 단맛은 녹색 야채 향과 딸기의 향으로 인해 매우 부드럽다.

우리는 다기 : 소형 규슈 다관, 소형 티포트.

쿠키차 茎茶, Kukicha

분류 : 녹차.

설명 : 센차와 교쿠로의 부산물인 줄기와 찻잎을 모아 재가공한 2차 생산 티.

이명 : 보차(棒茶, 봉차, Bocha).

산지 : 시즈오카현(静岡県) 등.

수확기 : 5월 초.

재배종 : 야부키타(藪北, 수북, Yabukita).

쿠키차는 티를 생산하는 과정의 부산물인 찻잎과 줄기를 혼합해 가공한 2차 생산 티이다. 그 이름도 '줄기 차'란 뜻이다. 쿠키차는 값싼 센차에서부터 최상품의 교쿠로에 이르기까지 그 원재료의 품질에 따라 여러 등급으로 나뉜다. 줄기는 찻잎보다 티 카페인(테인, thein)의 함량이 적어 쿠키차는 다른 티보다 자극성이 낮다.

테이스팅 노트 : 쿠키차는 주로 노란색의 줄기와 기다란 찻잎만으로 구성되어 있어 미세한 가루들이 없다. 향긋한 버터 향과 과일 향이 뒤섞여 풍긴다. 쿠키차를 우리면 식욕을 돋우는 김 향, 게살 향, 그리고 콘 향이 따뜻이 풍긴다. 미세하게 풍기는 과일 향은 복숭아를 연상시킨다. 연녹색의 흐릿한 찻물은 입안을 감돌면서 섬세하고도 달콤한 맛을 낸다. 그리고 애호박과 옥수수가 혼합된 식물성의 단 향은 미세한 해산물 향과 조화를 이룬다. 끝 맛으로 녹색 나뭇잎의 향과 아몬드의 향이 우아하게 펼쳐진다.

우리는 다기 : 중간 크기의 티포트.

가마이리차 釜炒り茶

분류 : 녹차.

설명 : 솥에서 덖어 생산하는 초청 타마료쿠차.

산지 : 미야자키현(宮崎県), 가고시마현(鹿児島県).

수확기 : 5월~6월, 9월.

재배종 : 야부키타(藪北, 수북, Yabukita).

가마이리차는 찻잎을 솥에서 덖는 중국의 초청 방식으로 생산한 티이다. 찻잎을 솥에 놓고 비비면서 작업하여 찻잎의 모양이 휘말려 있는 모양이다. 티 이름인 '가마이리차'에서 '가마(釜, 부)'는 '솥'을 뜻한다. 이 가마이리차는 오늘날 규슈 지역에서 주로 생산되고 있다. 티가 중국으로부터 처음에 규슈 지역에 전파된 것을 생각하면, 이 방식을 보존하는 것은 처음에 이 지역에 전파되었던 중국의 전문적 기술을 보존하는 일이 될 것이다.

가마이리차의 기원은 15세기까지 거슬러 올라간다. 역사적 기록에 따르면, 일본 정부는 당시 중국의 우수한 도예 기술을 익히기 위해 중국인 도예가들을 강제로 납치하여 오늘날 규슈 지역 사가현의 우레시노시(嬉野市)로 보냈다고 한다. 이후 고향을 그리워하던 중국인 도예가들은 향수병을 달래기 위해 티를 그들의 고향에서와 동일한 방식으로 생산했다고 한다.

테이스팅 노트 : 조그맣고 짙은 녹색의 찻잎들은 권곡형으로 휘말려 있어 중국 티와 모양이 비슷하다. 찻잎을 우리면 녹색 야채 향을 배경으로 옥수수 향, 김 향, 그리고 갓 구운 헤이즐넛 향이 풍긴다. 찻물의 빛깔은 밝은 노란색으로 빛나는 녹색이다. 입안에 와 닿는 감촉은 싱싱하며, 초본식물 향의 자극으로 구운 향이 두드러지면서 약간 쓴맛을 낸다. 특히 잘 우린 찻물에서는 강한 식물성 향과 달콤한 맛이 난다. 끝 맛에서는 강한 타닌의 향미를 즐길 수 있다.

우리는 다기 : 중간 크기의 티포트.

우롱차 왕국 타이완(Taiwan)

중국이 5000년 전부터 차나무를 재배한 역사에 비하면 타이완은 그 재배 역사가 극히 짧다. 그러나 타이완은 그런 중국으로부터 차나무를 재배하는 전문 지식을 적극 수용하여 도서 국가라는 지리적인 조건과 기후에 맞게 고품질의 티를 생산하는 데 집중해 왔다. 그 결과 오늘날 타이완에서 생산된 고산 지대의 티는 풍부한 꽃 향기와 호화로운 맛으로 고품격의 티 애호가들에게 큰 기쁨을 선사하고 있다.

역사

타이완은 중국 동해안으로부터 약 150km 떨어진 해상의 작은 도서 국가이다. 티 문화와 관련해서는 그 역사가 매우 짧다. 오늘날 타이완의 티 산업 발전에 영향을 준 국가는 중국뿐이 아니다. 타이완은 예로부터 티를 유럽으로 수출할 수 있는 중요 거점이었던 이유로 여러 국가들이 그 영토를 점령하려고 시도해 왔다. 16세기와 17세기에는 포르투갈, 에스파냐, 네덜란드, 영국 등 유럽의 여러 국가들이 타이완을 교대로 점령하였다. 특히 네덜란드 점령기(1624~1662)에는 티가 타이완 내에서 처음으로 거래되기 시작했다.

청대(淸代) 초기인 1662년에, 명대(明代) 말의 해군 제독이었던 정청궁(郑成功)이 타이완 영토를 다시 점령하였다. 이후 타이완은 1683년에 이르러서 중국에 합병되었다. 합병 이후 중국인들이 타이완으로 이민을 오면서부터 이곳의 문화는 완전히 변화하였다. 새로운 이민자들의 대부분이 푸젠성 사람들이었는데, 특히 안시현과 우이 산 인근 출신의 사람들이 가장 많았다. 이에 따라 타이완에는 차나무와 그 씨앗, 그리고 전문적인 재배 기술들이 자연스럽게 유입되었다. 이러한 전문 기술들은 당시로서는 타이완에 아직 알려져 있지 않았던 완전히 새로운 것들이었다.

이후 타이완 사람들은 수많은 차나무들을 중부 지역을 비롯하여 수도 타이베이(臺北), 그리고 북부 지역에까지 옮겨심기 시작했다. 그리고 가족 단위로 작은 다원을 운영하면서 자급자족용으로 차나무를 재배하였다.

18세기에는 당시 중국의 주요 무역항이었던 푸저우시와 샤먼시(廈門市)를 통해 티 무역을 했던 인접 국가들과 유럽 국가들이 타이완으로 관심을 돌리기 시작했다. 이때부터 타이완의 티 수출은 급속히 증가하였다. 1866년에는 영국의 무역상인 존 도드(John Dodd)가 타이완과 티 무역을 본격적으로 시작하면서 그 수출 양은 급속히 늘어났다.

존 도드는 차나무를 재배하려는 타이완 농부들에게 자본을 제공하고, 타이베이에 티 가공 공장을 설립하여 그 지역의 재배인들에게 티 가공의 전 과정을 전수하였다. 그 당시 타이완에서는 수확한 찻잎들을 최종적으로 가공하기 위해 푸저우시와 안시현으로 선적해 보내는 것이 매우 일반적인 일이었다. 그런데 존 도드에 힘입은 이후부터 타이완은 이제껏 볼 수 없었던 고품질의 티를 자체 생산하여 유럽과 미국으로 수출할 수 있었던 것이다.

타이완은 20세기 초반까지 일본의 점령기(1895~1945)에 있었다. 이 당시에는 일본산 녹차와 시장 경쟁을 피하고 유럽의 높은 수요를 충당할 목적으로 홍차 산업을 육성하였다.

당시의 일본인들은 타이완의 티 산업계에 막대한 투자를 했다. 타이완 농부들에게 비료와 수많은 차나무들을 제공하였다. 또한 일본인들은 티 산업을 번창시킬 수 있는 제반 환경을 조성하고, 가공 과정의 기계화를 장려하였으며, 교육 과정도 개설하였다.

타이완의 티 산업은 제2차 세계 대전 종전 이후 일본인들이 물러나고 중국인들이 다시 들어오면서 녹차 생산으로 회귀하였다. 이렇게 생산된 녹차는 북아프리카의 여러 국가들로 수출되었다. 1965년을 전후로 타이완은 또한 일본에 녹차를 다시 수출하였다.

타이완의 야생 차나무

오늘날 타이완에서 재배되는 대부분의 차나무는 중국으로부터 들여온 것이지만, 남부의 고산 지대에는 다양한 종류의 야생 차나무들이 지금까지도 자생하고 있다.

포르모사

타이완은 산악의 작은 섬이다. 1590년 포르투갈인이 처음 발견했을 당시에는 이름이 포르투갈어로 '아름답다'는 뜻인 '포르모사(Formasa)'로 알려졌다. 이 옛 이름은 한때 타이완 티를 가리키는 명칭에도 사용되어 '포르모사스(Formosas)'로 불렸지만, 오늘날에는 더 이상 통용되지 않는다. 타이완 최고봉은 위산 산(玉山)이며, 높이는 3952m나 된다.

그런데 타이완은 1970년대에 들어 중국이 강력한 경쟁국으로서 시장을 잠식하고, 일본이 녹차를 자급자족하면서부터 더 이상은 국제 티 시장에서 판로를 찾을 수 없었다. 이 난국을 돌파하기 위해 타이완 정부는 국내 티 시장을 활성화하기로 결정하였다. 또한 타이완 티 산업계도 녹차 무역 시장에서의 불리한 여건에 직면하여 녹차 대신에 국민들이 좋아하는 우롱차를 집중 생산하였다.

이외에도 당시에는 타이완 사람들의 평균 소득이 늘면서 국내 소비 시장도 활성화되었다. 이때부터 티 생산자들은 양보다는 품질에 보다 더 집중할 수 있었다.

타이완의 티 산업

오늘날 타이완에서는 세계 최고 품질의 우롱차들을 생산하고 있다. 이 우롱차들은 국내에서 거의 전량 소비되고 있다. 또한 타이완은 현재 국내 수요를 충당하기 위해 매년 티 수출량의 10배에 가까운 양의 티를 해외로부터 수입하고 있다. 이 수입 티에는 관세가 18% 정도 부과된다. 이에 따라 타이완에서는 티에 관한 상업 활동이 국내에만 한정되지 않는다. 타이완의 일부 수입상들은 중국, 태국, 그리고 베트남에서 티를 생산한 후 자국으로 수입하기 위해 집중적으로 투자하고 있다.

한편 타이완 사람들은 중국인들로부터 공부식(工夫式, 궁푸식) 다도를 통해 티테이스팅 기술을 정통적으로 물려받았다. 공부식 다도는 간단하면서도 세련된 의식으로서 우롱차에서 풍기는 자극적인 향을 매우 특별한 컵을 사용하여 음미할 수 있다.

또한 타이완은 1990년 이후부터 보이차 무역의 허브 국가로 자리를 잡았다. 따라서 주요 보이차 수집가들 중에는 타이완 사람들이 많다. 오늘날 보이차 시장의 폭발적인 성장에 큰 기여를 한 사람들도 바로 이들이다.

한편 인도나 중국이나 스리랑카는 티 산업의 기반을 수천 헥타르에 이르는 대규모의 다원에 기반을 두고 있지만, 타이완은 티 산업의 기반을 소규모의 수많은 재배인들에 기반을 두고 있다. 오늘날 타이완에는 약 3만 명 이상의 재배인들이 있다. 이 재배인들 대부분은 가족 단위로 소규모의 다원을 운영하고 있다. 고용인도 2~8명 정도밖에 되지 않는다.

타이완은 FAO에 따르면 2013년 기준, 연간 티 총 생산량이 1만 5000톤이다. 이들 티의 대부분은 우롱차이다. 이 생산량은 다른 티 생산국의 총 생산량에 비하면 적은 양이다. 대신에 타이완은 국내 수요를 충당하기 위해 매년 약 3만 톤(2013년 기준)의 티를 수입하고 있다. 또 한편으로 타이완은 기후와 지리적 조건이 티를 대용량으로 생산하기에는 적합하지 않은 곳이다. 다위링(大禹嶺)(티 이름이기도 하다)과 같은 고산 지대에 위치한 유명 다원에서도 일 년에 오직 2회 수확할 수 있을 뿐이다.

1980년대 초까지만 해도 타이완은 티의 약 80%를 해외로 수출하였다. 그런데 이웃 국가들 간의 경쟁이 점차 격화되면서 티 수출 산업이 위축되자, 타이완 정부는 수출 시장에 더 이상 의존하지 않고 국내 소비 시장을 목표로 티 생산에 집중하였다. 이를 위해 재배인들이 고품질의 티 생산에 집중할 수 있도록 수많은 교육 프로그램들도 실시하였다(박물관, 티 경연 대회, 티 페스티벌 등).

이 같은 산업의 급격한 변화에 자극을 받은 재배인들은 단체나 조합을 결성하였다. 티도 중간 상인을 거치지 않고 소비자에게 직접 판매하였다. 이후 타이완에서는 지역마다 독특한 티 문화가 형성되었고, 소비 시장도 지속적으로 성장해 결국 티 수출량도 점점 줄어들었다. 이로 인해 타이완은 현재 수출

타이완 티 무역의 핵심 요약

연간 총 생산량 : 1만 5000톤.
티 종류별 생산 점유율 : 우롱차(93%), 기타(7%).
총 재배 면적 : 약 1만 3500ha.
평균 생산량 : 약 1111kg/ha.
연간 티 총 수출량(수출액) : 3143톤(3639만 5000달러)(2012년 기준).
티 수출량 변동 : 2010년(2901톤), 2009년(2646톤), 2008년(2581톤).
연간 티 총 수입량(수입액) : 2만 9918톤(5278만 4000달러)(2012년 기준).
주요 재배지 : 난터우현(南投縣).

자료 출처 : 유엔식량농업기구 통계국(FAOSTAT) 2013년도 자료. 단 수출입량은 2012년도 자료.

경쟁의 부담에서 완전히 자유로워졌다. 2013년 기준, 티 수출량은 티 총 생산량에서 약 20%밖에 되지 않는 상황이다.

오늘날 타이완의 거의 모든 재배인들은 가능한 한 최고 품질의 티를 생산하기 위해 차나무의 품종 선정에서부터 가공 과정에 이르기까지 전 과정에 걸쳐 굉장한 주의를 기울이고 있다. 그리고 이렇게 생산된 티들을 각 지역별 5월과 11월에 연간 2회 개최되는 티 대회에 출품한다. 이 티 대회에서는 경쟁적인 관계에 있는 전문가들이 출품된 다양한 티들을 상호 평가한다. 그런데 이런 티 대회는 재배인들에게는 매우 중요한 기회이다. 수상을 통해 명성과 명품 인증을 받을 경우에는 출품한 티의 시장 가치가 급등하기 때문이다.

물론 타이완에서도 중국 티를 복제한 낮은 품질의 녹차들이 생산되고 있다. 특히 동해안의 산간 호수인 르웨탄 호(日月潭湖) 인근에서는 홍차도 생산되고 있다. 그러나 그 생산량은 극히 적다. 따라서 타이완은 오직 우롱차를 집중적으로 생산하고 있는 국가로 볼 수 있다.

난터우현 주산진(竹山鎮) 출신의 재배인이 자신의 티를 전시하고 있는 모습.

버블 티(bubble tea)

타이완에서도 가장 인기 있는 티인 버블 티는 보이차, 홍차, 우롱차, 녹차, 재스민차 등에 카사바나무의 열매인 타피오카팔(tapioca pearl)과 과일 시럽을 섞은 이국적인 느낌의 티이다.

특별 인터뷰

타이완의 티 경연대회 심사위원, 린메이옌

린메이옌(Lin Mei Yen) 씨는 난터우현 루구향(鹿谷鄉)에서 개최되는 티 경연대회의 심사위원이다.

당신은 티의 세계에 얼마나 종사해 왔는가?

나는 티 산업과 관련된 분야에서 아주 오래전부터 종사해 왔다. 하지만 티 분야에 본격적으로 뛰어든 것은 1984년부터이다.

이 계통에 종사하게 된 계기가 있다면?

나는 재배인이다. 심사위원에서 더 나아가 나의 역량을 개발하고 싶다. 특히 나에게는 일상적인 일인 차나무의 재배에 대해 보다 더 잘 알 수 있도록 지식과 기술을 익히고 싶다.

티 경연대회에서 당신이 하는 일은 무엇인가?

심사위원으로서 먼저 찻잎의 무게를 재고, 품질이 고른 정도를 체크한다. 다음으로는 건조 찻잎의 모양이나 색상이나 향을 조사한다. 이어서 우려낸 후, 찻잎의 향을 맡아 보고 찻물의 맛도 본다.

당신의 전문 분야에서 어떤 면이 가장 좋은가?

능력이 훌륭한 동료들과 함께 고품질의 티를 테이스팅해 볼 수 있어서이다.

그동안 일해 오면서 개인적인 에피소드 같은 일은 없었나?

심사위원들은 하루에 수백여 종의 티들을 테이스팅해야 하는 경우가 종종 있다. 예전에는 테이스팅 룸이 환기 시설을 잘 갖추고 있지 않았다. 그래서 오후가 되면 테이스팅 룸은 너무도 더웠다. 이로 인해 심사위원들은 하루 일과가 끝날 무렵이면 짜증이 났을 정도이다. 이런 상황은 테이스팅 결과에 부작용을 줄 수 있었다 … 또한 지금은 대회 조직에서 식사 서비스(매운맛이 전혀 없고 담백한 음식 위주)가 제공되고 있지만, 예전에는 심사위원들이 점식 도시락을 직접 싸서 와야 했다. 그런데 간혹 음식이 너무 매웠던 적도 있었다.

타이완의 티 산업이 미래에 직면할 가장 큰 도전은 무엇이라고 생각하는가?

재배인들이 무엇보다도 각 지역별 고유한 특색을 잘 유지하도록 노력해야 할 것이다. 이곳 루구향 지역에서는 티 경연대회를 열어 건조 우롱차를 홍보하는 데 많은 노력을 기울이고 있다. 재배인들도 자신이 생산한 티에 식별 사인을 통해 독특성을 나타내고 있다.

개인적으로 가장 좋아하는 티가 있다면?

포종(包種, 바오중, Bao Zhong)류의 우롱차를 공부식의 전통 방식에 따라 우려내 마시기를 좋아한다. 녹차 중에서는 벽라춘을 좋아한다.

개인적인 관점에서는 어떤 티를 '좋은 티'라고 보는가?

가장 중요한 것은 향과 맛 사이의 균형이다. 그리고 찻물에서 전해지는 향미는 입안을 가득 채우는 느낌이어야 하고, 마지막 목 넘김도 부드러워야 한다.

타이완의 테루아

타이완은 해발 2000m 고봉의 여러 산지에서도 기온이 약 15도 이하로 내려가는 경우가 드물다. 연평균 강우량은 2000mm가 넘는다. 이처럼 타이완의 기후와 지리적인 조건은 차나무를 재배하기에 매우 적합하다.

타이완 중심부의 중양산메이 산맥(中央山脈)은 태평양에서 발생한 해양성 폭풍이나 태풍을 막아 주는 천혜의 병풍으로서 역할을 한다. 따라서 다원의 대부분이 산맥을 기점으로 서부에 위치해 있다. 특히 그랑크뤼급의 티는 섬 중앙부의 최고 산지인 아리 산(阿里山), 산린시 산(杉林溪山), 리산 산(梨山)의 서부 사면과 북부 지역에서 생산된다. 이들 산의 최정상은 해발고도가 2460m에 이르며, 이곳에서 위치한 다원들은 전 세계의 다원들 중에서도 가장 높은 곳에 속한다.

난터우현 南投縣

섬의 중앙부에 위치한 난터우현은 타이완에서도 제일의 재배지이자, 티 생산지이다. 이곳의 연평균 티 생산량은 1만 2100톤을 웃돈다. 이는 타이완 연간 총 생산량의 절반이 넘는 양이다. 루구향의 둥딩 산(凍頂山)과 주산진(竹山鎭)의 산린시 산(杉林溪山)의 유수 다원에서 생산되는 특정한 티를 제외하고, 난터우현에서 대량으로 생산되는 티들의 대부분은 품질이 중간 정도이다. 또한 난터우현으로는 다른 산지로부터 많은 양의 찻잎들이 운송된다. 난터우현은 타이완에서도 티 가공 산업이 가장 발달한 곳이기 때문이다. 특히 르웨탄 호(日月潭湖) 주변에서는 홍차도 적은 양이지만 생산하고 있다.

둥딩 산 凍頂山

루구향에 위치한 둥딩 산은 타이완에서 차나무를 최초로 재배한 곳이다. 차나무가 처음으로 재배된 시기는 19세기 중반이다.

차나무의 재배지로 세계에서 가장 유명한 이 산은 해발고도 500~800m에 걸쳐 4000~5000명의 재배인들이 다원을 건설하여 산 전체가 차나무로 완전히 뒤덮여 있다. 이로 인해 이곳은 여행객들에게는 중요한 목적지일 뿐 아니라, 타이완 사람들에게도 티를 구입하기 위해 들리는 유명한 곳이기도 하다. 이런 이유로 타이완 정부는 이곳의 티 거래를 활성화하기 위해 많은 노력들을 기울이고 있다.

이곳에서 개최되는 티 페스티벌에서는 새로운 수확물들을 테이스팅해 볼 수 있을 뿐 아니라 공부식 다도의 기초도 익힐 수 있다.

둥딩 산.

산리시 산의 한 다원.

산린시 산杉林溪山

난터우현에 위치한 산린시 산에서는 해발고도 1650m에서도 차나무를 재배하여 고산 지대의 재배지에 속한다. 특히 대나무 숲이 아름답기로 유명한 산린시 산은 최근 20년 동안 급속히 개발되었다. 산의 많은 면적을 개간하여 새로운 농장들을 설립한 것이다.

험준한 산의 사면에 위치한 최고의 다원들은 차나무의 재배에 이상적인 조건들을 모두 갖추고 있다. 이 지역의 흥미로운 특징은 모든 다원들의 이름을 중국 점성술의 별자리 이름(용, 염소 등)을 따서 부르고 있는 점이다.

타이베이현臺北縣

타이완 북부에 위치한 타이베이현은 타이완 내에서도 두 번째로 중요한 차나무 재배지이다. 오래전 티를 해외 수출을 겨냥해 생산했던 시기에는 대부분의 다원들이 수도인 타이베이시 주위에 집중되어 있었다. 그런데 오늘날에는 타이베이시 인근에 중공업 단지와 주거 단지들이 들어서면서 다원들 대부분이 난터우현 남부로 이주했다. 최고 품질의 수확물들은 무자 산(木柵山)이나 원산 산(文山)의 핑린향에서 주로 생산하고 있다.

핑린향坪林鄉

원산 산(文山) 기슭에 위치한 핑린향은 타이베이시로부터 약 30분 거리에 있다. 핑린향은 티로 매우 인기가 높은 지역이다. 수도 타이베이시에 거주하는 많은 사람들이 티를 구입하기 위해 정기적으로 들리기 때문이다. 이 같은 높은 수요로 인하여 핑린향에서 생산되는 티의 가격도 상당히 상승하였다. 따라서 많은 사람들은 수요의 증가로 인해 티의 가격이 과도하게 상승한 것으로 보고 있다.

핑린향에서는 타이완에서는 보기 드물게 비틀린 모양의 권곡형 포종(包種, 바오중, Bao Zhong) 우롱차를 생산하고 있다(포종의 어원은 다음 페이지 참조, 평림포종은 152페이지 참조). 오늘날 우롱차의 가공 방법으로는 가게에 진열하거나 운송에 보다 더 편리하도록 비틀린 권곡형보다는 동그란 구슬 모양의 주형으로 생산하는 방법이 더 보편화되어 있다.

무자 산木柵山

1875년 전후에 중국 안시현 출신의 장 씨(張氏) 형제 두 명이 타이페이 남부의 무자 산에 유명한 재배종인 철관음의 새싹 몇 잎을 심었다. 이 장 씨 형제의 지속적인 노력 덕분으로 오늘날에 타이완에서도 철관음을 볼 수 있게 되었다. 무자구(木柵區)에서 생산되는 티의 기원도 그 철관음 재배종에서 유래되었다. 이곳의 티는 며칠에 이르는 강한 고온 건조 과정을 거쳐 생산되어 구운 향이 매우 독특하다.

신주현新竹縣

타이완 북서부에 위치한 신주현은 해발고도 약 200m의 평지에 위치해 있다. 이 지역은 산화도가 홍차에 가까운 '블랙우롱차(Black Wulong Tea)'로도 유명하다. 이 지역의 우롱차는 약 40~60% 사이에서 다양한 비율로 산화시켜 생산한다. 건조 찻잎은 산화로 인해 어두운 색상을 띠지만, 일단 우려내면 구릿빛의 아름다운 색상으로 변화한다. 이 지역에서는 '동방미인(東方美人, 둥팡메이런, Dong Fang Mei Ren, Oriental Beauty)' 또는 '백호우롱차(白毫烏龍茶, 바이하오우롱차, Bai Hao Wulong Cha)'라는 굉장한 티들이 생산될 뿐 아니라 낮은 품질의 '팬시우롱(Fancy Wulong)'들도 생산된다.

자이현嘉義縣

자이현에서 차나무를 재배하기 시작한 지는 20년도 되지 않는다. 그러나 고지대에서 생산하는 고산차(高山茶, 가오산차, Gao Shan Cha)로 매우 유명하다(135페이지 참조). 이곳의 티 생산량은 타이완 연간 총 생산량의 10%도 되지 않는다. 이 지역에서 시작되는 아리 산(阿里山)의 거대한 단층 지괴는 위산 산에 이르러서 최고봉을 이룬다.

아리 산阿里山

타이완 내에서도 고품질의 고산차를 생산하는 곳으로 가장 유명한 아리 산은 해발고도 700~1700m에 걸쳐 여러 다원들이 위치해 있다. 특히 이곳에서 오랜 동안 재배해 왔던 자이언트에버그린(Giant Evergreen)이라는 품종의 나무는 일본 점령기에 많이 수탈되었다. 아리 산은 현재 보호 구역으로 지정되어 오늘날에는 아름다운 자연 공원을 형성하고 있다. 산기슭에는 야자나무, 바나나나무, 그리고 수많은 과일나무들이 무성하여 이국적인 경관을 이루고 있다.

위산 산玉山

위산 산은 해발고도 3952m의 타이완 최고봉이지만, 다원들은 해발고도 약 1300m인 지점에 위치해 있다. 차나무의 재배는 약 20년 전부터 시작되었다. 산린시 산 등 재배 면적이 매년 증가하는 다른 지역들과는 달리 위산 산의 재배 면적은 거의 일정하여 안정세를 보이고 있다.

화롄현花蓮縣

타이완 동해안에 위치한 화롄현은 태평양에서 발생한 태풍이나 해양성 폭풍에 그대로 노출되어 티의 생산량이 극히 적다. 그러나 화롄현에서는 우롱차, 녹차, 홍차, 꽃차 등 다양한 종류의 티들을 생산하고 있다. 이 지역의 다원들은 보통 낮은 평지에 위치해 있지만, 일부는 해발고도 1000m에 위치한 것도 있다. 지난 몇 년 동안 이 지역에는 유기농 재배의 강한 열풍이 불었다. 화롄현의 큰 특징은 타이완에서는 드물게도 한 종류의 티만 생산하지 않고 다양한 종류의 티를 생산하는 것이다.

타이둥현臺東縣

타이둥현은 타이완 남동부, 즉 화롄현 이남의 동해안에 위치해 있다. 다른 지역에 비해 비교적 중요성이 덜한 소규모의 다원들이 분포해 있다.

타이중현臺中縣

타이중현은 리산 산, 다위링(大禹嶺) 등이 위치한 중앙 단층 암

포종(包種, 바오중, Bao Zhong)의 어원

포종은 '종이로 포장하다'는 뜻이다. 약 150년 전 중국 안시현에서 청왕이(Cheng Wang Yi)라는 이름의 한 상인이 권곡형의 티를 선물용으로 준비하기 위해 종이로 포장한 것이 그 시초이다. 이와 같은 관습이 타이완의 원산 산 지역에서 계승되면서 이후 티의 이름으로 붙게 되었다.

리산 산에 위치한 한 다원의 모습.

아리 산에 위치한 한 다원의 전경.

괴 지대에 속한다. 타이중현에서는 고품질의 고산차들이 생산된다. 이곳은 티를 생산한 지 약 15년 정도인 비교적 새로운 재배 지역이지만, 최근 급속히 성장하고 있다.

리산 산梨山

리산 산은 타이완에서 배가 처음으로 재배된 곳이어서 '페어 마운틴(Pear Mountain)'이라고도 한다. 리산 산에는 해발고도 1600~2650m인 지점에 다원들이 밀집해 있다. 배를 비롯하여 과일나무들이 오래전부터 재배되었다. 반면 차나무가 재배된 지는 비교적 최근이다. 농부들은 오늘날 재배를 과일나무에서 차나무로 전환하고 있다. 최근 리산 산에서 생산된 티가 수요가 급증하면서 가격이 치솟고 있기 때문이다. 현재 타이완 정부는 과잉 재배를 막기 위해 신규 재배를 제한하고, 농장의 수를 조절하고 있다.

한편 리산 산에서의 수확기는 연 2회로서 다른 재배지의 수확기에 비해 다소 늦다. 봄 수확기는 5월 말, 겨울 수확기는 10월 말이다. 다위링 산(大禹嶺山)에는 해발고도 약 2600m에 위치한, 세계에서도 높은 지대의 다원들이 있다.

고산차(高山茶, 가오산차, Gao Shan Cha) : 고산 지대의 티

고산차는 해발고도 1000m 이상에서 재배된 차나무로부터 생산된 티를 이른다. 이름 그대로 높은 산에서 생산한 티이다. 비록 인도의 다르질링 지역에서도 고지대와 저지대에서 차나무를 재배해 티를 생산하고 있지만, 오늘날 티를 재배 고도에 따라 '고지대의 티'와 '저지대의 티'로 구별하는 나라는 오직 타이완과 스리랑카뿐이다.

보통 더 높은 지대에서 생산한 티에는 가치를 더 높게 매긴다. 고산 지대에서 생산된 티에는 가혹한 환경 조건으로 인해 방향적 특성과 향미가 보다 더 풍부하고 다양하게 생성되기 때문이다.

고산 지대는 날씨 조건이 평지와는 완전히 다르다. 특히 기온이 낮아 차나무의 성장이 매우 더디다. 대신에 찻잎에는 방향유들이 더욱더 농축된다. 이외에도 아침저녁의 짙은 안개로 인해 차나무의 하루 일조량이 수 시간밖에 되지 않는다. 이로 인해 차나무에 돋아난 짙은 녹색의 새싹에는 아미노산과 질소 화합물이 풍부하게 함유되어 있다. 또한 안개로 인해 습기로 촉촉이 젖은 찻잎은 낮은 평지에서 자라는 찻잎보다 더 부드럽다. 찻잎의 이와 같은 유연성은 이후의 가공 과정에서 고품질의 티를 생산하는 데 매우 유리하다.

타이완의 다원과 차나무

타이완에서는 오직 우롱차만 특화하여 생산하고 있다. 특히 타이완 각지의 재배인들은 테루아와 향미에 바탕을 둔 독특한 티 문화를 발전시키기 위해 많은 노력을 기울이고 있다.

최근에 새로이 건립하는 농장에서는 어린 차나무를 30~50cm 간격으로 심고, 이랑을 1.8m 폭으로 유지한다. 차나무를 심는 가장 좋은 시기는 중국의 설 이후이다. 보통 우기인 이 시기에는 어린 차나무들이 뿌리를 고착하는 데 매우 유리하다. 그리고 고산 지대의 다원에서는 재배인들이 눈으로 인한 설해(雪害)를 막기 위해 차나무 사이에 키가 높게 자라는 식물들을 심는다.

차나무의 수령도 또한 재배인들이 중요하게 고려하는 한 요소이다. 어린 차나무는 5년 후에 성체 차나무로 자란 후, 10년 이상 찻잎을 생산할 수 있어야 한다. 차나무의 '황금기(golden age)'로 알려진 이 시기는 5년에서 15년까지 지속된다. 이후 30년이 지나면 차나무는 생산 수령이 다 되어 교체된다. 만약 유기농 물질을 사용하여 다원을 운영한다면 차나무의 생산 수령을 더 늘릴 수도 있다.

타이완의 재배인들은 한 번 채엽한 이후 다시 온전한 찻잎을 얻기 위해 평균 45~60일 정도 기다린다. 그리고 연간 4회 정도 찻잎을 수확한다.

타이완의 재배종

타이완 사람들은 처음에 중국에서 도입한 품종을 재배하였다. 그러나 타이완 사람들은 긴 세월에 걸쳐 자신들만의 고유한 재배종을 개발하였다. 사계춘(四季春, 씨지춘, Si Ji Chun) 품종과 같은 일부 재배종은 자연 교배종인 반면, 금훤(金萱, 진솬, Jin Shuan) 품종과 같은 다른 재배종은 타이완실험연구소(TTES, Taiwanese Tea Experiment Station)에서 개발한 인공 교배종이다. 지금까지 수백여 품종들이 공식 등록되어 있지만, 오늘날에는 그중 일부만 재배하고 있다. 현재 널리 재배하는 품종으로는 사계춘, 금훤을 비롯해 청심(青心, 칭신, Qing Xin, Cingshin, Luanze), 취옥(翠玉, 추위, Chu Yu), 철관음(鐵觀音, 톄관인, Tie Guan Yin) 등이 있다.

청심 青心, 칭신, Qing Xin

이명 : Cingshin, Luanze.

청심 재배종은 찻잎의 가공 과정에서 생기는 새로운 향미로 매우 유명하다. 타이완 재배인들 사이에서도 인기가 매우 높다. 이 재배종은 보통 해발고도 800m의 산지에서, 특히 새로 개간한 토양에서 잘 자란다. 이런 기질을 지닌 재배종의 성장을 촉진하려면 다른 작물을 전혀 재배한 적이 없는 새로운 토양에 심는 것이 가장 좋다. 이 품종은 특히 배수가 좋은 경사진 땅에서 뿌리를 빠르게 내린다.

사계춘 四季春, 씨지춘, Si Ji Chun

사계춘 품종은 장원후이(張文輝)가 타이완 북부의 무자구에서 우연히 발견하였다. 공식 품종으로는 1981년에 등록되었다. 사계춘 품종은 두 종의 청심 품종이 자연 교배된 것으로 알려져 있다. 품종 이름이 '사계절이 모두 봄이다'는 뜻인 데서 알 수 있듯이 생산량이 매우 뛰어나다. 지리적인 조건과 재배 고도에 따라 연간 4회 내지 5회까지 수확할 수 있다. 또한 산지에서뿐 아니라 평지에서도 대부분의 토양에서 재배될 수 있을 정도로 적응력이 우수하고, 병충해와 질병에도 저항력이 매우 높다. 이로 인해 사계춘은 오늘날 타이완에서 그 재배 면적을 점점 더 넓혀 가고 있다. 사계춘의 찻잎은 방향성 성분들을 풍부하게 함유하고 있어 뜨거운 물에 우리면 꽃향기가 폭발적으로 풍긴다.

취옥 翠玉, 추위, Chi Yu

이명 : Tzui yu, Tai Cha No. 13.

취옥 품종은 경지홍심(硬枝紅心, 잉지홍신, Yingchi Hungshin) 품종과 태차(台茶, 타이차, Tai Cha) No. 80호의 품종을 인공적으로 이종 교배하여 개발하였다. 공식 품종으로는 1981년에 등록되었다. 취옥 품종은 난터우현 등의 지역에서 주로 평지에 재배하고 있다. 이 재배종은 생산성도 높고, 꽃향기도 매우 향긋하지만, 타이완의 재배인뿐 아니라 소비자들 사이에서 사계춘의 품종만큼은 큰 인기를 누리지 못하고 있다.

금훤 金萱, 진솬, Jin Shuan

이명 : Chinsuan, Milky Wulong, Tai Cha No. 12.

금훤 재배종은 매우 튼실한 품종으로서 새싹을 풍부히 돋고, 적응력도 좋다. 이 재배종의 찻잎은 우유를 연상시키는 향으로 매우 유명하다. 이로 인해 이 품종의 별칭도 '밀키우롱(Milky Wulong)'이다. 1980년부터 1990년까지 큰 인기를 누렸던 이 품종은 오늘날 재배인들 사이에서 그 인기가 많이 수그러들었다. 이 품종으로 생산된 티가 시장에 과잉 공급되어 가격이 큰 폭으로 하락했기 때문이다.

철관음 鐵觀音, 톄관인, Tie Guan Yin

철관음 품종은 중국이 기원이지만, 오늘날에는 타이완에서도 재배하고 있다. 중국 안시현 출신의 장 씨(張氏) 형제 두 명이 1875년경에 무자 산에 철관음을 심어 재배한 것이 그 시초이다.

안타깝게도 오늘날 타이완의 소비자들은 더 이상 바디감이 무겁고 탄 향이 풍기는 철관음을 찾지 않는 추세이다. 대신에 바디감이 가볍고 섬세한 꽃 향이 풍기는 우롱차를 더 선호하고 있다. 또한 철관음 차나무들도 현재 수령이 오래된 상황이어서 타이완의 재배인들은 작물을 교체할 시점이 오면 다른 종류의 티를 생산하는 차나무들을 심을 것으로 보인다. 한때 명성을 날렸던 무자 산의 철관음도 이제는 소비자들로부터 외면을 받아 내리막길로 향하고 있다.

그린우롱차의 제조 과정

앞서 언급했듯이 티의 6대 분류 기준은 제조 과정에서 산화 과정의 유무이다. 이 기준에 의하면, 우롱차는 비산화차인 녹차와 완전 산화차인 홍차 사이에 위치한 반(半)산화차이다. 이 우롱차는 서양에는 잘 알려져 있지 않지만, 중국에서는 푸젠성, 광둥성 등에서 광범위하게 생산되고 있다. 타이완에서는 오직 이 우롱차만 특화해 생산하고 있다. 그런데 우롱차는 산화 정도에 따라 녹차에 가까울 수도 있고, 홍차에 가까울 수도 있다. 따라서 산화 정도가 일반적으로 30~50%인 경우에는 녹차에 가까워 청향형의 '그린우롱차(Green Wulong Tea)', 70%에 이르는 경우에는 홍차에 가까워 농향형의 '블랙우롱차(Black Wulong Tea)'로 구별한다. 이 두 부류의 우롱차는 산화 정도가 달라 당연히 향미도 매우 다르다. 그린우롱차의 경우, 달콤한 맛에 야채 향과 꽃 향이 풍기는 반면, 블랙우롱차의 경우, 쓴맛이 섞인 단맛에 목재 향이 강하게 풍긴다. 블랙우롱차의 가공 과정은 중국 편(62~63페이지 참조)에서 자세히 기술되어 있다. 여기서는 그린우롱차의 가공 과정을 살펴본다.

수확 첫날

수확 첫날에는 신선하게 수확한 찻잎들을 가능한 한 빨리 가공 공장으로 운송한다. 가공 공장에서는 숙련된 인부들이 찻잎의 산화 과정에 집중하면서 다음 단계의 과정을 계속 이어간다.

채엽 採葉, picking

대부분의 첫 채엽은 4월에 이루어지지만 해발고도 약 100m인 평지의 일부 재배 지역에서는 2월 중순에 채엽이 이루어지는 경우도 있다. 가공 공장에서 우롱차를 생산할 경우에 새싹들은 어느 정도 이상으로 성숙한 상태여야 한다. 따라서 세 잎들과 함께 새싹이 잎이 벌어져 있는 것들만 채엽한다. 채엽은 대부분 여성들이 수작업으로 진행한다. 특히 험준한 산비탈에 위치한 농장에서는 전적으로 여성들의 손에 의존하고 있다. 반면 평지에서는 기계로 채엽한다.

위조 萎凋, withering

일단 채엽 작업이 이루어지면 가공의 첫 과정으로 찻잎들을 실외의 넓은 시트에 고르게 펴 놓는다. 이 과정은 찻잎이 함유한 수분으로 찻잎이 상하는 것을 막기 위해 가볍게 건조하는 작업이다. 날씨 조건에 따라 이 과정은 약 30분에서 2시간까지 진행된다. 햇빛이 너무 강하면 찻잎을 보호하기 위해 차광막을 덮어 준다.

우롱(烏龍, Wulong)

우롱은 문자 그대로 '흑룡(black dragon)'이라는 뜻이다. 종종 차나무의 가지를 휘감고 있는 '검은 뱀'을 일컫기도 한다. 어른들은 아이들이 두려움을 갖지 않도록 그 검은 뱀을 친근한 표현으로 '소흑룡(little black dragon)'이라고 부른다.

요청搖青, stirring 및 산화酸化, oxidation

다음 가공 과정은 산화 과정이다. 산화 과정은 티의 최종 향미를 결정할 정도로 매우 중요한 작업이다. 산화 과정이 진행되는 동안 방향성 물질이 배어 나오기 시작하여 찻잎에 고착되는 것이다. 찻잎은 대나무 살로 엮은 지름 1m 크기의 쟁반에 고르게 펴 놓는다. 이때 실내 온도는 약 20~25도, 상대 습도는 약 60~85%를 유지한다. 그리고 1시간에서 4시간 간격으로 주기적으로 흔들어 뒤섞는 교반(攪拌) 작업을 해 준다. 이 교반 작업을 '요청(搖靑)'이라고 한다. 이 요청 과정은 매우 중요하다. 대나무 쟁반과 찻잎을 마찰시켜 찻잎의 세포 구조를 파괴하여 방향성 물질을 함유한 방향유가 배어 나오도록 하는 작업이기 때문이다. 따라서 요청 과정은 산화 과정을 촉발시키는 작업인 것이다. 이 과정은 보통 10시간에서 18시간까지 지속적으로 진행할 수도 있다.

한편 산화 과정은 찻잎을 만지거나 향을 맡는 등 재배인의 경험에 의존하고 있어 매우 육감적인 작업이다. 재배인들은 이러한 경험을 통해 산화 과정을 중단시켜야 할 정확한 시점을 판단한다.

살청殺青, fixation

이어서 찻잎의 살청 과정에 들어간다. 이 살청 과정은 녹차의 경우와 마찬가지로 산화 효소를 파괴하여 산화 과정을 중단시키는 작업이다. 찻잎이 일정한 산화 수준에 도달하면 거대한 세탁기처럼 보이는 가열식 회전 실린더에 넣는다. 이 회전 실린더는 찻잎을 넣기 전에 가열되어 회전하고 있는 상태이다. 찻잎은 이 회전 실린더 속에서 약 300도의 온도로 약 5~7분 동안 가열된다.

유념揉捻, rolling 및 성형成形, shaping

이렇게 가열된 찻잎은 회전 실린더로부터 꺼내어 곧바로 첫 유념 과정에 들어간다. 유념 과정은 비비고 문지르면서 찻잎의 세포벽을 파괴하는 작업이다. 둥근 돔형의 물체를 매단 기계 팔이 부드럽게 회전하면서 아래의 팬에 놓인 찻잎을 문질러 방향성 물질이 배어 나오도록 한다. 첫 번째 성형은 약 3~5분간 진행된다.

건조乾燥, drying

건조 과정은 찻잎에서 배어 나온 방향성 물질들을 안정화시키고, 잔여 수분으로부터 찻잎이 상하는 것을 막아 준다. 첫 건조 과정은 약 70도의 온도로 5~6시간 동안 진행된다. 두 번째 건조 과정은 첫 건조에 이어 약 100도의 온도에서 20~30분간 진행된다.

끝으로 건조된 찻잎을 거대한 대나무 쟁반에 고르게 펴 놓고, 6~8시간 동안 방치해 둔다.

수확 후 이튿날

찻잎을 수확한 2일째 되는 날에는 주요 세 과정이 진행된다. 즉 살청 및 요청, 유념, 그리고 압축 과정이 수십 회 정도 반복된다.

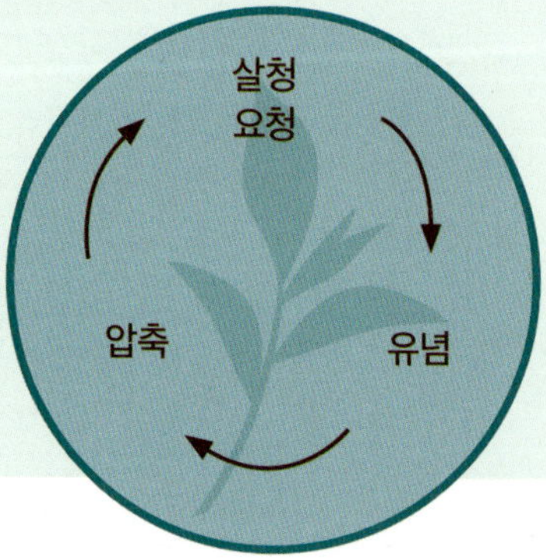

살청 殺青, fixation · **요청** 搖青, stirring

찻잎을 부드럽게 만들기 위해 회전식 실린더에 넣고 돌린다.

유념 揉捻, rolling

꺼낸 찻잎을 약 20kg 단위로 천 자루에 넣어 꾸러미를 만든다. 4개의 회전식 롤러가 장착된 설비에 놓아 둥근 모양으로 압축한다.

압축 壓縮, compression

천 자루에 포장된 채로 찻잎들은 또 다른 설비에 놓인다. 이 설비에서는 약 10분 동안에 걸쳐 압력이 가해져 찻잎이 압축된다.

위 세 과정은 약 60~200도 온도의 증기로 가득 찬 회전식 실린더를 통해 약 10~20회 정도 반복된다. 이후 가열되지 않은 실린더로도 약 30~40회 정도 반복된다. 이와 같이 많은 작업량을 거쳐야만 비로소 둥근 모양의 '주형(珠形, bead shape)' 우롱차를 얻을 수 있다.

최종 건조 final drying

다음으로 이어지는 최종 건조 과정에서는 찻잎에 함유된 방향성 물질들이 안정화된다. 또한 이 과정에서는 찻잎에 함유된 수분 함량이 2~3%대로 떨어진다. 이 최종 건조 과정은 약 100~120도의 온도에서 5~10분간 진행된다.

분류 分類, sorting

분류 단계에서는 찻잎에 붙어 있는 잔가지들이 분리된다. 이 과정은 기계로도 진행할 수 있지만, 보통 손으로 직접 한다. 이 과정에서는 티의 향미에 변화가 전혀 일어나지 않는다. 일부 재배인들에게는 매우 지루한 일이다. 그러나 티의 외관을 완벽한 모습으로 보이도록 하는 매우 중요한 작업이다. 분류 작업을 마치면 가공 과정이 모두 끝난다.

로스팅 roasting

타이완에서는 보통 티를 로스팅하지 않고, 있는 모습 그대로 두는 것이 일반적이다. 그러나 많은 생산자들이 고객의 요청으로 티를 마지막 1회 정도 로스팅한다. 또한 티 상인들도 이 로스팅 작업을 하는 경우도 있다. 보통 전기오븐이나 가열된 선반의 대나무 바구니에 티를 펴 놓고 약 75~160도의 온도로 최소 2시간에서 최대 60시간까지 가열한다. 이때 온도의 세기를 잘 조절해야 한다. 만약 티를 대류 방식의 컨벡션오븐(convection oven)에 넣고 가열한다면 교반할 필요가 없다. 반면 티를 대나무 바구니에 놓고 전기오븐으로 가열한다면 고르게 가열하기 위해 약 20~30분 간격으로 교반해 주어야 한다. 이 로스팅 작업은 특히 티의 맛과 색상의 변화에 매우 중요한 역할을 한다. 이 작업을 통해 티에는 목재 향, 단 향, 캐러멜 향 등이 생성된다. 이외에도 찻물에서 카페인 함량과 떫은맛을 줄여 준다. 일부 높은 연령대의 고객들은 로스팅 작업을 한 우롱차가 몸에서 수분을 제거해 준다고 생각하는 경향이 있어 티 생산자들은 간혹 그들의 주문에 맞춰 로스팅 작업을 한다. 이 유형의 우롱차는 티에서 풋내를 줄여 마시기에도 무난하고, 소화하기에도 좋아 매우 부드러운 인상을 준다. 언뜻 보기에 이 과정은 간단한 작업처럼 보이지만, 로스팅은 그 자체로 이미 하나의 예술이다. 우롱차에서 풍기는 다른 방향성 특징들을 훼손하지 않으면서 열로 유발된 향미를 미묘하게 더해 주기 때문이다.

우롱차에 든 줄기

12kg의 우롱차에서 줄기를 모두 제거하는 데는 약 10시간 이상이나 소요된다. 줄기를 모두 제거하고 나면 우롱차의 무게는 약 9.4kg밖에 되지 않는다.

줄기가 달린 찻잎 줄기가 없는 찻잎

숙성 우롱차

보이생차에도 숙성 과정을 거친 '숙성 보이생차'가 있듯이, 우롱차에도 몇 년간 숙성 과정을 거친 '숙성 우롱차'가 있다. 이와 같은 유형의 우롱차는 타이완의 기후가 습한 데 따른 문제의 해결 방안으로서 고안된 것으로 보인다. 그 문제는 기후가 습하면 창고에 저장된 수확물들이 수분을 흡수하여 품질이 떨어지는 것이다. 어떤 재배인들은 이런 습한 기후부터 자신의 티를 보존하기 위해 건조 방식을 떠올릴 것이다. 이 건조 방식에 숙성 효과가 더해지면, 찻잎을 숙성하지 않고 로스팅했을 경우와는 완전히 다른 향미를 낸다.

숙성 과정

우롱차의 숙성 과정은 우롱차를 3년에 2회 건조할 것인지, 연 1회 건조할 것인지에 따라 달라진다. 그런데 숙련된 전문가들은 오직 육감에 의존하여 숙성 기간을 몇 년으로 할지, 건조 온도를 몇 도로 유지할지 곧바로 결정을 내린다. 티의 숙성과 로스팅 세기 사이의 어떤 연결 고리를 찾기는 결코 쉬운 일이 아니다. 그럼에도 우롱차는 20년에서 25년 동안 숙성기를 거치면 일반적으로 미네랄 향이 나면서 숙성 보이생차와 유사한 특징이 나타난다. 더 나아가 계속해서 숙성시키면 미네랄 향미는 한층 더 두드러진다.

오늘날 숙성 우롱차의 생산은 경제적 요인으로 거의 찾아볼 수가 없게 되었다. 따라서 숙성 우롱차를 생산하는 전통도 수년 내에 완전히 단절될 가능성이 높다. 또한 생산자들도 신선한 우롱차의 수요가 높아 숙성 우롱차를 만들 재고를 보관하지 않는 추세이다. 오늘날 대부분의 생산자들은 품질 하락을 막기 위해 우롱차를 숙성 보관보다는 진공 포장으로 보관하고 있다. 이외에도 숙성 우롱차는 가공에 들인 노력과 시간에 비해 가격이 낮은 문제점도 있다. 즉 소량으로 오랫동안 숙성 가공하여 최종적으로 생산한 숙성 우롱차의 가격이 실제로 신선한 우롱차의 가격과 큰 차이가 없다. 따라서 생산자들은 숙성 우롱차로는 더 이상 큰 수익을 올릴 수 없는 상황이다. 그럼에도 티 애호가들은 미각의 즐거움을 풍요롭게 해 주는 이 전통이 계속 이어지기를 바라고 있다.

전통 로스팅 방식

과거 전기가 공급되지 않던 시절에는 우롱차를 로스팅하는 데 석탄 몇 조각이 사용되었다. 오늘날에는 이 전통 로스팅 방식을 고수하는 생산자들이 거의 없다. 티 전문점에서도 이 전통 로스팅 방식을 아주 가끔 볼 수 있을 따름이다.

티 준비 방식과 지역적 특색

타이완 사람들은 우롱차에 자부심이 강하다. 많은 사람들이 자신이 좋아하는 다원에서 우롱차를 구입하기 위해 먼 거리를 여행한다. 그런데 이런 타이완에서도 소비자들의 소비 행태에 큰 변화가 있었다. 타이완 사람들에게 티는 예전부터 가정에서, 사무실에서, 그리고 공공장소에서 일상생활의 중요한 부분을 차지하고 있었다. 그러나 오늘날의 젊은 세대들은 티를 시대에 뒤진, 그리고 유행에 뒤처진 음료로 보면서, 대신에 커피나 에너지 음료에 더 많은 관심을 보이고 있다. 이와 같은 소비 행태의 변화로 대도시에서는 커피의 인기가 치솟는 반면, 티의 가치는 낡은 유행으로 보이게 되었다.

그럼에도 티 문화는 타이완 사회에서 아직은 가장 중요한 사회 예절 양식으로 남아 있다. 특히 타이완의 모든 가정에서는 손님이 찾아오면 집에서 가장 좋은 티를 내는 일이 관례이다. 이외에도 타이완의 티 생산자들은 1970년대 이후부터 수많은 티 페스티벌과 티 경연대회를 개최하여 티의 대중화를 위해 온갖 노력을 다하고 있다. 이와 같은 행사를 통해서 참가자들에게 사교성을 높일수 있는 다양한 교육적인 활동을 제공하고, 공부식 다도(144~145페이지 참조)의 기초도 가르치고 있다.

야외에서 벌어지는 대규모의 환영회와 같은 티 파티는 타이완에서 티 문화의 대중화를 위해 개최한 수많은 행사 중 한 예이다. 이들 행사는 티에 관련한 다양한 주제로 많은 사람들이 모일 수 있도록, 또는 명상에 잠길 수 있도록 대규모의 공원이나 공공장소에서 개최하고 있다.

또한 티를 직접 생산하는 지역에서는 그 고장의 티를 직접 테이스팅할 수 있는 행사들을 개최하고 있다. 조그만 찻집에서는 흔히 볼 수 있는 티뿐 아니라 오직 그 지역에서만 찾아볼 수 있는 티도 내놓고 있다.

오늘날 타이완에는 티 애호가들이 많고, 공부식 다도로 우롱차의 풍부한 향미를 특별하게 즐길 수 있는 방법에 정통한 감정가들도 매우 많다.

'차석(茶席, 차시, Cha Xi)'

차석은 티테이스팅을 할 수 있는 환경을 미학적으로 창조하여 티를 아름답게 준비할 수 있도록 배경을 조성하는 작업이다. 티와 장신구를 선택하고, 배치하는 작업은 매우 중요하다. 차석은 값비싼 소유물을 보여 주는 작업이 아니기 때문에 호화스러운 장신구들이 필요가 없다. 훌륭한 차석의 관건은 티와 장신구의 선택 및 배치가 티를 마시는 자리와 얼마나 잘 어울리는지에 달려 있다.

공부식 工夫式, 궁푸식, Gong Fu 다도

중국 티의 상징인 '공부(工夫, 궁푸)'는 중국 무예를 상징하는 '쿵후(功夫)'와 동일한 뜻을 지니고 있다. 둘 다 모두 '시간'과 '움직임'에 정통하다는 뜻이다. '공부'의 문자적 의미는 '티(여가)를 위한 시간'인데, 또 한편으로는 '예술에 정통하는 데 드는 시간'을 뜻한다.

중국에서 공부식 다도가 처음으로 언급된 것은 명대(明代) 말 17세기 초이다. 그 당시에는 공부식 다도에 4개의 다구가 사용되었다. 차호(茶壺), 숯 화로, 도기 주전자, 그리고 자기 사발이었다. 세월이 흐르면서 공부식 다도는 그 우리는 방식에서 많은 발전이 있었다. 그중의 한 예를 들면, 오늘날 향을 맡을 때 '문향배(聞香杯)'라는 특별한 잔을 사용하는 일이다. 테이스터들은 그 문향배의 가장자리를 통해서 향들의 변화를 감별한다. 이 다구들로 우리는 방법은 우롱차와 보이차와 같이 한 찻잎으로 여러 회 우려낼 수 있는 티를 준비하는 데 매우 이상적이다. 매회 우려낼 때마다 달라지는 향미를 감별할 수 있기 때문이다. 티를 이 방법으로 준비하여 테이스팅하는 일은 '티의 세계로 떠나는 여행'이면서, '티의 향미를 새로이 발견'하는 작업이다.

공부식 다도에 사용되는 다구

공부식 다도에 따라 티를 준비하려면 총 11개의 다구들이 필요하다. 여기서는 가장 중요한 몇 가지만 소개한다.

- 소형 사발(100~200㎖), 차호.
- 찻주전자를 놓는 차선(茶船).
- 주둥이가 달린 공도배(公導杯) 또는 여분의 용기.
- 문향배 또는 품명배(品茗杯).
- 주전자.

사람에 따라 이 목록에 차시나 냅킨이나 차반(茶盤)을 추가할 수도 있다.

❶

❷

여기에서는 공부식 다도의 과정을 간략히 소개한다.

- 다구들을 데운다. 차선에 차호를 올려놓고, 그 속에 끓는 물을 붓고 뚜껑을 덮는다. 이어서 그 물을 여분의 용기에 붓는다. 일단 차호가 잘 세척되었으면 필요한 만큼의 티를 차호에 넣는다(차시 2~3술, 10~15㎖).
- 찻잎을 세차(洗茶)한다. 즉 끓는 물을 찻잎에 붓고, 다시 이 물을 버린다. 젖은 찻잎에서는 첫 향을 맡을 수 있다.
- 찻잎을 우린다. 이때 뜨거운 물을 차호가 가득 찰 때까지 붓는다(사진 ❶). 차호 뚜껑을 다시 덮는다. 그리고 기포를 제거하기 위해 뜨거운 물을 차호 위로 골고루 붓는다. 이어 찻물을 담기 위한 공도배를 준비한다.
- 취향에 따라 원하는 시간만큼 우린다. 처음부터 2회째까지는 20~60초 정도 우린다. 이후부터는 1~3분 정도 우린다. 이때 거품은 보통 차호의 주둥이 끝에서 잠시 생겼다가 곧 거품이 마치 빨려들듯이 차호 속으로 들어간다는 사실에 유의한다. 이 현상은 찻잎이 물을 흡수하기 때문에 발생하는 것으로서, '찻잎이 물을 마신다'고 표현한다. 또한 이 현상은 '티를 다시 우려도 되는 시점'을 알려 주는 지표이다.
- 차호에서 우린 찻물을 공도배에 따른다. 이때 차호에 찻물이 남지 않도록 완전히 따른다(사진 ❷).
- 이어 공도배에 담긴 찻물을 기다란 모양의 문향배에 따른다(사진 ❸). 그리고 문향배에 담긴 찻물을 다시 품명배에 따른다(사진 ❹). 텅 비어 있는 문향배에서 풍기는 다양한 향들을 깊이 들이마신다. 특히 문향배 가장자리에 집중된 향들을 천천히 맡는다.
- 맛을 본다.

이 테이스팅 기술은 한 찻잎을 여러 회에 걸쳐 우릴 때 매우 적합하다. 매회 우릴 때마다 다른 향들을 발견할 수 있기 때문에 이 기술에는 원칙적으로 인내력과 주의력, 그리고 세심함이 요구된다. 공부식 다도로 티테이스팅에 성공하는 데는 정해진 규칙이 없다. 티테이스터들이 각자 자신에게 맞게 이 기술을 활용해야 한다. 특히 명심해 두어야 할 점은 티 테이스팅에서 가장 절묘한 순간들을 놓치지 않으려면 매우 세심한 주의를 기울여야 한다는 점이다.

❸

❹

특별 인터뷰

타이완의 티 생산 전문가, 첸넨유

첸넨유(Chen Nen Yu) 씨는 난터우현의 티 생산 전문가이다.

티의 세계에 어떻게 들어오게 되었나? 이 일에 종사한 지 오래되었나? 혹시 차나무를 재배하는 일이 전통 가업이었나?

나는 차나무를 재배하는 농부의 아들로 태어났다. 할아버지와 아버지도 차를 재배하는 농부였다. 자연스럽게 그들로부터 차나무를 재배하고, 다원을 운영하면서, 찻잎을 가공하는 방법들을 배웠다. 또한 티 산업계에서 정부에서 후원하는 교육도 받았다. 내가 가업을 이어받은 지도 벌써 17년이라는 세월이 흘렀다.

다원의 규모는 얼마인가?

현재 운영하는 다원의 면적은 2헥타르이다.

연간 티 생산량은 얼마인가? 고용인은 몇 명인가?

다원의 연간 티 생산량은 약 5톤이다. 고용인은 다원을 관리하는 정규직이 3명이고, 가공 공장에서 일하는 계절노동자가 5명이다. 수확기에는 채엽 인부를 약 30명 정도 고용한다.

혹시 본인이 직접 운영하는 티 가게가 있는가?

없다.

티를 어디에 판매하는가? 국내 시장인가, 아니면 국제 시장인가?

거의 전량을 국내 시장에 판매하고 있다.

어떤 티를 생산하고 있나?

나는 루구향에서 주로 청심 우롱차를 생산하는데, 금훤 우롱차도 소량으로 생산하고 있다. 산린시에서도 2개의 다원을 운영하고 있다.

생산을 처음 시작한 이후, 산업계와 고객층에 생긴 변화가 있다면?

물론 있다. 윗대에는 다원의 규모도, 사업의 규모도 작았고, 영업 이익도 낮았다. 모든 생산이 거의 수작업이었다. 지금은 하이테크 장비를 갖추고 더 큰 다원을 운영하면서 더 많은 티를 생산하고 있다. 오늘날 산업계는 지역마다 차나무의 재배, 가공 과정, 티의 거래 등을 특화하고 있는 추세이다.

티 스토리_제❸편

타이완의 홍차, T-18

차나무 'T-18'은 타이완의 홍차실험센터(Black Tea Experimentation Center)에서 미얀마 원산의 차나무인 아샤무(Ashamu) 품종과 타이완 남부의 야생 차나무 품종을 이종 교배하여 개발한 재배종이다. T-18은 40여 년 동안의 연구 및 관찰을 통해 향미의 감각적 특징이 매우 우수한 것으로 최종 판정되어, 다른 유사한 교배종에서 품종을 독립시켰다. 마지막으로 출시된 것은 1999년이었다.

오늘날 T-18은 르웨탄 호(타이완 최대의 천연 호수) 인근의 지역과 타이완 동해안인 화롄현, 타이둥현에서 주로 볼 수 있다. 이 차나무로는 매우 뛰어난 향미를 지닌 '홀리프(whole-leaf)' 등급의 홍차를 생산한다. 우린 찻물에서는 균형을 이룬 향이 풀바디감으로 펼쳐진다. 부드러우면서도 약한 민트 향이 건포도와 자두의 과일 향과 함께 뒤섞여 듬뿍 풍긴다. 국내 시장을 주로 겨냥해 오직 극소량으로만 티로 생산하고 있어 가격이 매우 높다. 그럼에도 이 티의 독특성과 재배의 대중화는 티의 생산량을 증가시켜 가격을 보다 더 합당한 가격대로 형성시킬 수 있는 좋은 징조로 보인다.

T-18의 가공 과정

T-18은 약 16~22시간 동안의 위조 과정이 끝나면, 매회 30분으로 총 4회의 기계적인 유념 과정에 들어간다. 이 유념 과정에 이어 산화 과정을 실내 온도 약 25도, 상대습도 약 95%를 유지하면서 2시간 동안 진행한다. 산화 과정이 끝나면, 건조 과정을 2회에 걸쳐 진행한다. 각 건조 때마다 온도는 약 100도, 시간은 약 30분으로 유지한다. 끝으로 티를 분류하는데, 대부분 기계를 사용하고 있다. 최상품의 티는 인부의 손에서 원하지 않는 방향성 물질이 티로 옮겨 묻는 것을 막기 위해 핀셋을 사용해 분류한다.

타이완 티 : Taiwanese Teas

삼림계 杉林溪, 산린시, Shan Lin Xi

분류 : 우롱차, 고산차.

설명 : 난터우현의 대표적인 고산차, 주형 우롱차.

산지 : 난터우현(南投縣) 산리시 산(杉林溪山)
해발고도 1000m~ 1650m의 고산 지대.

수확기 : 4월, 6월, 9월, 11월.

재배종 : 청심(青心, 칭신, Qing Xin).

차나무를 재배하는 농장들이 산린시 산의 험준한 비탈면에 들어선 것은 1980년대부터이다. 최근에는 타이완 전 지역 중에서도 가장 빠르게 그 재배 면적을 넓혀 가고 있다. 산비탈에는 건강미 넘치는 신록의 다원들이 펼쳐져 있다. 이곳에서 발산되는 에너지는 이곳 사람들이 생산하는 티에 반영되고 있다. 흥미로운 티들이 봄과 겨울에 채엽한 찻잎들로 생산되고 있다.

테이스팅 노트 : 조그만 구슬 모양으로 윤기가 감도는 찻잎은 뜨거운 물의 열기로 가까스로 풀린다. 아름다운 꽃들과 꽈리의 향들이 주위를 진동시킨다. 우린 찻물에서는 히아신스의 풍부한 향이 폭발적이다. 자극적인 꽃향기가 지속되는 가운데 설탕에 절인 과일과 녹인 버터와 같이 식욕을 당기는 향이 펼쳐진다. 입안에서 감도는 찻물의 촉감은 유연하면서도 부드러우며, 달콤한 맛과 식물성 자극의 맛이 균형을 이룬다. 마지막으로는 식물성 향과 과일성의 향미가 설탕에 절인 멜론과 코코넛의 향미와 함께 길게 조화를 이룬다.

우리는 방법/다기 : 공부식 다도/개완, 차호.

동정 凍頂, 둥딩, Dong Ding

분류 : 우롱차.

이명 : Tung Ting.

설명 : '동정우롱'으로 유명한 타이완의 대표적인 우롱차.

산지 : 난터우현(南投縣) 루구향(鹿谷鄉) 둥딩 산(凍頂山)의
해발고도 500m~800m인 지대.

수확기 : 4월, 6월, 9월, 11월.

재배종 : 청심(青心, 칭신, Qing Xin).

타이완 정부는 1970년대 이후로 이 둥딩 산에서의 티 생산을 적극적으로 장려하였다. 지금도 매년 티 페스티벌이 꾸준히 열리고 있어 사람들은 새로운 수확물들이 나올 때마다 티테이스팅을 해 볼 수 있다. 물론 공부식 다도로 티를 준비하는 방식의 기초도 배울 수 있다. 또한 매년 봄에 개최되는 티 페스티벌에서는 티 경연대회도 열린다. 이 지역에는 비록 둥딩 산에서 실제로 재배하지는 않았지만 자신들이 생산한 티에 '둥딩(Dong Ding)'이라는 브랜드를 붙이는 재배인만 4000명이 넘는다. 약 20년 전에 타이완 정부는 '둥딩'의 공식 재배지로 세 곳을 지정했다. 장야촌(彰雅村), 융룽리(永隆里), 펑황촌(鳳凰村)이다.

테이스팅 노트 : 단단히 구슬 모양으로 뭉쳐져 윤기가 도는 찻잎은 매우 짙은 녹색이다. 찻잎을 우리면 강력한 라일락 향과 바닐라 향, 그리고 클로버 꿀 향이 풍긴다. 황금빛 감도는 찻물은 옅은 초록빛과 함께 희미하게 빛난다. 수선화 향과 모란 향이 잘 익은 복숭아 향과 버트 향을 배경으로 입안을 가득히 메운다. 부드러운 촉감은 신선한 식물성 향과 결합된 꽃 향과 함께 오래도록 이어진다.

우리는 방법/다기 : 공부식 다도/개완, 차호.

사계춘 四季春, 씨지춘, Si Ji Chun

분류 : 우롱차.

설명 : 이름이 '사계절이 봄이다'는 뜻일 정도로 생산성이 매우 뛰어난 우롱차.

산지 : 주로 난터우현(南投縣)의 해발고도 200m~800m인 지대.

수확기 : 3월~11월.

재배종 : 사계춘(四季春, 씨지춘, Si Ji Chun).

사계춘 품종은 두 종의 청심 품종이 자연 교배된 것으로 알려져 있다. 1981년에 독립 품종으로 공식 등록되었다. 장원후이(張文輝)라는 이름의 한 농부가 타이완 북부의 무자구에서 이 품종을 최초로 발견하였다. 사계절 품종에는 장점들이 많다. 다양한 토양에서도 잘 적응하고, 수확도 연 5회까지 가능하다. 또한 찻잎에서는 자극적인 꽃향기가 풍부히 난다. 이와 같은 훌륭한 특질로 이 품종은 재배인들 사이에서도 인기가 매우 높아 산지에서부터 평지에 이르기까지 타이완 전체로 그 재배가 확산되고 있다.

테이스팅 노트 : 폭발적인 꽃향기에는 라일락 향, 수선화 향, 그리고 히아신스 향이 풍부하게 뒤섞여 있다. 구운 버터의 섬세한 향과 설탕에 절인 과일 향이 혼합된 신선하고도 매콤한 풀 향이 풍부하게 느껴진다. 감촉은 매우 미끈하면서도 다채로운데, 달콤한 뒷맛은 긴 여운을 남긴다.

우리는 방법/다기 : 공부식 다도 / 개완, 차호.

아리산 阿里山, 아리산, Ali Shan

분류 : 우롱차, 고산차.

설명 : 타이완의 대표적인 고산차.

이명 : 주로차(珠露茶).

산지 : 자이현(嘉義縣) 아리 산(阿里山)의 해발고도 800m~1700m인 고산 지대.

수확기 : 4월, 6월, 9월, 11월.

재배종 : 청심(青心, 칭신, Qing Xin).

아리 산은 타이완 여행객들에게는 중요 여행 코스이다. 아리 산은 거대한 산으로서 최고봉이 해발고도 2600m가 넘는다. 이곳에는 봉우리에서 일출을 보려는 사람들이나 숲 속을 거닐기 위한 사람들로 매년 수천 명이 몰려들기 때문에 사회 기반 시설이 잘 갖추어져 있다. 낮은 산지에는 매우 유명한 다원들이 위치해 있다.

테이스팅 노트 : 초록의 에메랄드빛 찻잎에서는 풍부하고도 자극적인 꽃 향들이 풍긴다. 찻잎을 우리면 섬세한 식물성 향에 페이스트리 향과 꽃 향이 뒤섞여 풍긴다. 입안의 찻물에서는 코코넛 향과 이국적인 과일의 향, 그리고 바닐라 향이 혼합되어 매우 호화스러운 향들이 진동한다. 달콤한 꽃의 꿀 향이 전체적으로 긴 여운을 남기며 사라진다. 감촉은 부드러우면서도 유연하다.

우리는 방법/다기 : 공부식 다도 / 개완, 차호.

백호 白毫, 바이하오, Bai Hao

분류 : 우롱차.

설명 : 산화도가 60~85%인 홍차에 가까운 블랙우롱차.

이명 : 동방미인(東方美人, 둥팡메이런, Dong Fang Mei Ren, Oriental Beauty), 팬시우롱(Fancy Wulong)

산지 : 신주현(新竹縣)의 해발고도 500m~600m 지대.

수확기 : 6월~7월.

재배종 : 청심대유(青心大冇, 칭신다파, Qing Xin Dapa).

이 티의 가장 큰 특징은 '소록엽선(小綠葉蟬, *Jacobiasca formosana*)'이라는 강충이가 진을 빤 잎이 차나무에 달린 상태로 산화하여 머스캣 향이 나는 것이다. 즉 강충이가 진을 빨면 찻잎에서는 방어를 위해 특수한 호르몬이 방출된다. 이 호르몬에 의한 방향적 특징은 찻잎의 강한 산화로 생긴 것이며, 이때의 산화 정도는 약 50~60%에 이른다. 이 강충이를 활용하려면 다원을 낮은 지대의 따뜻한 곳에 세워야 한다. 한편 강충이는 오로지 여름에만 찻잎의 진을 빨기 때문에 그 산화된 찻잎도 여름에만 채엽할 수 있다.

테이스팅 노트 : 어두운 적색을 띠며 휘말린 권곡형 찻잎에는 눈이 즐거울 정도로 수많은 '은아(銀芽, silver buds)'들이 섞여 있다. 방향적 혼합물들의 향은 꿀 향, 꽃 향, 그리고 과일 향이 어우러지면서 잇따라 더 부드러운 향을 날 것이라는 기대감을 준다. 맑은 구릿빛의 찻물은 풀바디감을 안겨 주면서 벨벳같이 약간 걸쭉하면서도 부드럽다. 입인에서는 닌초 향과 머스킷 향을 신두로 사과 향, 육두구(nutmeg) 향, 가을 꿀 향, 그리고 이국적인 초목 향들이 조화롭게 이어진다. 눈으로 보기에도 큰 즐거움을 선사하는 보물 같은 티이다.

우리는 방법/다기 : 공부식 다도/개완, 차호.

이산 梨山, 리산, Li Shan

분류 : 우롱차, 고산차.

설명 : 타이완 고산차 중에서도 가장 높은 지대에서 생산되는 티.

산지 : 타이중현(台中縣) 리산 산(梨山)의 해발고도 2000m~ 2400m 지대.

수확기 : 5월, 10월.

재배종 : 청심(青心, 칭신, Qing Xin).

리산 산의 작은 마을은 주변의 경관이 굉장히 아름답다. 산비탈에는 배, 복숭아, 사과 등의 수많은 과수원들이 펼쳐진다. 이 지역에서 생산된 티가 최근 인기가 오르고 있지만, 사실 차나무가 재배된 지는 20년도 채 되지 않는다. 또한 티는 이 지역에서 주요 작물도 아니다. 다원들은 해발고도 약 2000m의 매우 높은 고도에까지 위치해 있다. 이 같은 고도에서 재배인들은 차나무가 겨울에 설해를 입는 것을 막기 위해 이랑 사이로 키가 높게 자라는 식물들을 심는다.

테이스팅 노트 : 세차한 찻잎에서는 캐러멜 플랜과 녹인 버터의 냄새가 풍기면서 식욕을 북돋는다. 이어 찻잎을 우리면 히아신스 향과 모란 향과 흰 백합 향이 뒤섞인 복합적인 향이 물밀 듯이 밀려온다. 이 자극적인 향들은 마지막에 풍기는 브리오슈 향이나 갱엿 향과 함께 뒤섞여 사라진다. 찻물에서는 꽃 향들이 부풀어 오르듯이 지속적으로 풍기고, 감촉은 매우 미끈하면서도 부드럽다. 마지막으로 실딩에 질인 오렌지 껍질의 향과 꽃 향들이 뒷맛을 길게 남기면서 사라진다. 가장 아름다운 봄날을 연상시키는 우아하고도 세련된 티이다.

우리는 방법/다기 : 공부식 다도/개완, 차호.

평림포종 坪林包種, 핑린바오중, Pinglin Bao Zhong

분류 : 우롱차.

설명 : 찻잎의 모양이 비틀어진 권곡형의 티.

산지 : 타이베이현(臺北縣) 원산 산(文山)의 해발고도 400m~600m 지대.

수확기 : 4월, 6월, 9월, 11월.

재배종 : 청심(青心, 칭신, Qing Xin), 취옥(翠玉, 추위, Chi Yu).

원산 산 단층 암괴 지대에 위치한 핑린현은 수도 타이베이시로부터 약 30분 거리에 있다. 핑린현은 타이완에서도 티로 매우 유명한 고장이다. 수도권의 많은 시민들이 자신들이 좋아하는 티를 구입하기 위해 이곳을 찾는다. 이와 같은 높은 수요는 이 지역의 티 가격을 상당히 높여 놓았다. 매우 흥미로운 사실은 우롱차의 일종인 포종도 이제는 타이완에서 점점 찾아보기 어려워지고 있다는 것이다. 오늘날에는 찻잎이 비틀어진 모양인 권곡형의 티들이 점차 사라지고, 구슬 모양으로 동그랗게 감긴 주형의 티들이 그 자리를 차지하고 있다.

테이스팅 노트 : 기다랗게 나선으로 꼬인 찻잎을 세차하면 바닐라 향과 백합 향과 그리고 라일락 향들이 부드럽게 이어진다. 이 찻잎을 우리면 강한 꽃 향이 처음에 풍기다가 점차 엽록소의 신선한 식물성 향이 확산된다. 담황색의 찻물에서는 달콤하면서도 미묘한 자극성 맛에 이어 조리한 복숭아를 연상시키는 부드러운 신맛도 느낄 수 있다. 입안에서는 꽃 향과 멜론 향이 이어지면서 조화를 이루어 향의 균형이 절정에 이른다. 이어 꽃 향은 이내 사라지고 점차 달콤한 자작나무의 향이 일어난다. 이 티에서 풍기는 향들은 놀라울 정도로 길게 이어진다.

우리는 방법/다기 : 공부식 다도/개완, 차호.

가바차 Gabacha

분류 : 우롱차.

설명 : 찻잎의 성분에 생화학 물질 감마아미노낙산(GABA)이 함유된 티.

산지 : 타이베이현(臺北縣) 원산 산(文山)의 해발고도 400m~600m 지대.

수확기 : 음력 5월 5일인 단오 전후로 약 2주간.

재배종 : 청심(青心, 칭신, Qing Xin).

타이완에서 개발된 가바차에는 1980년대에 일본의 연구진에 의해 생화학 물질인 감마아미노낙산(GABA)이 함유되어 있는 것으로 밝혀졌다. 일부 연구에 따르면, 이 생화학 물질은 인간의 뇌에서 스트레스와 불안을 감소시키는 작용을 하는 것으로 알려졌다. 진공 가공 처리 등 특수한 방법으로 생산하여 이 티에는 많은 양의 GABA가 함유되어 있다. 이 특수한 가공 방법으로 인해 매우 흥미롭고도 독특한 향미가 생기는 것이다.

테이스팅 노트 : 찻잎의 모양은 커다랗고 불규칙하게 휘말린 권곡형이며, 색상은 갈색과 진홍색을 띠고 있다. 찻잎을 우리기 전에도 매콤한 향과 과일 향이 함께 풍겨 즐거움을 준다. 찻잎을 우리면 잎이 펴지면서 목재 향을 배경으로 감초 향과 육두구 향, 그리고 조리된 과일향이 부드럽게 이어진다. 입안에서는 촉감이 부드럽고, 마멀레이드 향미와 말린 살구의 향미가 흑설탕과 신선한 담배의 향과 조화를 이루면서 전반적으로 신맛과 단맛이 균형을 이룬다.

우리는 방법/다기 : 공부식 다도/개완, 차호.

귀비 貴妃, 구이페이, Gui Fei

분류 : 우롱차.

설명 : '백호'와 '동정'이 통합된 매우 독특한 티

산지 : 타이베이현(臺北縣) 원산 산(文山)의 해발고도 400m~600m 지대.

수확기 : 음력 5월 5일인 단오 전후로 약 2주간.

재배종 : 청심(青心, 칭신, Qing Xin).

귀비는 최근에 매우 뜻밖의 상황에서 탄생한 티이다. 1999년 대지진의 재앙으로 인해 난터우현에 있는 많은 다원들이 일시적으로 문을 닫았다. 설상가상으로 수많은 해충들이 습격하여 다원들은 예상치 못한 큰 피해를 입었다. 그런데 이 해충들 중에는 '소록엽선(小綠葉蟬, *Jacobiasca formosana*)'이라는 강충이도 있었다. 이 강충이는 타이완 북부에서 생산되는 백호에 머스캣 향을 유발시키는 곤충으로도 유명하다. 이 강충이가 티의 향미를 어떻게 변화시키는지에 대해 잘 알고 있었던 재배인들은 강충이가 진을 빨아먹은 찻잎만 수확하기로 결정하였다. 이어 이 지역의 성향에 맞게 단단하면서도 동그랗게 말았다. 이때 강충이에 의해 찻잎이 산화한 정도는 약 30~40%였다. 귀비는 타이완을 대표하는 두 티인 '백호'와 '동정'을 매우 독특한 방식으로 통합한 티인 것이다. 결국 재배인들은 강충이를 통해 귀비라는 새로운 유형의 티를 창조했을 뿐 아니라 산화 정도가 낮아 사람들이 덜 찾는 여름 수확물을 이용할 해법도 찾았다.

테이스팅 노트 : 구슬 모양의 주형으로 동그랗게 말려 있는 찻잎은 초록빛과 구릿빛이 아름답게 마블링을 이루고 있다. 찻잎을 우리면 허브인 시나몬 향과 꽃 향, 그리고 산화된 사과 향들이 뒤섞여 매혹적인 향을 이루다가 아름다운 장미 향기로 갈무리한다. 황금빛이 도는 찻물에서는 꿀 향과 머스캣 향이 아름답게 조화를 이룬다. 입안에서는 매우 부드러우면서도 우아한 과일 향이 이어진다. 마지막으로는 아몬드 페이스트의 향과 꿀 향이 점점 더 진하게 풍긴다.

우리는 방법/다기 : 공부식 다도/개완, 차호.

WESTSIDE

'영국 홍차'의 발상지 인도(India)

영국이 19세기에 인도에서 일으켰던 티 산업은 오늘날까지도 국제 티 시장에서 홍차의 높은 수요를 충족시킬 만큼 큰 역할을 하고 있다. 그리고 인도 각지의 재배지에서 생산되는 홍차의 품질 등급은 오늘날 세계 홍차 품질 등급의 표준이 되었다. 또한 아삼 지역의 정글에서 발견된 야생 차나무는 인도가 중국과 더불어 또 다른 차나무의 원산지임을 알려 준다.

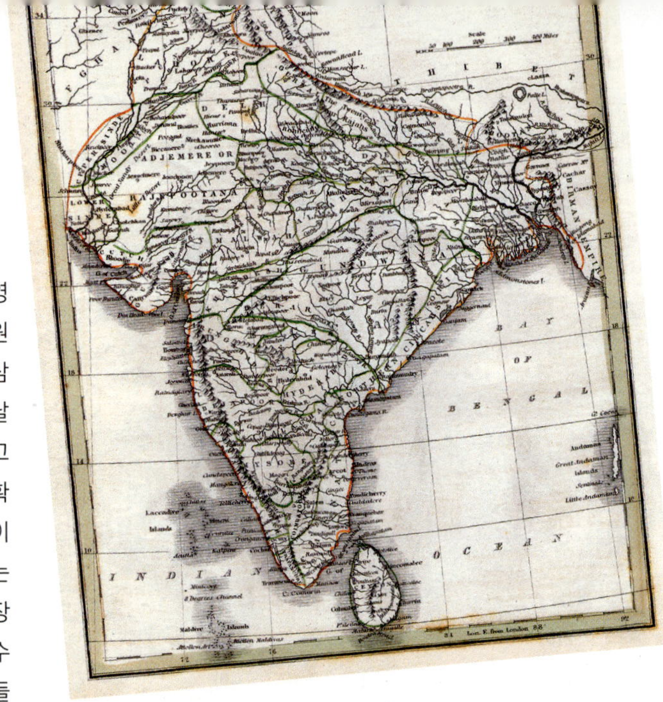

역사

인도에서 차나무의 재배 역사를 사실상 새로이 연 사람은 영국의 로버트 브루스(Robert Bruce) 소령이다. 동인도 회사의 직원이었던 브루스 소령은 1823년에 미얀마와 접경을 이루는 아삼 지역에서 야생 차나무를 발견하였다. 브루스 소령이 어느 날 아삼 지역의 한 부족민이 키가 큰 나무의 잎을 잘근잘근 씹고 있는 모습을 보고, 그 나무를 살펴본 결과, 야생 차나무임을 확인한 것이다. 브루스 소령의 이와 같은 발견에도 당시에는 이 야생 차나무가 중요 수확물을 생산할 수 있는 작물이라고는 아무도 생각하지 못했다. 또한 이 야생 차나무를 재배할 농장도 당시에는 아직 없었다. 그런데 이 시점에서 영국은 티의 수입과 관련한 공급상의 문제를 해결하기 위하여 다양한 방안들을 모색하고 있었다. 티의 수입과 관련된 공급상의 문제란 중국과 영국 사이의 긴 해상 운송 노선으로 인해 티의 품질이 선적 또는 운송 도중에 훼손 및 변질되거나, 중국이 티 무역에서 독점(157페이지 '중국 티 독점 무역의 종말'을 참조)을 누리면서 터무니없이 높은 가격을 요구하는 일 등이었다. 영국은 이 문제점을 해결하기 위해 고립무원의 상태였던 일본과 무역 거래를 고려할 정도로 모든 상황을 원점에서 재검토하였다. 이후 영국은 차나무의 재배지를 새로이 개척할 필요성을 느끼고, 브루스 소령이 발견한 사실에 깊은 관심을 보이기 시작했다.

물론 브루스 소령의 발견 이전에도 인도에서 차나무를 재배하려는 시도들이 있었다. 19세기 초 C. J. 고든(Gorden)은 중국에서 카멜리아 시넨시스종 시넨시스 변종(품종)의 씨앗 약 8만 개를 인도로 들여왔다. 고든은 이 씨앗을 다르질링, 아삼, 그리고 인도 남부 지역에 보급하였다. 야생 차나무가 아삼 지역에서 발견되기 이전에는 차나무가 모두 카멜리아 시넨시스종 한 품종인 것으로 인식되었다(나중에 품종이 아사미카종과 시넨시스종으로 나뉜다). 이후 인도에서 차나무를 재배하려는 첫 시도가 있었지만 경험 부족으로 인해 모두 실패로 돌아갔다.

티 공급망을 새로이 개척하고 확립하는 일은 당연히 많은 어려움을 동반하는 큰 도전이었다. 이 도전에는 중국과의 무역에서 발생하는 문제점들을 해결하고, 전 세계적으로 급증하고 있는 티의 수요를 충족시켜야 하는 시대적 요청이 배경으로 깔려 있었다. 이러한 배경으로 영국은 새로운 모험에 뛰어들었다. 1834년에 찰스 알렉산더 브루스(Charles Alexander Bruce)는 인도에서 차나무를 재배하는 데 처음으로 성공하였다. 약 4년 후에 브루스는 처음으로 12상자의 티를 영국으로 배송하였다. 이 첫 티는 비록 영국인들의 기대에 크게 부응하지는 못했지만, 경매를 통해 많은 사람들의 관심 속에서 높은 가격으로 거래되었다. 그런데 이 일 이후로도 영국은 수년 동안 기술이 뛰어났던 중국과의 경쟁이 쉽지 않았다.

영국은 결국 차나무 재배의 비밀을 알아내기 위해 중국에 스파이를 급파하기로 결정하였다. 이 당시 스파이로 급파된 사람은 영국의 식물학자 로버트 포춘(Robert Fortune, 1812~1880)이었다. 이때 포춘은 티 상인으로 위장하여 다원에 접근한 뒤, 베일에 가려진 중국 유명 홍차의 생산 과정과 그 산화 과정에 관련된 수많은 단서들을 수집하였다. 1848년 포춘은 찻잎의 가공 과정에 관한 매우 중요한 정보를 줄 수 있는 표본 차나무 2만 그루를 수집하고, 새로운 농장을 건설하는 데 꼭 필요한 중국인 인부 80명을 모집하여 당시 영국의 식민지였던 인도로 돌아갔다. 인도에서 차나무가 본격적으로 재배되기 시작한 역사적 순간이다.

이후 영국은 광대한 다원들을 건설하기 위해 아삼 지역에서 대규모의 삼림벌채에 나섰다. 이때 영국은 인도에 대량 생산 방식을 단기간에 도입하기 위해, 17세기 유럽 농업 혁명기에 대규모의 농장들을 운영하면서 축적한 그들의 경험을 적용하였다. 이로 인해 1860년대 초까지 인도의 티 생산은 영국의 티

중국 티 독점 무역의 종말 : 아편 전쟁

영국의 엘리자베스 여왕 1세(Queen Elizabeth I, 1533~1603)는 아시아 무역을 지배하기 위해 1600년에 동인도 회사(EIC, East India Company)를 설립하였다. 이 동인도 회사는 영국의 명령에 따라 중국과의 티 무역을 통제하고 있었다. 티는 당시 영국에서 엄청난 인기를 얻고 있던 상황이었다. 동인도 회사가 1684년에 중국 광둥성에 첫 무역소를 설립함에 따라 중국의 티는 영국의 거대한 수요 시장에 부응하여 막대한 양으로 수출되었다. 한편 티를 자급자족하고 있었던 당시의 중국인들은 이런 상황에 직면하여 외국과의 무역을 점차 경계하기 시작했다. 그리고 티 수출 대금을 기존의 현물 교환 방식이 아니라 통화 교환 방식으로 지불해 줄 것을 요구하였다. 그러나 당시 영국은 식민지 인도에서 생산한 값싼 상품들은 많았지만 통화 보유량은 많지 않아 중국인들의 요구를 받아들일 수 없었다.

이 같은 상황에서 영국은 중국인들의 요구를 회피하면서 티 수출을 독려하기 위해 아편을 티 수출 대금으로 지급하였다. 이 무역은 중국 시장을 불안정하게 만들었을 뿐 아니라 중국인들이 외국과의 무역에 더욱더 의존하도록 만들었다. 당시 마약인 아편은 오직 외국과의 무역을 통해서만 얻을 수 있었기 때문이다. 중국의 입장에서 이러한 무역은 절대적인 재앙이었다. 1729년 초에 중국은 아편 무역을 근절하기 위해 다양한 금지 조치를 내렸다. 1796년에는 당시 청대(淸代) 제7대 황제였던 가경제(嘉慶帝)가 아편 밀매에 사형을 선고하는 칙령을 내렸다. 이와 같은 노력에도 불구하고 마약 밀매는 들불같이 확산되었다. 이후 영국이 1830년까지 중국에 수출한 아편의 양은 1650톤 이상이었다는 설도 있다.

1839년에 이르러 중국 정부는 영국의 아편을 몰수하고 아편 저장고를 불태우면서 반격을 시작했다. 이어 광둥성 항구를 포함하여 아편 무역에 연루된 모든 항구들을 폐쇄하였다. 이 조치에 반발하여 영국은 군사 개입을 시작하였는데, 이것이 역사적으로도 유명한 '제1차 아편 전쟁(1840~1842)'이다. 이 전쟁으로 중국의 아편 방어는 무너졌고, 결과적으로 중국의 티 무역 독점 시대도 막을 내렸다. 종전 이후 중국은 영국과의 아편 무역을 강제적으로 재개하는 '난징조약(南京條約, 1842)'을 체결하였다. 또한 중국은 이 불평등 조약으로 홍콩을 영국에 할양하고, 푸저우, 광둥성, 그리고 상하이 등 5개의 주요 항구를 강제로 개항해야 했다. 그런데 중국이 영국과의 조약을 잘 준수하지 않자, 영국은 중국으로부터 보다 더 큰 양보를 얻어내기 위해 제2차 아편 전쟁(1856~1860)을 일으켰다. 이 전쟁으로 결국 중국은 최악의 상황에 직면하여 영국에 보다 유리한 톈진조약(天津條約, 1858)에 강제로 조인해야만 했다.

수요를 완전히 충족시킬 수 있었다. 또한 영국은 고품질의 수확물을 얻기에 매우 적합한 지역으로 판명된 다르질링과 닐기리 지역의 산지에 대규모의 다원들을 건립하였다.

영국은 특히 홍차 생산에 집중하면서 인도 티 산업의 기반을 마련하였다. 이로부터 인도의 티 산업은 향후 수십 년 동안에 걸쳐 폭발적으로 성장하였다. 홍차 생산량도 1860년대 초에 수백 톤이었던 것이 1914년에는 19만 8400톤에 이르렀다. 찻잎을 기계 설비를 통해 으깨고(Crush), 찢고(Tear), 휘말아(Curl) 가공하는 'CTC 방식'이 대량 생산의 길을 연 것이다.

영국의 식민지였던 인도는 1947년 8월 15일 힌두권인 인도와 이슬람권인 파키스탄 두 나라로 독립하였다. 이와 함께 영국의 소유였던 다원들과 가공 공장들도 점차 인도에 귀속되었다. 1951년에 인도 정부는 농장 인부들이 보다 더 나은 작업 환경 속에서 작업할 수 있도록 '재배법(Plantation Act)'을 입법해 지금까지 시행하고 있다. 오늘날 인도의 티 산업은 티의 품질뿐만 아니라 그 생산량에서도 세계에서 상위권을 차지하고 있다.

인도의 티 산업

유엔식량농업기구(FAO)에 따르면, 인도는 2013년 기준 연간 티 총 생산량이 120만 8780톤으로 중국에 이어 세계 2위이다. 연간 티 총 소비량은 102만 5000톤으로 세계 연간 티 소비량(466만 3000톤)에서 22%를 차지하여 세계 2위이다. 이와 같이 티 대국인 인도에서는 티 산업이 전체 산업에서 매우 큰 비중을 차지하고 있다. 티 산업에 직접 종사하는 사람만 110만 명, 간접 종사자는 직접 종사자의 3배 이상이나 되어, 결국 티 산업에 종사하면서 생계를 유지하는 사람들은 약 400만 명 이상에 이른다. 특히 이중 55%는 여성들이다.

인도가 1947년 영국으로부터 독립하기 이전에는 티 총 생산량의 대부분이 해외로 수출되고, 국내 시장에서 소비되는 비율은 약 30%에 불과하였다. 그러나 오늘날에는 상황이 역전되어, 티 총 생산량에서 해외로 수출되는 약 21%를 제외하고는 대부분이 국내 시장에서 소비되고 있다. 인도에서는 다원들을 전역에서 볼 수 있다. 그러나 다원들 대부분은 특히 아삼, 서벵골(Western Bengal), 타밀나두(Tamil-Nadu), 케랄라(Kerala) 등의 지역에 밀집해 있다.

수백 헥타르에 걸쳐 900여 다원들이 밀집한 아삼 지역은 차나무 재배지 중에서도 세계에서 가장 넓은 지역에 속한다. 아삼은 연간 티 생산량이 약 55만 톤 이상으로 종종 티가 시장에 과잉으로 공급되기도 한다. 반면 다르질링과 같은 비싼 티들은 해외 시장으로 수출하기 위해 비축된다. 다르질링의 주요 수입 국가들은 일본, 영국연방, 유럽이며, 최근에는 북아메리카도 새로운 수입 국가로 떠오르고 있다.

인도의 티 산업은 홍차를 매우 효율적으로 가공하는 방법이 개발되면서 급속하게 발전하였다. 그 대표적인 가공 방법이 CTC 방식이다. 찻잎을 매우 작은 찻잎들로 잘게 부수는 방식을 통해 산업화 시장에 매우 이상적인, 균질한 수준의 티들을 대량으로 생산하는 것이다. 그리고 이는 오늘날 티 산업에서 매우 중요한 비중을 차지하고 있는 티백(tea bags)의 생산으로 이어졌다. 또한 연간 성장률 3~4%로서 매우 높은 국내 티 수요도 CTC 방식의 사용을 촉진하여 인도는 높은 생산성을 유지할 수 있었다.

인도는 국내 소비를 겨냥한 상품 이외에도 계절 수확과 보다 더 높은 수준의 티를 찾는 수입 국가들의 특별한 취향에 맞춰 고품질의 티들을 대량으로 생산하고 있다. 다르질링 지역이 그 대표적인 곳이다.

다르질링의 티 산업

다르질링 티는 인도 티 총 생산량의 약 3%밖에 되지 않지만, 다르질링 티 산업은 인도 전체 티 산업에서 매우 특별한 위상을 갖는다. 다르질링의 재배인들은 자신들이 생산한 티로는 전 세계의 지역에서 대량으로 생산되는 티들과는 경쟁할 수 없다는 사실을 일찍부터 인식하였다. 이후 재배인들은 세계 시장에

인도 티 무역의 핵심 요약

연간 총 생산량 : 120만 8780톤. **총 재배 면적** : 56만 3980ha. **평균 생산량** : 2143.3kg/ha.

티의 유형별 생산량

- **홍차 CTC** : 98만 7000톤(2011~2012), 102만 3000톤(2012~2013), 108만 6000톤(2013~2014)
- **홍차 오서독스(Othodox) & 녹차** : 10만 9000톤(2011~2012), 11만 2000톤(2012~2013), 12만 3000톤(2013~2014)

티의 유형별 생산 비율 : 홍차 CTC(89.86%), 홍차 오서독스(Othodox) & 녹차(10.14%)

연간 티 총 수출량(수출액) : 22만 5082톤(6억 8560만 달러)(2012년 기준).

연간 티 총 수입량(수입액) : 2만 1257톤(4629만 2000달러)(2012년 기준).

주요 재배지 : 아삼 지역, 다르질링 지역, 닐기리 지역.

자료 출처 : 유엔식량농업기구 통계국(FAOSTAT) 2013년도 통계 자료. 단, 수출입량은 2012년도 통계 자료. 티 유형별 생산량 및 생산 비율은 FAO, "Twenty-first session of the Intergovernmental Group on Tea(2014)" 자료.

아삼의 CTC 가공 공장.

타밀나두 주 닐기리에 위치한 쿠누르 다원의 유기농 재배 구역.

내놓아도 손색이 없을 정도로 완벽하고도 품질이 월등한 홍차를 생산하여 시장 경쟁에 나섰다.

다르질링의 다원은 연간 티 평균 생산량이 1헥타르당 500kg이다. 이는 아삼의 다원보다 약 3배 정도 적은 양이다. 다르질링의 재배인들은 산업의 생존을 위해 일 년 내내 그들의 수확물에 매우 세심한 주의를 기울이고 있다.

또한 다르질링의 재배인들은 향미가 복합적이면서도 독특한 티들을 생산하여 보다 더 높은 가격으로 판매하고 있다. 이로 인해 다르질링 지역은 그 명성이 점점 더 높아졌다. 그런데 국제 시장이 융성하고 중산층의 증가로 국내 시장도 빠르게 성장하고 있지만, 다르질링 티 산업은 아직도 취약한 환경 속에 놓여 있다. 정치적 불안정과 매우 높은 생산비가 재배인들

티백(tea bags)

티백을 개발한 사람은 미국 뉴욕의 티·커피 유통 상인 토머스 설리번(Thomas Sulivan)이다. 1908년 6월에 설리번은 예상 고객들을 위해 여러 티 샘플을 준비하던 중 갑자기 소량의 찻잎을 조그만 비단 백에 넣어 보아야겠다는 생각을 떠올렸다. 설리번은 찻잎을 비단 백에서 꺼내 우리기만 하면 고객들이 티를 간편하게 준비할 수 있을 것으로 생각한 것이다. 그러나 샘플을 받았던 고객들은 설리번의 의도와는 달리 티백을 통째로 끓는 물에 넣었다. 그 결과에 매우 만족했던 고객들은 설리번에게 티백에 든 티를 더욱더 많은 양으로 주문하였다. 이로부터 티백은 티를 준비하는 새로운 문화로 자리를 잡기 시작했다.

오늘날 전 세계의 사람들이 하루에 티백으로부터 우려내 먹는 티의 양은 약 1억 3000만 잔에 이른다. 그런데 이 티백 포장은 설리번 이후 여러 차례 변화를 거듭한 뒤 비로소 대중화될 수 있었다. 특히 영국이 그 대표적인 나라였다. 영국에서는 티를 준비하는 관습이 뿌리 깊게 내려 있었기 때문에 한순간에 그 방식이 바뀌지 않았다. 포장 방식의 첫 변화는 설리번에 의해서 이루어졌는데, 티백의 재질을 비단에서 거즈로 교체한 것이다. 그 결과 비용이 매우 저렴하게 되었을 뿐 아니라 티가 우려지는 효율성도 높아졌다. 또 다른 중요한 변화는 1930년 보스턴에서 있었다. 윌리엄 허먼슨(William Hermanson)이 내열성이 강한 '열 밀봉성 종이 섬유(heat sealed paper fibers)'로 티백을 개발한 것이다. 그러나 가장 큰 변화는 제2차 세계 대전 이후에 있었던 일로 티 생산업체 '조지프 테틀리 & Co.'가 티백 방식으로 티의 대량 생산에 나선 것이다. 이후 티백 시장은 기하급수적으로 성장하였다. 그리고 오늘날에는 구형, 피라미드형 등 각양각색의 티백 속에 다양한 종류의 티들이 담겨 판매되고 있다.

티테이스터

티 시장에서는 티테이스트가 매우 필수적인 존재이다. 티테이스터들은 티의 생산 과정에서부터 티가 시장에서 일등 상품이 되기까지 전 과정에 걸쳐 매우 중요한 역할을 하고 있기 때문이다. 특히 티의 가공 방식과 수확 과정과 관련해서는 티테이스터의 역할이 결정적이다. 티테이스터들은 티 생산업체들의 다양한 요구에 따라 수많은 역할들을 수행할 수 있다. 그들 중 일부는 또한 '티블렌더'로 불린다. 티블렌더는 서로 다른 티들을 창조적으로 섞어서 새롭게 만든 티의 품질을 유지시키기 위한 노력을 한다. 반면 티테이스터는 그러한 티를 대량으로 생산할 경우에 품질이 균일하도록 만드는 전문가이다.

에게 심각한 문제 요소가 되고 있기 때문이다. 실제로 다원들이 매년 문을 닫고 다른 소유주에게 매각되는 경우가 많이 발생하고 있다.

원산지 표기 제도

인도는 현재 티의 원산지 표기 제도를 세계 최초로 적용하기 위해 많은 노력을 하고 있다. 인도티이사회(Tea Board of India)가 다르질링티협회(Darjeeling Tea Association)와 공동으로 개발한 이 원산지 표기 제도는 다르질링 티와 같은 유명 티의 가짜 모조품이 시장에 유통되는 것을 막기 위해 시행하고 있다. 인도 시장에서는 현재 다르질링 브랜드가 붙은 티의 양이 매년 실제로 다르질링 지역에서 생산된 티의 양보다 약 4배나 많이 유통되고 있다. 원산지를 속이는 티 생산업체들이 다르질링 티의 양을 늘리기 위해 아삼과 같은 다른 지역에서 생산된 티도 다르질링 티에 섞어 판매하고 있는 것이다. 원산지 표기 제도는 재배인들이 티의 생산 다원, 수확에 사용된 재배 품종, 수확물의 가공 방법을 반드시 표기하도록 하고 있다. 이 제도가 온전히 정착하기 위해서는 생산자들의 적극적인 호응뿐만 아니라 많은 부가적인 조치들도 함께 뒤따라야 할 것으로 보인다.

유통 시스템(티옥션, tea auction)

인도에서는 수출용 티의 대부분이 콜카타(Kokata)에서 경매로 거래되고 있다. 이곳에서는 모든 티 생산업체들이 중개업체들과 거래하고 있다. 중개업체에는 수확물의 품질을 평가하고 가격을 매길 수 있는 전문 티테이스터들이 소속되어 있다. 구매자들이 인도 티의 공급자를 찾으려면 중개업체에 문의를 해야 한다. 이 중개업체들이 티 목록의 대부분을 갖고 있기 때문이다.

인도 티의 구매자들은 중개업체를 통할 경우 테이스팅 룸에 들어갈 수 있다. 그리고 며칠 후 구매자들은 구입하기를 희망하는 티들을 결정한다. 이어 경매에 참가하여 입찰을 통해 선택한 티들을 구매하는 것이다.

재배인들과 특권 관계에 있는 티테이스터 겸 수입업자들은 그들의 다원을 직접 방문하여 샘플들을 테이스팅하면서 콜카타로 운송되기 전에 신선한 티들을 산지에서 곧바로 구입할 수 있다.

인도 시킴 주에 소재한 테미 다원(Temi Garden)의 전경.

특별 인터뷰

인도의 티 전문 경매인, 카비 세스

카비 세스(Kavi Seth) 씨는 콜카타에서도 가장 유명한 티 중개업체인 J. 토머스(J Thomas & Co. Pvt. Ltd.)의 수석 티테이스터이다.

티 산업에 얼마나 종사하였는가?

뉴델리 대학을 졸업한 후 이 계통에 처음 발을 들여놓았을 때 나는 티 시장의 업무에 관하여 아는 것이라고는 하나도 없었다. 그런데 티 중개업체인 J. 토머스(J Thomas & Co. Pvt. Ltd.)의 총지배인이었던 삼촌이 이 회사에 입사를 권유해 이 길로 들어섰다.

당신이 하는 일은 무엇인가?

티테이스터의 일은 매우 단조로워 보일 수도 있다. 그러나 그러한 일들을 흥미롭게 만드는 것은 결국 자신에게 달려 있다. 나는 티테이스터로서 티를 매일 맛보고 평가하고, 시장의 정보를 수집하며, 구입자들과 판매자들과 함께 소통하고 있다.

당신의 전문 분야에서 어떤 면이 가장 좋은가?

당연히 경매이다! 비록 경매가 사람을 육체적으로나 정신적으로나 무척 지치게 하는 일이지만. 또한 모든 티들이, 특히 다르질링 티들이 모두 다르다는 사실은 정말 매혹적이다. 그래서 각 티의 상품들도 가격이 천차만별이다.

인도의 티 산업이 미래에 직면할 가장 큰 도전은 무엇이라고 생각하는가?

과거 십여 년 동안 티 산업계는 인도 경제의 인플레이션으로 화폐 가치의 폭락을 경험하였다. 다행히도 지난 2008년에는 경기가 호조세를 보여 티의 가격이 최고 기록을 경신하였다. 인도 티 산업이 앞으로 직면할 주요 도전은 지난 십여 년간 감소세를 보여 왔던 해외 시장으로의 수출량을 대폭 늘리는 일이다.

개인적으로 가장 좋아하는 티가 있다면?

머스캣 향이 특징적인, 다르질링의 두 번째 수확물이다.

개인적인 관점에서는 어떤 티를 '좋은 티'라고 보는가?

개인적인 관점으로는 보기에도 좋고 향미를 오랫동안 유지할 수 있는 티가 '좋은 티'이다.

인도의 테루아

인도에서 차나무 재배는 야생 차나무(156페이지 참조)가 발견된 북서부에서 시작되어 브라마푸트라 강(Brahmaputra river)의 둑을 따라 히말라야 산맥의 기슭까지 확산되었다. 그중 다르질링과 아삼의 지역은 가장 유명한 티 생산지이다. 또한 인도 남부인 닐기리 지역에서도 일부 고품질의 수확물이 생산되고 있다. 비교적 잘 알려지지 않은, 두아르스(Dooars), 테라이(Terai), 카차르(Cachar), 트라반코르(Travancore), 그리고 시킴(Sikkim)과 같은 재배지에서도 국내 시장을 겨냥하여 티를 대량으로 생산하고 있다.

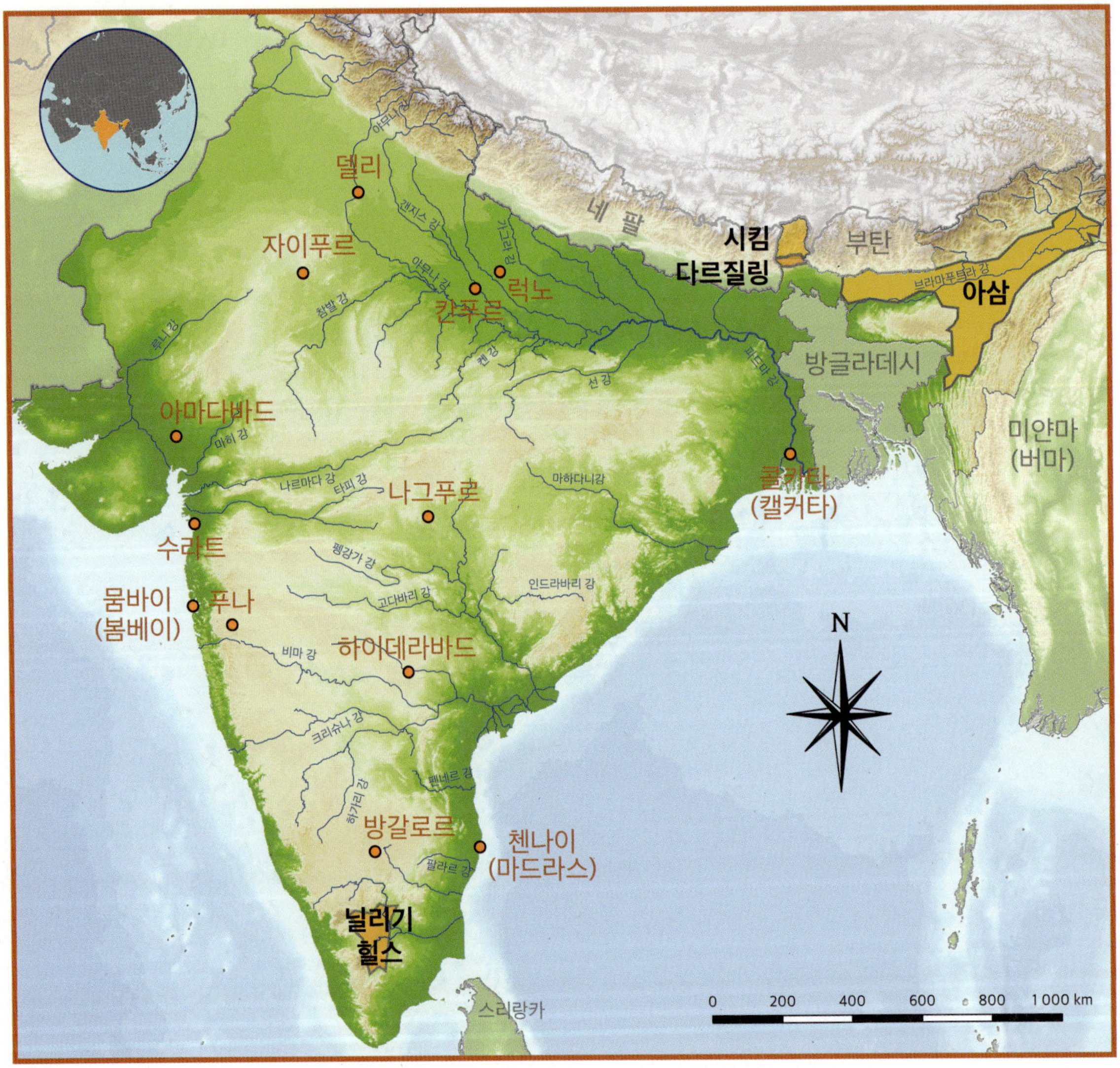

칸첸중가 산이 배경으로 보이는 다르질링시.

열대우림의 아삼 지역에서 찻잎의 채엽에 나선 인부들.

다르질링 Darjeeling

다르질링은 서벵골 주 히말라야 산맥의 높은 구릉지에 위치해 있다. 지명이 '폭풍의 땅'이라는 뜻을 지닌 다르질링은 해발고도만 2100m인 매우 높은 고산 지대이다. 이 다르질링에서는 세계에서도 가장 높은 히말라야 4봉 중 3봉을 쉽게 볼 수 있다. 에베레스트 산(Mt. Everest), 칸첸중가 산(Mt. Kanchenjunga), 로체 산(Mt. Lhotse)이다. 서쪽으로는 싱갈릴라 강(Singalila river)이 네팔과 다르질링을 가로질러 흐르고 있다. 그 다르질링 북부로는 시킴 주가 위치하며, 그 너머로는 티베트가 자리하고 있다.

다르질링 지역에서는 1856년에 차나무가 처음으로 재배되기 시작하였으며, 20년이 지난 후에는 수백여 곳에 다원들이 들어섰다. 그러나 오늘날에는 단지 86곳의 다원들만이 남아 있다. 이 다원들의 수는 '다르질링재배인협회(Darjeeling Planters Association)'가 파악한 수치로 자체 생산한 티에 국제 브랜드인 '다르질링(Darjeeling)'을 붙여 판매할 수 있는 곳들이다. 히말라야 산맥이 작은 산비탈로 낮아지는 이 지역은 천혜의 자연 조건을 갖추고 있다. 다원들은 전체적으로는 토양의 배수성이 좋은 해발고도 300m~2300m인 험준한 계곡의 사면에 분포하지만, 그 대다수는 약 1000m인 지대에 밀집되어 있다.

토양은 미네랄 성분들을 풍부히 함유하면서 약산성(pH 5.5 정도)을 띤다. 연평균 기온은 여름에 약 25도, 겨울에 약 8도이다. 겨울 고산 지대에서는 냉해가 종종 발생한다. 연평균 강우량은 1600~4000mm 정도이다. 이와 같은 환경은 차나무를 재배하기에 이상적인 조건이다. 또한 고산 지대에서는 구름이 잦게 껴서 강한 햇빛에 의해 찻잎이 메마르거나 타는 일이 없다. 우기 내내 끼는 안개와 공기를 냉각하는 약한 산들바람은 새로운 향미를 간직한 새싹이 돋는 데 큰 도움이 된다.

오늘날 이 장대한 지역은 유례가 없을 정도로 명성을 누리고 있다. 또한 이곳에서 생산되는 특별한 향미의 티들은 '홍차의 샴페인(Champagne of Black Tea)'으로 불리며 재배인들에게 매우 높은 소득을 안겨 주고 있다.

아삼 Assam

인도 북동부에 위치한 아삼 주는 미얀마와 방글라데시의 접경 지로서 다르질링으로부터는 동쪽으로 약 200km 거리에 있다. 아삼 주는 아사미카 품종(*C. sinensis var. assamica*)이 처음으로 발견된 곳이다. 아사미카 품종은 잎이 큰 대엽종으로 찻잎을 우리면 풀바디감을 느낄 수 있고, 짙은 색의 찻물에서는 풍부하고도 다양한 향미를 느낄 수 있다. 이 비옥한 열대 지역에는 유유히 흐르는 브라마푸트라 강을 따라서 광대한 정글 숲이 펼쳐진다. 남부의 파트코이힐스(Patkoi Hills)와 나가(Naga) 지역의 히말라야 산맥에는 약 900여 곳의 다원들이 집중 분포하고 있다.

총 길이 약 600km에 이르는 거대한 계곡 지대인 이곳의 연평균 강수량은 약 3000mm에 이른다. 10월부터 이듬해 3월까지는 기온이 약 20~25도로서 비교적 온화한 기후를 보인다. 4월부터 9월까지 지속되는 우기에는 기온이 약 35도까지 치솟아 이 계곡은 순간 '천연 온실'로 바뀌면서 채엽에 나선 인부들에게 매우 큰 어려움을 안겨 주고 있다. 그리고 이와 같이 매우 어렵게 채엽한 찻잎이지만 그 수확량의 절반 이상이 CTC 방식으로 가공되고 있다. 그 가공 공장의 대부분은 브라마푸트라 강을 따라 펼쳐지는 광활한 평원에 분포하고 있다. 이곳에서는 약간의 우유를 곁들여 마실 수 있는 '영국식 홍차'를 겨냥하여 티백 상품을 주로 생산하고 있다. 아삼의 티들은 그대로 우려내 마실 수도 있다. 그러나 티 자체에서 매콤한 맛과 떫은맛, 그리고 맥아 향이 있어 차이(Chai)로 만들면 보다 더 훌륭한 맛을 느낄 수 있다. 아삼의 일부 지역에서는 아직도 CTC 방식이 아닌, '오서독스 방식(Orthodox method)'(정통 방식을 의미한다)으로 티를 생산하고 있다. 이 오서독스 방식의 티는 향미와 바디감이 풍부하기로 매우 유명하다.

닐기리 Nilgiri Hills

인도 남부의 고원 지대인 닐기리는 '블루마운틴(Blue Mountain)'으로 알려진 서고츠 산맥(Western Ghats Mts.)의 일부로 인도에서도 세 번째로 큰 차나무 재배지이다. 19세기 중반에 차나무를 재배하기 시작하여 오늘날에는 매운 향과 약한 과일 향이 조화를 이루는 티들을 생산하고 있다. 열대 기후 지역인 닐기리에서는 차나무를 지속적으로 재배할 수 있으며, 찻잎도 연중내내 수확할 수 있다. 그리고 재배종의 약 80%는 아사미카 품종이며, 보통 1월과 3월 사이에 채엽한 찻잎이 품질이 가장 좋다. 이곳에서 생산하는 티의 대부분은 국내 시장을 겨냥한 것으로서 CTC 방식으로 가공하고 있다.

닐기리에는 약 3만 개의 다원들이 집중되어 있다. 재배 면적이 수백 헥타르에 이르는 타이숄라 재배 단지(Thaishola Estate)와 같은 일부 다원들을 제외하고는 대부분의 다원들이 소규모로 면적이 10헥타르 미만이다. 닐기리에는 재배인의 수가 매우 많지만, 지역의 티 산업은 현재 매우 어려운 상황이다. 많은 다원들이 문을 닫고 투자도 끊기고 있기 때문이다.

닐기리의 다원들 중에는 해발고도가 매우 높은 곳에 위치한 것들도 있다. 이 다원들은 토양이 매우 비옥하여 고품질의 티를 생산하는 데 매우 유리한 조건을 갖추고 있다. 그러나 이 풍부한 잠재성에 관심을 갖는 사람들이 아직까지는 없는 상황이다. 이 다원들이 닐기리의 티 산업에 활기를 불어넣어 줄 것으로 기대해 본다.

시킴 Sikkim

네팔과 부탄 사이의 다르질링 북부에는 시킴 주가 있다. 그 시킴 주에는 세계적으로 유명한 테미 다원(Temi garden)이 있다. 인도 정부는 약 30년 전에 다르질링 재배인들의 전문 기술을 이곳에 전수하는 사업으로 이 다원에 다르질링 지역에서 주로 재배하는 품종들을 심었다.

테미 다원은 다르질링과 시킴 사이의 경계를 이루는 티스타 강(Teesta river)의 가장자리에 위치해 있다. 이 다원의 수확물들은 오서독스 방식을 통해 가공된다(172페이 참조). 이렇게 가공된 티는 다르질링 티의 대표적인 특징이라 할 수 있는 폭발적인 향과 맛을 잘 간직하고 있다.

아삼 지역의 훈왈 다원에서 채엽 인부들이 점심을 기다리며 채엽 도구들을 걸쳐 놓은 모습.

인도의 다원과 차나무

다르질링에서 차나무가 재배된 것은 다르질링의 초대 지사였던 아치볼드 캠벨(Archibald Campbell) 박사가 1835년에 이 지역에 차나무를 실험적으로 심었던 것이 시초였다. 캠벨 박사는 중국으로부터 들여온 씨앗 몇 개와 시넨시스 품종의 꺾꽂이 가지들을 자신이 소유한 다원에 심었다. 이 샘플들은 인도 총독이 식민지인 인도의 영토에서 차나무의 재배를 장려하기 위해 보급한 것이었다. 이때 보급된 재배종에는 로버트 브루스 소령이 인도 북동부의 정글에서 발견하였던 아사미카 품종도 포함되어 있었다.

새로운 환경 속에서도 잘 자랐던 이 두 품종은 곧이어 새롭게 개간된 땅에서도 재배되었다. 이후 다르질링 지역은 차나무의 재배지로 최적의 장소임이 밝혀졌다. 습한 공기, 차가운 산악 날씨, 그리고 짧은 일조 시간 등 성장기를 단축시키는 열악한 환경 속에서도 차나무는 특별한 향미의 찻잎들을 생산하였던 것이다. 이로 인해 다르질링 티는 매우 희귀하고도 복합적인 방향적 특징들과 풍부한 향미로 매우 유명해졌다.

재배 역사가 1860년대로 거슬러 올라가는 몇몇 다원들은 현재 초기의 재배지로서 잘 보존되어 있다. 인도의 재배인들은 시넨시스 품종만 순수하게 재배하는 구역들을 방문객들에게 매우 자랑스럽게 보여 준다. 이 지역에서 수확한 찻잎으로 생산된 티들이 종종 '그랑크뤼(grands crue)'로 분류되기 때문이다. 특히 싱겔 다원(Singell garden)에는 인도에 도입된 초기의 차나무들만 재배하는 국가적 유산 구역도 포함되어 있다. 이곳의 차나무들은 생산 연령이 거의 다하여 생산량이 상당히 감소하였다. 일각에서는 차나무의 수액 흐름이 매우 느려진 것이 이 현상과 관련이 있을 것으로 보고 있다. 현재 차나무를 다시 심는 작업이 다르질링 지역의 주요 과제로 떠오르고 있다.

어느 한 지역에서 새로운 다원을 건설하기 위해서는 지역의 기후 조건과 수요를 고려하여 재배종을 선택한 후 대량으로 심어야 한다. 아삼 주의 한 도시인 조르하트(Jorhat)에 소재한 '인도티연구협회(India Tea Research Association)'는 꺾꽂잇법으로 재배한 어린 차나무들을 다르질링, 아삼, 그리고 닐기리 지역에 동일하게 보급하고 있다. 재배종은 찻잎의 방향적 복합성, 다른 기후와 토양에서의 적응력, 생산력 등 다양한 기준에 따라 선정한다.

시넨시스 품종은 다르질링 산악 지대와 같이 가혹한 날씨를 보이면서 해발고도가 높은 곳에서 재배하는 데 사용한다. 반면 아사미카 품종은 해발고도 약 300m인 평지에서 재배하는 데 사용한다.

그런데 오늘날에는 유감스럽게도 차나무들이 대부분 수명을 더욱더 단축시키는 꺾꽂잇법으로 증식되고 있다. 씨앗을 심는 파종을 통해 자란 차나무들은 뿌리가 잘 발달하여 토양으로부터 많은 양의 영양분을 흡수할 수 있기 때문에 생산 연령이 약 120년에서 150년에 이른다. 반면 꺾꽂잇법으로 증식한

인도의 차나무와 가혹한 환경

중국 남부의 열대림이 기원인 차나무에는 다르질링 산지의 가혹한 환경 조건이 성장에 큰 장애로 작용하였다. 그런데 이 장애는 차나무에서 특별한 방향성 물질을 생성시키는 데 매우 중요한 역할을 하였다. 북벵골 대학교에서 티연구학과를 개설한 S. E. 카비르(Kabir) 교수는 이에 관해 다음과 같이 설명한다.

"다르질링의 차나무에서 검출되는 '높은 휘발성의 방향성 성분(VCPA)'은 중국의 식물 품종과 다르질링의 농업적 환경 조건이 절묘하게 만나면서 탄생하였다. 높은 습도, 짧은 일조 시간 등 안개가 자주 끼는 날씨가 향미의 휘발 성분을 생성시키는 효소의 생합성을 촉진하면서 다양한 '전구체(前驅體, precursor)'(최종 생성 물질의 전 단계 물질)의 합성이 일어난 것이다."

결국 히말라야 산기슭의 악기상이 다르질링의 차나무에서 생성되는 다양한 방향적 특성들의 근원인 것이다.

닐기리에서 재배되는 아사미카 품종.

다르질링에서 재배되는 시넨시스 품종.

재배종들은 유효 생산 수령이 약 40년밖에 되지 않는다. 이러한 재배로는 차나무의 얕은 뿌리들이 미네랄의 원천인 토양을 빨리 고갈시킬 수 있어 다음 세대의 차나무에 부담 요소가 될 수 있다. 현재 다르질링 다원들의 3분의 2가 꺾꽂잇법으로 복제 증식된 차나무를 재배하고 있는 상황이지만, 그와 같은 이유로 많은 재배인들이 자신의 다원 내 특정 구역에서 파종을 통한 재배도 함께 하고 있다.

오늘날 인도에서는 30종 이상의 품종을 재배하고 있다. 특히 1978년에 툭다 다원(Tukdha garden)에서 개발된 'T78' 품종은 가장 광범위하게 재배되고 있다. 그런데 지난 수십 년간 최고의 인기 품종이었던 이 재배종도 수령이 늘어남에 따라 생산성과 품질이 떨어지는 문제점이 드러나 현재 그 인기가 급격히 떨어지고 있다. 오늘날 가장 인기 있는 재배종은 테라이 다원(Terai garden)에서 개발한 'AV2(Ambari vegetative 2)' 품종과 푭세링 다원(Phoobseing)에서 개발한 'P312' 품종이다. 이 두 품종은 현재 물의 양이 적당하고 땅이 비옥한 다원에서 대량으로 재배되고 있다.

다르질링의 다양한 수확물

찻잎은 계절 작물이기 때문에 수확물의 품질은 전적으로 차나무의 생육 환경에 달려 있다. 강우량, 일조량, 그리고 기온과 같은 생육 환경은 찻잎이 펼쳐지고 새싹이 자라는 데 매우 중요한 영향을 미친다. 다원에서는 날씨 조건에 따라 7일 간격으로 4회 채엽한다. 이때 각 채엽 사이의 시간 간격은 매우 중요하다. 과도한 채엽은 차나무의 생명을 위태롭게 할 수 있기 때문이다. 따라서 재배인들은 찻잎의 생산성을 적절히 조절하여 차나무의 건강을 유지하고 있다. 다르질링에서는 수확기가 보통 3회인데, 그 각각의 수확기마다 독특한 향미의 티가 생산된다.

첫 수확

한 해의 첫 수확은 봄비가 차나무의 성장을 촉진하는 3월 중순에서 하순 사이에 시작된다. 이 첫 수확기는 보통 5월 첫째 주에 끝이 난다. 이 첫 수확물로부터는 향이 폭발적이고 바디감이 가벼운 티들이 생산된다. 첫 찻잎이 돋아나는 시기는 날씨에 크게 좌우되며, 또한 다원에 따라서도 다르다. 일부 재배인들은 수확기를 2월 초로 앞당기기 위해 차나무에 물을 대서 인공적으로 그 성장을 촉진하고 있다.

예전에는 전 세계 티 애호가들의 관심이 두 번째 수확물로 생산된 티에 집중되어 있었다. 그러나 지금은 전 세계가 첫 수확물에 깊은 관심을 보이면서 보다 더 훌륭한 품질의 티를 찾는 새로운 시장이 형성되었다. 결과적으로 재배인들은 더 복잡하고도 훌륭한 향미를 창조하기 위해 앞다투어 많은 노력들을 진행하였다. 다르질링에서는 초봄의 어린 새싹에 산화 과정을 짧게 가해 초본식물의 향이 잘 보존되도록 하여 티의 품질을 향상시키고 있다. 이러한 티들은 입안에서의 촉감이 강렬하고 뒷맛이 매우 달콤하다. 또한 지난 15년 동안 다르질링에서는 이런 첫 수확기의 티를 찾는 시장이 점점 더 성장세를 보이고 있다.

다르질링의 수확 방식 : 상급 채엽(fine picking)

다르질링의 일반적인 수확 방식은 상급 채엽이다. 상급 채엽은 마지막 새싹(final bud)과 그 아래의 두 찻잎(two leaves)을 채엽한다. 즉 피코(P)+2, 일아이엽(一芽二葉)의 방식이다.

첫 수확은 각 다원의 자연적 주기에 따라 보통 6주에서 8주의 기간에 걸쳐 이루어진다. 채엽 후에 차나무가 자연적으로 휴면기에 들어가면 재배인들은 다음 수확기까지 채엽 작업에 나서지 않는다.

두 번째 수확

두 번째 수확은 5월에서 6월 하순까지 진행된다. 이 수확기에는 찻잎을 대량으로 수확한다. 일부 재배인들은 첫 수확기와 두 번째 수확기 사이의 '인비트윈 채엽(in-between picking)'을 위해 두 번째 수확을 미루기도 한다.

두 번째 수확물은 비록 새로이 딴 찻잎이지만 첫 수확물보다 더 억세다. 이 수확물들은 긴 시간의 산화 과정을 통해 티로 가공된다. 이 티를 우린 찻물에서는 무르익은 과일을 연상시키는 향이 첫 수확물보다는 바디감이 무겁다.

두 번째 수확 이후에는 또 한 번의 휴면기에 들어간다. 차나무도 재충전의 시간을 갖는 것이다. 이곳의 사람들은 이런 '휴면기'나 '휴면기에 딴 찻잎'을 보통 '반지(Banji)'라고 한다.

가을 수확

9월까지 지속되는 우기가 끝나면 차나무는 겨울 동면에 들어가기 전의 상태이다. 한 해의 마지막 수확인 가을 수확은 10월~11월에 진행된다. 최근 가공 과정과 재배 방식에 관심이 고조된 가운데 품질에서도 눈에 띌 정도의 큰 향상이 있었다. 현재 재배인들은 자신들이 생산한 티의 양을 증가시키기 위해 두 번째와 세 번째의 수확물에 보다 더 세심한 주의를 기울이고 있다.

홍차의 화학

찻잎의 주요 함유 성분은 폴리페놀류이다. 이 성분들은 신선한 찻잎 속에서는 무색으로서 톡 쏘는 맛이 난다. 그러나 폴리페놀류는 효소에 의해 산화 과정이 진행되면 '테아플라빈(theaflavins)'과 '테아루비긴(thearubigins)'으로 변환된다. 이 두 성분들은 찻잎에 색상을 띠게 하고 떫은맛을 생성시킨다. 산화 과정이 계속 진행되면 찻잎은 색상이 갈색에서 붉은색을 거쳐 흑색으로 변하고, 떫은맛도 점점 더 약해진다.

인도 홍차의 제조 과정

영국은 중국에 대해 가격 경쟁력을 갖추기 위해 인도에서 티 가공의 전 과정을 재창조해야만 했다. 특히 중국은 값싼 노동력을 바탕으로 하고 있어 생산원가도 매우 낮았다. 따라서 영국은 인도에 있는 개별 티 농장들을 대규모의 산업체로 전환시켜야만 했다.

이미 알고 있듯이, 홍차의 가공 방식은 17세기 중국에서 처음으로 등장하였다. 이 방식은 만족스러운 성과물이 나오기까지 여러 과정을 지속적으로 반복해야만 하는 단점이 있었다. 그런데 영국은 티 가공의 전 과정을 기계화하여 보다 더 효율적이고 간편하게 생산할 수 있는 기술을 개발하였다. 특히 19세기 말에는 중국의 전통적인 방식에 영감을 얻어 첫 산업화의 기술인 '오서독스 방식(Orthodox method)'을 개발하였다. 전문적인 기술과 직감이 필요한 이 기계적 가공 방식으로 영국은 찻잎의 화학 성분에 영향을 미치는 다양한 변수들을 더 정밀하게 통제할 수 있었다. 오서독스 방식은 오늘날에도 여전히 다르질링 티와 같이 최고 품질의 티들을 생산하는 데 사용되고 있다.

오서독스 방식 Orthodox method

오서독스 방식은 영국인들이 1860년경에 인도 북서부에서 처음으로 개발한 기계를 이용한 정통적인 티 가공 방식이다. 홍차를 기계로 가공하는 방식 중에서는 가장 오래된 방식으로서 오늘날까지도 꾸준히 발전하고 있다. 오서독스 방식은 크게 다섯 과정으로 이루어져 있다. 위조, 유념, 산화, 건조, 그리고 분류이다. CTC 방식보다도 더 복잡한 이 방식은 최고 품질의 홍차를 생산하는 경우에 사용된다.

위조 萎凋, withering

위조 과정은 찻잎의 수분 함유량을 줄여 찻잎을 연화하고 감촉을 부드럽게 하여 유념 과정에서 찻잎이 부스러지지 않도록 한다. 수분이 증발하면서 찻잎의 물리적인 구조가 변화하는 동안에 효소의 자연스러운 작용으로 향미의 화학적인 성분도 미묘하게 변화한다. 이로 인해 찻잎에서는 아미노산이 증가한다. 갓 딴 신선한 찻잎들을 통풍이 좋은 곳에서 금속질의 판이나 마포, 아니면 플라스틱 판 위에 고르게 펴 놓는다. 이때 습도와 통풍, 그리고 온도 등의 조건을 일정하게 유지한다. 약 14시간에서 17시간이 지나면 찻잎의 수분 함유량은 약 60~70%나 줄어든다.

유념 揉捻, rolling

유념은 찻잎의 세포막을 파괴하여 그 속에 든 효소와 방향유들이 배어 나오도록 하는 과정이다. 약 10~20분 동안 찻잎 더미들을 거대한 설비의 구리 통에 넣는다. 이 설비는 찻잎들이 덩이를 이룰 때까지 압력을 가하면서 굴린다. 이어 찻잎의 세포막이 파괴되면서 그 속의 방향유들이 새어 나올 때까지 정확한 주기에 따라 압력을 다양한 세기로 가한다. 이때 배어 나오는 효소와 방향유가 공기에 노출되면서 산화 과정이 일어난다. 유념 과정은 너무 강하면 찻잎이 변색되어 윤기가 없어진다. 반면 너무 약해도 찻잎이 마르고 건조하여 윤기가 없어진다. 이 찻잎을 우리면 향미가 없는 묽은 찻물이 된다.

산화 酸化, oxidation

찻잎의 방향유 속에 든 효소는 산소와 접촉하면서 '효소 산화(enzymatic oxidation)'라는 화학 반응이 일어난다. 일부 국가에서는 이를 '발효(fermantation)'라고 하지만, 엄밀히는 서로 다른 반응이다. 이 효소 산화의 반응이 티의 향미, 향미의 세기, 색상, 바디감 등의 특성을 결정한다.

유념 과정을 거친 찻잎들을 유리나 도자기나 스테인리스스틸로 만들어진 쟁반에 고르게 펼쳐 놓고, 온도는 20~35도, 습도는 비교적 높은 상태로 실내에서 보관한다. 이때 수분 함량에 따라 찻잎 더미의 층 두께를 다르게 한다. 저온에서 빠르게 산화시키기 위해서는 층의 두께를 얇게 하고, 느리게 산화시키기 위해서는 층의 두께를 두껍게 한다. 온도를 포함하여, 실내 습도를 최소 90% 이상으로 일정하게 유지하기 위해 종종 가습기를 사용하는 경우도 있다. 산화 시간은 실내 온도와 생산되는 티의 종류에 따라 크게 달라질 수 있다. 다르질링 첫 수확물의 티는 약 15~30분이면 충분하다. 반면 아삼 지역의 일부 티는 산화 시간이 최대 4시간에 이른다. 이 산화 과정은 매우 중요한 과정으로서 작업자에게 전문지식과 고도로 발달된 직감을 요구한다. 향미가 다른 티들을 생산하려면 작업자의 완벽한 조절이 필요하기 때문이다. 예를 들면 산화 과정이 너무 지나치면 찻물은 진하고 강하면서 와인과 같은 발효의 맛이 나고, 너무 약하면 찻물은 옅고 약하면서도 덜 익고 풋내 나는 맛이 난다. 산화 과정을 좀 더 쉽게 다루기 위해 방향성 성분들이 최고조에 달하는 기간을 지연시키는 방식으로 산화 과정을 매우 느리게 진행시킨다. 수많은 가공 공장의 관리자들은 사과 향과 비슷한 매우 특별한 향이 풍기는 이 순간을 놀랍게도 정확히 포착한다. 산화를 중단해야 할 그 정확한 순간에 이르면 찻잎들은 건조 과정에 들어간다.

건조 乾燥, drying

건조 과정에서 효소를 변성시켜 산화 과정을 완전히 중단시킨다. 찻잎들을 컨베이어벨트 위에 놓거나 거대한 설비의 회전 원통 속에 넣어 온도 약 120도로 가열한다. 이때 건조 과정이 불완전하면 산화 과정은 통제 불능으로 계속 진행된다. 반면 건조 과정이 너무 과도하면 찻잎은 타서 탄 향을 풍긴다. 이 건조 과정은 찻잎의 수분 함량이 2~6%대로 줄어들 때까지 약 20~30분간 진행한다.

분류 分類, sorting

건조 과정이 끝나면 찻잎들은 분류된다. 높이가 다른 다양한 크기의 진동판이 품질이 서로 다른 찻잎들을 분리한다. 가장 큰 찻잎들은 가장 높은 진동판에서 걸러지고, 파쇄된 찻잎들(fannings, 패닝 등급)과 가루 찻잎들(dust, 더스트 등급)은 아래로 떨어지도록 설계되어 있다. 중간 크기의 찻잎들은 다른 진동판에 의해 걸러진다.

다르질링에서는 품질에 관계없이 모든 티들이 이 방식으로 분류된다. 따라서 티의 등급은 '품질'이 아니라 '크기'에 의해 매겨지는 것이다. 찻잎은 크기에 따라 특징이 모두 다르고, 우리는 방식도 달라지기 때문에 분류는 필수적인 과정이다.

CTC 방식

CTC 방식은 'Crushing(으깨기)', 'Tearing(찢기)', 'Curling(휘말기)' 과정으로 구성되어 있다. CTC 방식은 1930년대 영국의 윌리엄 매커처 경(Sir. William Mckercher)이 인도에서 개발하였다. 윌리엄 경은 1930년대에 산화 속도를 가속화하고, 티를 더 빠르게, 더 많은 양으로 생산할 수 있는 대량생산 시스템을 완벽히 구축하였다.

CTC 방식은 간단히 세 과정으로 구성되어 있다. 간단한 위조 과정을 거친 후, 찻잎들을 잘게 자른다. 이어 칼날이 장착된 원통 속에 넣어 으깬다. 다음 과정으로는 '로터베인(rotorvane)'이라는 설비 속에서 찻잎을 찢는다. 마지막으로 찻잎들을 '구기(ghoogi)'라는 커다란 통 속에 넣는다.

처음에는 굵고 거친 찻잎에 적용되었던 CTC 방식은 20세기 중반에 티백의 발명과 함께 매우 큰 인기를 얻었다. 그러나 CTC 방식은 티 산업에 혁명을 불러왔지만 불가피하게도 품질 하락을 몰고 왔다. 또한 CTC 방식을 사용하는 찻잎들도 채엽 품질이 낮은 것들이다.

오늘날 티를 생산하는 대부분의 지역에서는 동일한 품질로 대량으로 생산하기 위해 현대화된 기계를 사용하고 있다. 이와 함께 홍차 가공 방식인 CTC 방식은 오늘날 티를 대량으로 생산하는 거의 모든 국가에서 찾아볼 수 있게 되었다.

로트(lot) 번호의 개념

채엽 후 수확물들은 그 특유의 향미를 생성시킬 수 있도록 곧바로 가공 공장으로 운송된다. 이때 찻잎들을 만약 너무 오랫동안 방치한다면 산화 반응이 일어나 쓸모가 없게 된다. 이런 일을 막기 위하여 거의 모든 다원에서는 자체적으로 가공 공장을 소유하고 있다. 다르질링에서는 재배인들이 '로트 번호(lot number)'를 사용하여 다원에서 생산한 수확물들을 매일매일 구분해 식별하고 있다. 예를 들면, 'Darjeeling Singell First Flush DJ2'라는 표기는 다르질링의 싱겔 다원에서 봄의 첫 수확기에 가공했다는 '인보이스' 번호이거나, 아니면 '2번 로트'에서 생산한 티라는 뜻이다. 이때 로트가 한 다원 내의 특정 구역을 의미하는지, 아니면 두서너 구역에 걸쳐서 형성된 특정 그룹을 의미하는지 유의해야 한다.

멜로잉(mellowing)

티를 가공 공장으로 운송할 때, 첫 수확물의 방향적 특성들은 아직 안정화되지 않은 상태이다. 재배인들이 찻잎에 약한 산화 과정이 일어나도록 수분을 충분히 유지시키는 과정을 '멜로잉(mellowing)'이라 한다. 이 과정으로 티는 가공 후에도 최대 3개월 동안 향미가 발전한다. 이후 그 반응이 서서히 사라진다. 일부 티 애호가들은 머스캣을 연상시키는 꽃 향의 방향적 특성과 풋내 나는 미숙한 찻잎의 향미에 열광한다. 또 다른 사람들은 향이 안정적이면서도 찻물에서 풀바디감이 펼쳐지는 향미를 더 선호한다.

홍차의 등급

홍차에 등급을 매기는 데는 크게 세 시스템이 있다. 일반적으로는 찻잎의 '향미(품질)'가 아닌, 찻잎의 '상태'로 분류하는 방법이 가장 널리 사용되고 있다. 즉 찻잎의 상태에 따라 '홀(whole)', '브로큰(broken)', '크러시드(crushed)'로 분류하는 것이다. 보통 홀 등급의 찻잎은 우려냈을 경우, 매우 복잡한 향들이 풍긴다. 반면 브로큰 등급은 진한 찻물로 우려지면서 매우 단순한 향을 풍긴다.

여기에서는 다르질링에서 홀 등급을 나타내기 위해 사용하는 등급 시스템을 소개한다. 이때 가장 중요한 사항은 '새싹(peoke)의 수'이다. 티가 새싹을 많이 함유할수록 그 표기명도 길어진다.

SFTGFOP : Special Finest Tippy Golden Flowery Orange Pekoe.
FTGFOP : Finest Tippy Golden Flowery Orange Pekoe.
TGFOP : Tippy Golden Flowery Orange Pekoe.
GFOP : Golden Flowery Orange Pekoe.
FOP : Flowery Orange Pekoe.
OP : Orange Pekoe.

티피(Tippy) : 활짝 핀 새싹이 풍부한 상태.

골든(Golden) : 새싹들이 산화 과정을 거치면서 황금빛을 띤 상태.

플라워리(Flowery) : 새싹에서 약한 꽃향기가 나는 상태.

오렌지(Orange) : 유럽에 티를 최초로 수입했던 네덜란드의 오라녀-나사우(Oranje-Nassau) 왕가에서 처음으로 언급한 데서 유래했다.

피코(Pekoe) : 하얀 잔털로 뒤덮인 새싹. 중국어로 '백호(白毫)[Bai Hao]'의 푸젠성 방언 발음 '팍호[pak-ho]'에서 유래했다.

로마 숫자 I : 어떤 등급 용어의 뒷자리에 붙이는 수. 다원이 관리자가 찻잎의 품질이 우수할 경우 본래의 등급에 로마 숫자 I을 붙인다.

다르질링 우롱차

다르질링의 일부 재배인들은 방향적 특성이 기존과 다른 티들을 생산하기 위해 새로운 가공 기술들을 끊임없이 개발해 왔다. 재배인들은 산화 시간을 줄이면서 생잎이 많이 들어가도록 하여, 맑고 가벼운 바디감의 티들을 개발해 왔다. 이러한 개발로 다르질링에서는 초봄의 첫 수확물로는 꽃 향이 풍부한 티를, 가을의 수확물로는 '다르질링 우롱차'를 만들 수 있었다.

티 스토리_제❹편

다르질링 싱겔 다원의 '유산'

다르질링의 중심부에 위치한 싱겔 다원은 19세기에 인도에서 차나무의 씨앗을 처음으로 심은 다원들 중의 한 곳이다. 비록 지금 이곳에는 꺾꽂잇법으로 복제한 수많은 차나무들로 가득하지만, 처음에는 영국의 식물학자들이 중국으로부터 들여온 차나무들이 들어서 있던 곳이다. 이런 역사적 사실에 자긍심을 가진 재배인들은 중국에서 처음 도입한 차나무들이 지금까지도 자라고 있는 다원 내의 한 구역을 '유산(heritage)' 지역이라 부르면서 그 보존에 많은 노력을 기울이고 있다.

수령 150년의 이 차나무들은 꺾꽂잇법이 아니라 파종을 통해 성장하였기 때문에 땅속에 뿌리를 깊게 내려 미네랄 성분들을 풍부히 흡수하고 있다. 이로 인해 차나무들은 다르질링의 환경 조건에 매우 강한 저항력을 갖추고 있다.

다르질링 티는 그 뛰어난 특성으로 인해 세계적으로도 명성이 높지만 싱겔 다원의 유산 구역에서 생산된 티들도 또한 그 향미의 품질이 매우 우수하기로 유명하다. 유산 구역의 찻잎에서는 패스트리의 강렬한 향이 풍기고, 이를 우린 찻물에서는 부드러운 촉감과 함께 머스캣 향, 클로버꽃 꿀 향들이 뒤섞인 복합적인 꽃 향이 풍긴다.

티를 준비하는 지역 특색

영국인들이 인도에서 티 산업을 처음에 일으켰을 당시에 티는 해외 시장에 수출하기 위해 생산되었다. 그리고 1850년대 이전에는 인도인들도 티를 거의 마시지 않는 상황이었다. 그런데 오늘날의 인도는 FAO에 따르면 지난 2013년 기준, 연간 티 생산량(120만 8780톤)의 약 81.3%(약 98만 3000톤)를 국내에서 소비하고 있다. 티는 이제 인도에서 가장 자주 마시는 '국민 음료'가 되었다. 인도인들은 보통 잎차나 티백 형태의 값싸고 등급이 낮은 홍차를 구입해 마신다. 또한 인도인들은 티 자체의 품질에 관해서는 거의 신경을 쓰지 않는다. 티에 우유와 설탕, 그리고 향신료를 넣어 '차이'로 만들어 마시기 때문이다.

비교 테이스팅

비교 테이스팅(comparative tasting)은 티를 향미에 따라 분류하거나 살롱들이 경연대회에서 티를 테이스팅할 목적으로 고안한 전문 기술이다. 비교 테이스팅은 다양한 티들의 모양을 관찰하고, 향을 맡아 보며, 맛을 테이스팅할 수 있는 기술로서 티들 사이의 미묘한 차이점을 극명하게 비교해 준다.

비교 테이스팅을 위해서는 모든 티들을 동일한 조건으로 준비한다. 찻잎의 양, 물의 온도, 우리는 시간 등의 변수를 동일하게 하면(변인 통제), 각 티의 고유한 특성들을 보다 더 쉽게 알 수 있다.

비교 테이스팅을 실시하려면 다음의 테이스팅 도구들이 필요하다.

- 우리는 데 필요한, 뚜껑이 있는 컵.
- 우린 찻물을 보관하기 위한 사발.
- 건조 찻잎을 관찰하기 위한 작은 접시나 흰 종이.
- 티의 무게를 재는 저울과 우리는 시간을 재는 타이머.

비교 테이스팅 작업은 찻잎과 찻물의 색조 차이를 쉽게 구별할 수 있도록 창문 가까이의 채광이 좋은 장소에서 실시한

①

②

③

④

다. 그리고 티의 맛에서도 차이점을 보다 더 쉽게 알 수 있도록 티들을 가장 부드러운 맛에서 가장 강한 맛의 순서로 배치한다.

- 찻잎의 무게를 잰다. 홍차의 경우, 보통 2.5~3g을 사용한다. 그리고 120~130㎖ 용적의 우리는 컵을 준비한다(사진 ❶). 향미를 농축하여 각 티의 독특한 특성들을 더 쉽게 감별하기 위한 것이다. 또한 소량의 건조 찻잎을 조그만 접시나 하얀 종이 위에 놓아둔다.
- 컵 속의 찻잎 위로 뜨거운 물을 붓는다(사진❷). 홍차의 경우에는 온도 약 95도로 거의 끓기 직전의 물을 사용한다. 물을 다 부으면 곧바로 뚜껑을 덮는다.
- 3분 정도 기다린다. 이 3분의 시간은 테이스팅을 위해 우리는 최적의 시간이다. 이때 비교 티테이스팅의 핵심은 각 티를 최상으로 우리는 것이 아니라 모든 티를 동일한 조건에서 우리는 것임을 염두에 두어야 한다.
- 컵을 뚜껑이 덮인 채로 테이스팅 사발에 걸쳐 엎어 놓는다(사진❸). 그러면 찻물이 컵 가장자리의 홈 사이로 흘러내린다.
- 컵을 재빨리 뒤집어 우린 찻잎이 뚜껑 안쪽 면에 놓이도록 한다(사진❹). 신선하게 우려진 그 찻잎에서 풍기는 다양한 향들을 깊게 들이마신다.
- 스푼을 사용하거나, 아니면 사발에서 직접 향을 맡는다(사진❺). 이어 찻물을 한 모금 마신다(사진❻). 이때 입안에서 찻물이 혀와 미뢰를 완전히 적시도록 한다. 입안에 찻물을 머금은 채로 코를 통해 숨을 내쉬면서 모든 방향성 성분들이 기도를 통해 역류하여 코 안의 '후각샘(olfactory grands)'들을 자극할 수 있도록 한다. 입안에서는 찻물의 촉감과 유연성 등이 느껴진다.

비고 : 인도에서는 티를 우유 등과 함께 섞어서 차이로 만들어 마시기 때문에 티테이스팅에서도 이를 감안하여 우유를 넣는 경우가 있다. 우유의 첨가는 찻물의 색상에 변화를 일으키기 때문에 티테이스팅에서 이러한 첨가 작업은 인도의 일부 음료 시장에서는 매우 중요하게 고려한다.

⑤

⑥

인도의 다원 관리 전문가, 판지카르

H. K. 판지카르(Panjikar) 씨는 다르질링에 있는 고팔다라 다원(Gopaldhara garden)의 관리자이다.

당신은 티의 세계에 언제, 어떻게 종사하게 되었는가?

대학을 졸업한 후 나는 활기찬 직업을 찾고 있었다. 마침 큰형이 티 산업계에 종사하고 있었는데, 당시 나는 그 계통에서 새로운 길을 볼 수 있었다. 이후 곧바로 이 계통에 뛰어들었다.

그 후 어떤 일을 하면서 지냈나?

푸봉(Poobong) 지역에서 이 계통에 보조원으로 첫발을 들여놓은 후 푸심빙(Pussimbing), 싱탐(Singtam), 싱불리(Singbulli) 등의 여러 다원에서 공장 책임자를 보조하였다. 이후 이곳에서 주임 보조원을 거쳐 책임자로 승진했다. 지난 2002년부터는 고팔다라 지역 세림봉 다원(Selimbong garden)에서 관리자로 일하고 있다.

당신이 매일 하는 일은 무엇인가?

이른 새벽부터 다원을 둘러본다. 점심 이후에는 작업을 감독하기 위해 공장으로 간다. 오후에는 여러 사안들을 체크하기 위해 다시 다원으로 간다. 저녁에는 티를 테이스팅한 후 다음 날의 계획을 세운다.

당신이 티 산업계에 기여를 한 것이 있다면?

나는 다원을 최대한으로 개선하려고 항상 노력해 왔다. 이를 위해 반드시 이론을 따를 필요는 없었다. 예를 들면, 몇 년 전에 다원의 한 구역에 있는 차나무들에 대해 매우 철저하고도 과감하게 가지치기를 하라고 지시한 적이 있었다. 다르질링의 여러 재배인들은 이에 대해 냉담한 반응이었다. 당시 모든 사람들은 가지치기를 한 구역에서 적어도 절반 정도의 차나무를 잃을 것이라고 내다보았다. 일 년 후에 가지치기를 한 차나무들이 다시 자라는 것을 보면서 여러 재배인들이 그때부터 나의 방법을 따르게 되었다. 나는 또한 오늘날 시장에서 볼 수 있는 '원더 티(Wonder Tea)', '클로널 골드(Clonal Gold)', '레드 선더(Red Thunder)' 등 새로운 티들을 많이 개발하였다. 다르질링에서 나는 곧 개혁자로 통한다.

생산을 처음 시작한 이후, 티 산업계에 생긴 변화가 있다면?

내가 티 산업계에 뛰어든 이후로 총 세 번의 트렌드 변화가 있었다. 먼저 1988년에서 1991년 사이에는 티 산업계가 품질이 아니라 양에 집중하였다. 이러한 경향으로 많은 화학약품들이 대량 생산을 위해 사용되었다. 이 당시에는 특히 러시아인들이 품질보다는 양을 중요시하여 인도산 티들을 대량으로 구입하였다.

두 번째로는 1992년에서 1998년 사이로, 소비에트 연방이 붕괴하면서 러시아인들이 인도 시장에서 점점 물러나고, 유럽인들이 주요 고객층을 형성하였다. 이때부터는 품질이 더욱더 중요시되었다. 또한 화학약품을 사용하지 못하도록 중대한 조치들이 내려졌다. 이 과정에서 인도에서는 티의 수출을 위해 화학약품의 '최소 잔류 수준(MRL, minimum residue level)'의 표준을 제정하였다.

세 번째로는 1999년에 차나무의 재배에 새로운 시대가 열린 것이다. 다원의 소유주들이 유기농 재배를 시작한 것이다. 이후로 모든 다원에서는 화학약품의 사용을 대폭 줄여 나갔다. 그리고 지금도 다원들 대부분이 일정 수준의 유기농 재배를 실시하고 있다. 오늘날 티 생산은 전적으로 품질에 기반하고 있는 상황이다.

개인적으로 가장 좋아하는 티가 있다면?

원더 티(우롱차)와 레드 선더(가을 홍차)이다.

인도 티 : Indian Teas

다르질링 사마벙 퍼스트 플러시

Darjeeling Samabeong First Flush

분류 : 홍차.

설명 : 다르질링의 사머벙 다원에서 첫 수확물로 만든 홍차.
국가 공인 유기농 홍차, 공정 무역 상품.

산지 : 다르질링(Darjeeling), 서벵골(Western Bengal).

수확기 : 4월.

재배종 : AV2, P312.

다르질링에서 동쪽으로 매우 먼 곳에 고립되어 있는 사마벙 다원은 히말라야 산지에서도 가장 높은 곳에 위치한 다원으로서 규모가 매우 작다. 19세기에 건립된 이 다원은 파란만장한 역사를 간직하고 있다. 1930년대에 사마벙 다원은 티베트 시장을 겨냥하여 병차를 생산하였다. 이후 소유주가 수차례나 바뀌면서 오랫동안 휴업 상태였는데, 1990년대 지금의 소유주가 인수한 뒤부터 생산이 재개되었다. 그 당시에 다원은 '유기농 공정 무역 사업체'로서 공인을 받았다. 이 다원에서 재배되는 차나무의 약 80%는 중국 품종인 시넨시스 품종이다. 그 나머지는 AV2와 P312와 같이 최근에 꺾꽂잇법으로 복제 증식한 품종들이다.

테이스팅 노트 : 이 찻잎에서는 신선한 품질의 녹차와도 같은 근사한 향미가 난다. 크고 가볍게 휘말린 찻잎들은 매우 밝은 색상을 띠면서 상쾌한 건초 향과 데이지꽃의 향을 부드럽게 풍긴다. 입안에 와 닿는 느낌은 바디감이 가볍고, 민트 같은 자극을 느낄 수 있어 상쾌하다. 매콤하면서도 과일 향과 꽃 향이 조화를 이루는 복합적인 향들은 거의 완벽에 가까운 균형을 이루면서 풍부한 미감을 준다.

우리는 다기 : 티포트.

다르질링 숭마 퍼스트 플러시

Darjeeling Sungma First Flush

분류 : 홍차.

설명 : 다르질링의 숭마 다원에서 첫 수확물로 만든 홍차.

산지 : 다르질링(Darjeeling), 서벵골(Western Bengal).

수확기 : 3월 중순.

재배종 : AV2.

역사가 오래된 숭마 다원은 발라순 강(Balasun river)이 흐르는 계곡을 사이에 두고 고팔다라 다원과 마주보고 있다. 이 다원은 이 지역에서 가장 유능한 전문 농학자로 존경을 받고 있는 자(Jah) 씨가 극찬을 한 곳이다. 1863년에 재배를 시작한 이 다원에는 중국 고유의 품종인 시넨시스 품종이 약 80%, 이 시넨시스 품종을 복제 증식한 품종이 약 15%, 아사미카 품종을 이종 교배로 증식한 품종이 약 5%를 차지하고 있다. 과거 수년 동안에 걸쳐 이 다원은 이 지역에서 최고 다원의 자리를 유지하면서 고품질의 티를 정기적으로 생산해 왔다. 이 다원에서 오래된 중국 품종의 차나무들로부터 생산된 티들은 최고의 등급이 매겨진다.

테이스팅 노트 : 균일한 모양의 건조 찻잎들에는 색상이 연갈색인 것에서 연녹색인 것들이 곳곳에 들어 있다. 이 찻잎들에는 많은 양의 '은아(銀芽, silvery buds)'가 포함되어 있다. 첫 수확물의 티로 우린 찻물은 찻빛이 어둡고 야생화의 향을 풍긴다. 입안에 와 닿는 감촉은 균형을 잘 이룬 느낌이다. 입안에서는 과일 향이 처음에 약하게 풍기다가 점점 더 두드러진다. 미끈한 감촉은 훌륭하게 균형을 이룬다. 마지막으로 머스캣 향이 나기 시작하면서 미묘한 세기의 복숭아 향이 길게 이어진다.

우리는 다기 : 티포트.

다르질링 카스틀레톤 세컨드 플러시

Darjeeling Castleton Second Flush

분류 : 홍차.

설명 : 다르질링의 카스틀레톤 다원에서 두 번째 수확물로 만든 홍차.

산지 : 다르질링(Darjeeling), 서벵골(Western Bengal).

수확기 : 6월.

재배종 : 중국 고유의 품종(시넨시스 품종).

카스틀레톤 다원은 다르질링에서 가장 오래된 다원들 중의 한 곳이다. 1860년대부터 중국 품종들을 주로 재배하고 있다. 이 다원에서 생산되는 티들은 독특한 특징들과 복합적인 향미로 유명하다. 최근에는 많은 재배인들이 일부 재배 구역의 오래된 차나무들을 뽑아내고 그 자리에 생산력이 풍부한 이종 교배종을 심고 있다. 그런데 이러한 상황은 적어도 오래된 차나무만큼은 중요하게 보존해야 한다는 관점을 지닌 '티 공동체(tea community)'에서 논란을 일으키고 있다. 오래된 차나무는 비록 생산성이 낮고 성장 속도가 느리지만 고품질의 티 생산을 위해서는 결코 대체할 수 없는 중요한 '유전적 자원(genetic resource)'이기 때문이다. 이 오래된 차나무의 유전적 형질들은 19세기 중반에 인도에 도입되기 전부터 이미 중국에서 수백 년 동안에 걸쳐 형성된 성과물이기 때문이다.

테이스팅 노트 : 색상이 흑갈색으로 균일한 찻잎에는 '금아(金芽, golden buds)'들이 곳곳에 섞여 있다. 찻잎을 우리면 호두, 설탕에 졸인 무화과, 그리고 생강빵 등의 다양한 향이 풍긴다. 호박색의 찻물에서는 두 번째 수확물에서 전형적으로 풍기는 머스캣 향이 순간 진동하면서 마지막까지 길게 이어진다. 입안에 와 닿는 느낌은 코코아와 흑설탕을 연상시키는 맥아 향이 조화를 이루면서 지속된다. 방향성 복합물들이 매우 풍부한 티이다.

우리는 다기 : 티포트.

다르질링 오텀 고팔다라 '레드 선더'

Darjeeling Autumn Gopaldhara 'Red Thunder'

분류 : 홍차.

설명 : 다르질링의 고팔다라 다원에서 가을에 생산한 홍차.

산지 : 다르질링(Darjeeling), 서벵골(Western Bengal).

수확기 : 10월.

재배종 : AV2, P312, B157.

레드 선더 티는 차나무에서 찻잎을 일 년에 단 며칠 수확하여 생산하기 때문에 그 생산량이 매우 적다. 찻잎들은 고팔다라 다원에서도 가장 높은 지역인 '원더 티(Wonder Tea)' 구역에서 채엽된다. 이 원더 티 구역은 다르질링에서 우롱차를 생산하는 곳으로도 유명하다. 이 티는 가을에 수확하여 매우 강한 산화 과정을 거쳐 생산된다.

테이스팅 노트 : 찻잎은 휘말린 것, 넓게 펴진 것, 불규칙한 것 등 모양이 매우 다양하며, 색상도 옅거나 진한 색조의 구릿빛을 띤다. 새싹들도 매우 풍부하게 들어 있다. 찻잎에서 풍기는 목재 향은 비목나무 향을 연상시킨다. 유연하면서도 짙은 적갈색의 찻물에서는 자극적인 꽃 향이 풍부히 난다. 과일 향과 향신료 향 등 매우 편안한 방향성 성분들은 훌륭한 균형을 이루고 있다. 마지막으로는 고팔다라 차나무의 전형적인 특징인 섬세하면서도 매콤한 향이 뒷맛으로 길게 이어진다.

우리는 다기 : 티포트.

다르질링 아본그로브

Darjeeling Avongrove

분류 : 국가 공인 유기농 백차.

설명 : 인도 다르질링 아본그로브 다원에서 생산한 백차.

산지 : 다르질링(Darjeeling), 서벵골(Western Bengal).

수확기 : 7월.

재배종 : 아사미카 품종의 교배종.

다르질링 지역에서 생산하는 가장 유명한 티는 홍차이며, 지역 티 총 생산량의 약 99%를 차지하고 있다. 그런데 최근 몇 년 사이에 다른 부류의 티들이 등장하였다. 그 대표적인 경우가 아본그로브 다원에서 생산되는 백차이다. 이 백차는 아사미카 품종의 교배종으로부터 '상급 채엽(P+2, 일아이엽)'을 통하여 생산된다. 채엽한 새싹과 찻잎은 분리된 후 약 72시간 동안 위조 과정에 들어간다. 이때 위조 과정은 뜨거운 공기를 사용하지 않고 자연 그 상태로 진행한다. 이어 연해진 새싹들을 120도의 고온에서 건조한다. 마지막으로 수작업을 통해 분류 작업을 진행한다.

테이스팅 노트 : 기다란 새싹들은 미세한 은빛 잔털들로 뒤덮여 있다. 찻잎을 우리면 약간 매콤한 기운이 감돌면서 매우 섬세한 꽃향이 풍긴다. 옅게 빛나는 찻물에서는 신선한 버섯, 바닐라, 화이트 초콜릿 등의 향이 난다. 입안에서는 오렌지꽃 향과 후추 향이 결합하여 우아한 감촉이 느껴진다. 찻물의 감촉은 벨벳같이 부드럽고, 신선한 건초 향과 꿀 향을 풍긴다. 뒷맛은 균형을 이루면서 매우 부드럽다.

우리는 다기 : 티포트.

다르질링 고팔다라 원더 티 퍼스트 플러시

Darjeeling Gopaldhara Wonder Tea First Flush

분류 : 우롱차.

설명 : 인도 다르질링 고팔다라 다원에서 첫 수확물로 생산한 우롱차.

산지 : 다르질링(Darjeeling), 서벵골(Western Bengal).

수확기 : 3월 하순.

재배종 : B157, AV2, P312의 혼합.

원더 티는 다르질링 지역 중에서도 가장 높은 곳에 위치한 고팔다라 다원에서 생산된다. 이 고팔다라 다원의 해발고도는 2200m에 이른다. 원더 티는 고팔다라 다원에서도 매우 특별한 구역의 차나무로부터 생산된다. 고팔다라 다원에서는 기존의 홍차 가공 방식을 우롱차 가공 방식에 적용하여 원더 티를 생산하고 있다. 훌 등급의 찻잎을 위조한 후 약 35% 정도로 산화시킨다. 이와 같은 고품질의 원재료에 적용하는 다르질링의 전문 기술들은 뛰어난 품질의 티 개발로 이어지면서 오늘날까지도 티 산업계에서 그 권위를 인정을 받고 있다.

테이스팅 노트 : 구릿빛이 감도는 녹색의 찻잎들은 매우 크고 온전한 모양이다. 찻잎을 우리면 자극적인 향들이 풍기는데, 특히 건초 향과 산화된 사과 향이 혼합된 듯한 꽃 향이 강하게 솟아난다. 황금빛의 찻물은 강한 과일 향을 풍기면서 매우 부드럽다. 꽃 향이 마지막까지 지속되면서 신선한 복숭아 향, 멜론 향에 이어 고팔다라 티의 특징인 셀러리 향과 후추 향이 길게 이어진다. 이 티는 향미가 균형을 잘 이루고 있는데, 특히 입안을 가득 채우는 느낌은 긴장을 이완시키면서 매우 큰 즐거움을 준다.

우리는 다기 : 티포트.

아삼 두플래팅 오서독스

Assam Duflating Orthodox

분류 : 홍차.

설명 : 아삼 지역의 두플래팅 다원에서 오서독스 방식으로 생산한 홍차.

산지 : 아삼(Assam).

수확기 : 6월.

재배종 : 아사미카 품종의 교배종.

아삼 지역은 차나무의 재배 면적이 세계에서 가장 넓은 지역에 속한다. 특히 두플래팅 다원은 그 아삼 지역 중에서도 가장 큰 다원이다. 이 두플래팅 다원은 고용인이 수천 명에 이르며, 연간 생산량도 약 1000톤에 달한다. 아삼 지역에 있는 대부분의 다원들은 티를 대량 유통할 목적으로 CTC 방식을 사용해 생산하고 있다. 그럼에도 극히 일부 다원에서는 오서독스 방식으로 고품질의 티를 생산하고 있다. 이 양질의 티는 최상의 아삼 그랑크뤼에 속한다. 이런 다원에서는 다른 곳과는 달리 상급 채엽의 수확물로 가공하여 엄격한 분류를 통해 티를 생산하고 있다.

테이스팅 노트 : 작고 휘말린 찻잎들에는 섬세한 '금아(金芽, golden buds)'들이 풍부하게 들어 있다. 찻잎을 우리면 곡물 향과 블론드 타바코(황색종 담배)의 향이 진하게 풍긴다. 찻물은 짙은 주홍빛으로 빛난다. 입안에서의 감촉은 연하면서도 부드럽다. 맥아 향이 흑설탕 향과 아몬드 향, 그리고 꽈리의 과일 향들과 조화를 이루면서 약간 쓴맛이 난다. 타닌의 맛은 균형을 잘 이루고 있다. 약한 떫은맛은 탄 설탕의 뒷맛과 함께 긴 여운을 남긴다.

우리는 다기 : 티포트.

닐기리 쿠누르

Nilgiri Coonoor

분류 : 홍차.

설명 : 닐기리 쿠누르 다원에서 생산한 홍차.

산지 : '블루마운틴'으로 알려진 서고츠 산맥의 닐기리 암괴 지대.

수확기 : 2월~6월.

재배종 : 아사미카 품종의 교배종.

이 티는 인도에서 생산량이 점점 더 증가하는 추세이다. 인도에서는 많은 다원들이 일반적인 상업용 티와 함께 '스페셜티 티(specialty tea)'를 개발하고 있다. 현재 이 티들은 전 세계의 스페셜티 티 전문점을 겨냥하여 매우 적은 양으로 생산된다. 닐기리 쿠누르 다원에서 생산하는 독특한 홍차도 스페셜티 티의 한 예이다. 이 지역에서는 같은 유형의 티들이 거의 없다. 아삼 지역의 베테랑 재배인 인디 칸나(Indi Khanna)는 유명한 쿠누르 다원의 일부 구역을 매입한 후 아사미카 교배종들을 유기농법으로 재배하고 있다. 이 유기농 찻잎은 소규모의 공장에서 수작업으로 가공되고 있다.

테이스팅 노트 : 커다랗고 긴 찻잎들은 눈에 매우 잘 띈다. 오스만투스꽃 향과 함께 복숭아 향과 조리된 파파야 향이 뒤섞여 과일 향이 풍긴다. 입안에서는 타닌이 훌륭한 균형을 이루면서 맥아 향미도 약하게 난다. 이어 후추 향, 코리앤더 씨앗 향, 오렌지 껍질 향, 그리고 조리된 과일의 향들이 펼쳐지다가 마지막에는 타닌 성분이 입안을 감돌면서 그 향미가 길게 이어진다.

우리는 다기 : 티포트.

다국적 티 생산국

실론티의 나라 _ 스리랑카,
세계 지붕의 티 생산국 _ 네팔,
떠오르는 티 생산국 _ 베트남,
홍차 생산의 신대륙 _ 동아프리카 해안국

중국, 일본, 타이완, 그리고 인도 외에도 전 세계의 수많은 나라들이 티를 생산하고 있다. 이 장에서는 스리랑카, 네팔, 베트남, 그리고 동아프리카 해안국인 케냐와 말라위를 테루아를 중심으로 소개한다.

실론티의 나라 _ 스리랑카

스리랑카는 이전에는 국명이 '실론(Ceylon)'이었다. 인도 최남단에서 약 40km의 해상에 위치한 도서 국가 스리랑카는 전 지역이 열대 기후에 속한다. 스리랑카는 FAO에 의하면, 2013년도 기준 케냐, 중국 다음으로 세계 3위의 티(이전 국명을 붙여 '실론티'라고도 한다) 수출 대국이지만, 그 티 산업의 역사는 의외로 짧다. 1860년 이전에는 스리랑카에 차나무가 한 그루도 없었다. 대신에 커피 농장들이 스리랑카 전체를 뒤덮고 있었다. 당시에는 커피가 스리랑카의 주요 경제적 수익원이었다.

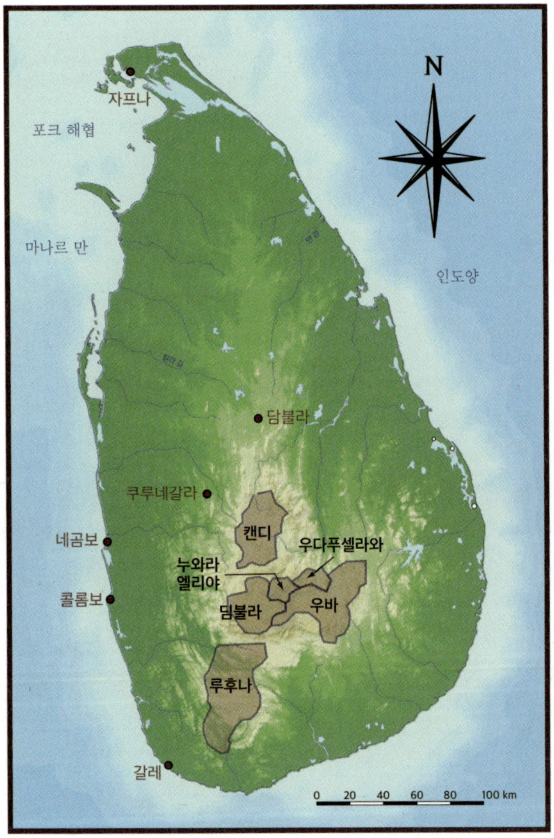

스리랑카에서 차나무의 시배지로서 다원을 최초로 건립한 사람은 당시 대규모의 커피 농장에서 근무하였던 영국인 제임스 테일러(James Taylor)였다. 테일러는 영국의 '왕립 페라데니야식물원(Royal Botanical Gardens of Peradeniya)'에서 얻은 차나무 씨앗 몇 개로 다원 건립에 처음으로 나섰다. 테일러는 1860년대에 '제7구역(field No. 7)'이라는 룰레콘데라(Loolecondera) 다원에서 재배 방식과 찻잎의 가공 방법 등을 실험하였다. 캔디(Kandy) 지역에 있는 이 룰레콘데라 다원은 스리랑카에서 차나무가 최초로 재배된 곳으로 평가를 받고 있다. 그런데 테일러의 이러한 노력들은 갑작스런 전염병으로 커피 농장들이 초토화되고 스리랑카의 티 산업이 시작되면서 세상에서 빛을 보기 시작하였다.

1869년에 '기생성 곰팡이균(*Hemileia vastarix*)'이 섬 전역의 커피나무 잎들에 전염된 지 불과 수십 년 만에 스리랑카의 커피 농장들이 초토화되었다. 이후 대체 작물을 찾던 재배인들이 테일러의 방식을 도입하여 차나무의 재배에 나섰던 것이다. 당시 스리랑카에서는 이미 농업 시스템이 확립되어 있었고, 재배인들도 커피 재배를 통해 숙련된 기술을 갖추고 있었기 때문에 커피나무에서 차나무로의 재배 전환은 신속하게 이루어질 수 있었다. 이후 스리랑카는 1875년에 차나무의 재배 면적이 400헥타르였던 것이 1900년에는 12만 헥타르에 이르게 되었다.

스리랑카 티는 두 개의 조그만 상자 속에 밀봉된 상태로 1872년에 최초로 수출되었다. 이후 영국에서 '실론티'의 수요가 급증하면서 스리랑카 티 산업은 크게 성장하였다. 또한 1890년에는 영국의 상인 토머스 립턴(Thomas Lipton, 1850~1931)에 의해 차나무의 재배 산업도 폭발적으로 성장하였다. 당시 다원들을 헐값으로 사기 위해 스리랑카에 들어왔던 립턴은 낮은 생산비로 티를 대량으로 생산할 수 있는 산업 설비에 많은 투자를 하였다. 립턴은 이와 동시에 소비자들이 이끌릴 만한 포장 기술을 개발하는 데에도 많은 노력을 기울였다. 1990년대 소련이 붕괴된 후의 스리랑카는 새로이 들어선 수많은 공화국으로 티를 수출하여 많은 수익을 올렸다.

오늘날 스리랑카의 티 산업은 매우 잘 조직되어 있으며, 정부도 티 산업을 매우 높은 수준으로 통제하고 있다. 모든 티들은 콜롬보 지역에서 경매를 통해 판매되고 있다.

최근 몇 년 사이에 스리랑카는 세계 3위의 티 수출 국가에

올랐으며, 티 생산도 여느 국가들과 마찬가지로 증가하고 있다. 비교적 높은 생산비와 철저한 품질 관리는 오늘날 스리랑카 티 산업의 고유한 특징이 되었다.

스리랑카 티 산업

연중 수차례나 수확할 수 있을 정도로 천혜의 기후를 갖춘 스리랑카는 세계에서도 네 번째로 큰 재배 면적을 자랑하고 있다. FAO에 따르면 지난 2013년 기준, 재배 면적은 22만 1969 헥타르였다. 연간 티 총 생산량은 34만 230톤으로서 세계 연간 티 총 생산량의 약 7%를 차지하고 있다. 스리랑카는 수출 시장에 의존성이 매우 높아 수출 대상 국가들의 높은 기준에 맞춰 생산량의 거의 전부를 수출하고 있다.

다원들

스리랑카에서는 다원들이 산지에서부터 남부의 평원에 이르기까지 섬 전역에 분포하고 있다. 다원들 대부분은 고원의 사면인 동부와 서부, 그리고 남부에 밀집해 있다. 그러한 다원들은 고도에 따라 보통 세 그룹으로 분류된다.

- 저고도의 다원(해발고도 약 600m).
- 중고도의 다원(해발고도 약 600m~1200m)
- 고고도의 다원(해발고도 약 1200m~2000m)

재배 지역

스리랑카는 다원들이 섬 전역에 분포하고 있다. 그중에서도 고품질의 티를 생산하는 주요 지역으로 특히 세 곳이 유명하다. 누와라엘리야(Nuwara Eliya), 딤불라(Dimbula), 우바(Uva) 지역이다.

누와라엘리야 지역에는 스리랑카 최고봉이 위치해 있으며, 해발고도 약 2000m인 고지대에서 경사지는 산비탈과 산악 계곡들이 펼쳐진다. 덥고 습한 기후로 연중 수차례의 수확이 가능하다. 최고 품질의 수확물들은 2월에서 3월 사이에 집중적으로 채엽된다.

스리랑카에서도 가장 중요한 재배지들 중 한 곳으로 인식되는 딤불라 재배지는 커피나무들이 유행성 전염병으로 초토화되던 1870년대에 조성되었다. 이곳의 다원들은 해발고도 1000m에서 1700m에 이르는 산비탈을 따라서 고르게 분포

하푸탈레 지역에 있는 한 다원의 모습.

한다. 고품질의 티 생산을 겨냥한 수확물들은 2월에서부터 3월 사이에 채엽된다.

산 중앙부에서 동부 사면으로 따라 높은 곳에 위치한 우바 지역의 다원들은 해발고도가 1000m~1700m이다. 이 지역은 누와라엘리야나 딤불라와는 다른 기후 조건으로 인해 최고 품질의 수확물들이 가을인 9월에서 10월 사이에 채엽된다.

세계 지붕의 티 생산국 _ 네팔

네팔인들은 칸첸중가 산 꼭대기에 사는 시바(Siva) 신이 매일같이 아침저녁으로 부드러운 산들바람을 다원으로 불어 보내 최고 품질의 티를 창조해 준다고 믿는다.

북으로는 중국, 남으로는 인도 사이에 위치한 네팔은 세계의 지붕이라는 히말라야 산맥 중심부에 자리하고 있다. 여러 고봉들이 해발고도 8000m 이상으로 치솟아 있어서 네팔은 인도의 다르질링과 매우 비슷한 기후를 띤다. 그런데 다르질링의 경우에는 현재 투자를 통해 수익을 내고 있으며, 생산은 이미 수출 시장을 넓혀 가고 있지만, 네팔의 경우에는 정부의 비효율적인 관리가 오히려 티 산업의 민영화에 심각한 방해 요소가 되고 있다.

그럼에도 네팔의 티 산업은 지난 10년 사이에 눈부시게 성장하였다. 재배 면적은 1996년에 3500헥타르였던 것이 2004년에는 1만 5000헥타르, 2013년에는 1만 9036헥타르에 이르렀다. 연간 티 생산량도 3202톤(1996년), 1만 2843톤(2004년), 2만 588톤(2013년)으로 급속히 증가하였다. 이외에도 네팔은 티 산업의 미래가 밝다. 최근 들어 다원들의 티 생산성이 향상되고 있기 때문이다.

네팔은 국내 소비 시장을 겨냥하여 CTC 방식으로 홍차를 주로 생산하고 있다. 이 홍차의 대부분은 해발고도 300m 이하인 테라이 평원(Terai Plains)에서 수확하여 생산하고 있다. 반면 오서독스 방식으로 홍차를 생산하는 다원들은 극히 일부에 불과하다. 그러나 이 오서독스 방식의 홍차는 방향적 특질이 다르질링 티와 매우 비슷하여, 현재는 수출을 목표로 생산하고 있다. 이러한 홍차는 단쿠타(Dhankuta), 타플레중(Taplejung), 판치탈(Panchthar), 일람(Illam)의 산악 지역에서 볼 수 있으며, 특히 일람과 단쿠타 지역에서는 네팔 최고 품질의 티들이 생산되고 있다.

네팔은 현재 좋은 품질의 티들을 다양하게 생산하고 있으며, 생산 방식도 상업화 수준에 이르렀다. 그러나 네팔 티 산업계가 발전하기 위해서는 아직도 극복해야 할 장애물들이 많다. 불안정한 정치적 상황, 경제적 극빈 상황, 나쁜 도로 상태 등은 투자를 어렵도록 만들고 있다. 그런데 인도 다르질링의 차나무 재배지에서 근무하고 있는 일부 재배인들이 네팔의 재배 지역에 관심을 보이고 있다. 네팔의 재배 지역이 인도 다르질링의 재배 지역과 환경 조건이 매우 유사하기 때문이다. 이 재배인들이 만약 그들의 계획을 실행하여 결실을 맺는다면, 다르질링의 전문 지식과 축적된 경험들도 자연스럽게 네팔로 유입될 것이다. 앞으로 히말라야 산지에서 그랑크뤼급의 티를 보는 것도 머지않아 보인다.

네팔의 채엽 인부들이 하루의 일과를 시작하기에 앞서 채비하고 있는 모습.

떠오르는 티 생산국 _ 베트남

베트남도 중국과 마찬가지로 차나무를 재배한 전통이 매우 깊다. 일부 지역의 전설에 의하면, 베트남에는 차나무가 중국과의 접경 지역인 '황금의 삼각지대(the Golden Triangle)'로부터 약 1000년 이상 전에 들어왔다고 한다. 황금의 삼각지대는 라오스, 미얀마, 태국의 접경 지대로서 일확천금의 대명사인 아편의 최적 생산지이다. 오늘날 베트남에서는 차나무의 재배 산업이 매우 잘 정착되어 있다. 티 산업계에 종사하는 사람들의 수도 약 200만 명 이상에 이른다. FAO에 따르면 2013년 기준, 재배 면적은 12만 1649헥타르, 연간 티 생산량은 21만 4300톤에 이른다. 약 10년 전인 2004년에 재배 면적이 8만 헥타르, 연간 티 생산량이 9만 9200톤이었던 것에 비하면 폭발적인 성장세이다. 베트남에서 생산된 티들은 주로 국내 시장에서 유통되고 있으며, 일반인들도 쉽게 구입할 수 있을 정도의 적당한 가격대로 거래되고 있다.

재배 지역

베트남은 중심부의 열대 지역에서부터 북부의 산지에 이르기까지 약 30곳 이상의 지역에서 차나무를 재배하고 있다. 티 분류별 생산 비중은 홍차가 약 60%(오서독스 방식의 홍차는 극히 비중이 낮다), 녹차가 약 35% 정도 된다. 나머지는 재스민차, 우롱차 등이다. 그리고 베트남 연간 티 생산량의 약 65% 이상은 북부 지역에서 생산된다. 남부 지역의 산지에서는 타이완 사람들의 투자로 인해 우롱차들이 대량으로 생산되고 있다.

타이응우옌 Thai Nguyen

타이응우옌은 베트남의 주요 재배 지역으로서 티의 품질이 매우 우수한 곳으로 유명하다. 이 지역의 해발고도 300m에서 500m 사이의 다원들에서 생산되는 찻잎의 양은 쌀이나 옥수수보다 생산량이 많다. 타이응우옌 지역의 티 산업은 전 과정을 혼자서 직접 도맡아 진행하는 장인들의 작은 단위체에 기반을 두고 있다. 특히 그들 중 일부는 자신들이 생산한 티를 직접 팔거나 유통한다. 그러나 대부분의 티들은 대기업이 구입한 후 포장 작업을 거쳐 슈퍼마켓을 통해 판매하고 있다.

다원들

베트남은 천혜의 자연 조건(기후, 비옥한 토양 등)으로 티 재배에 매우 유리한 국가이다. 베트남에 있는 다원들은 규모가 매우 작아서 대부분 면적이 500제곱미터 이하이다. 채엽과 다음 채엽 사이의 기간에는 차나무의 높이를 60cm로 유지하기 위해 가지치기를 한다. 그리고 차나무들은 보통 20~30cm 간격으로 심고, 이랑 사이의 폭은 40~60cm 정도로 유지한다. 그리고 조그만 규모의 다원들이 매우 밀집되어 있다. 수확기는 3월부터 11월 초까지이며, 최고 품질의 수확물은 4월과 9월에 채엽된다.

재배종

베트남 토종 차나무에는 '쭝주라노(Trung Du La Nho)'라는 품종이 있다. 그 이름은 '중소형 크기의 찻잎'이라는 뜻이다. 베트남 북부 지역에서 재배되는 차나무의 약 70%를 이 품종이 차지하고 있다. 다른 품종들도 또한 재배되고 있다. 그 대표적인 경우가 중국으로부터 도입된 'LDPI'과 'TLE777'이다. 베트남에서는 이 두 품종을 이종 교배한 'LT' 품종을 다양한 용도로 재배하고 있다.

베트남의 산지에서 녹차를 분류하는 모습.

홍차 생산의 신대륙 _ 동아프리카 해안국

19세기에는 많은 국가들이 차나무를 재배하기 시작했다. 특히 아프리카에서 차나무의 재배가 정착된 것은 유럽 식민지 시대의 직접적인 산물이었다. 아프리카 대륙에서는 1850년대 남아프리카의 나탈(Natal) 지역에서 있었던 실험 재배를 계기로 다원이 최초로 건립되었다. 그리고 상업적인 재배는 1877년에 스테인저(Stanger) 지역에서 최초로 시도되었다. 그러한 상업적인 재배는 1920년대에 이르러 본격적으로 시작되었다. 오늘날 아프리카 대륙에서는 티를 생산하는 국가들이 십여 국이 넘는다. 그들 국가의 대부분은 CTC 방식을 사용하고 있다. 주요 티 생산국은 케냐(Kenya), 탄자니아(Tanzania), 우간다(Uganda), 부룬디(Burundi), 말라위(Malawi), 모잠비크(Mozambique), 르완다(Rwanda) 등이다.

아프리카 대륙의 평균 티 생산량은 1헥타르당 2톤으로, 중국의 경우(0.7톤/ha)보다 많다. 그리고 티 생산도 거의 대부분 홍차에 집중되어 있다.

오늘날에는 스페셜티 티 시장의 성장과 함께 오서독스 방식(172페이지 참조)을 통해 티의 품질을 개선하려는 노력들이 진행되고 있다. 또한 홍차 외에 녹차, 백차와 같은 다른 분류의 티들도 아프리카 대륙에서 새로이 생산되고 있다. 이와 같은 실험적인 생산은 아프리카에서도 고품질의 티를 생산하고 있는 케냐와 말라위의 두 국가에서 진행되고 있다.

케냐 Kenya

20세기 초 이후, 케냐는 오늘날 아프리카 대륙에서 가장 중요한 티 생산국이 되었다. 더 나아가 세계에서도 티 생산량 제3위(2013년 기준)의 국가로 올라섰다. 케냐는 FAO에 의하면 지난 2013년 기준, 재배 면적이 19만 8600헥타르였으며, 연간 티 총생산량은 43만 2400톤에 이른다. 대부분의 다원들은 해발고도 1500m~2000m인 산지에 집중되어 있다. 일부는 리프트밸리(Rift Valley) 서부에도 분포하고 있다. 또한 케냐는 FAO에 의하면 2012년 기준, 연간 티 수출량이 23만 4181톤으로 중국과 1~2를 다투고 있다. 가장 유명한 다원으로는 밀리마(Milima), 마리닌(Marinyn), 그리고 캉가이타(Kangaita)가 있다. 이 다원들에서는 CTC 방식과 오서독스 방식을 모두 사용하여 티를 생산하고 있다.

말라위 Malawi

아프리카 대륙에서 티를 최초로 생산한 나라인 말라위는 오늘날에도 여전히 아프리카의 주요 티 생산국이다. 말라위의 티 산업은 대체로 장인들로 구성된 소규모 단체에 기반을 두고 있다. FAO에 따르면 2013년 기준, 재배 면적은 2만 5600헥타르이며, 연간 티 생산량은 5만 4000톤이다. 르완다에서 티는 목화 다음으로 생산량이 많은 두 번째 주요 상업 작물이다.

차나무는 르완다에서 1878년에 처음으로 재배된 이후, 그

루이보스(rooibos)

루이보스는 남아프리카에서만 자생하는 콩과의 식물로서 학명이 아스팔란투스 리네아리스(*Aspalantus linearis*)이다. 이곳의 주민들은 루이보스를 수백 년 전부터 음료로 만들어 마셨다. 이 식물은 남아프리카 공화국의 케이프타운에서 북쪽으로 약 200km에 위치한 세다버그(Cedarberg) 지역에서 재배된다. 루이보스는 높이 약 1~2m 정도로 자라면서 조그만 덤불을 형성한다. 그 잎과 줄기는 수확한 후 자르고, 으깨어, 산화시킨 후 햇볕에 건조한다. 흔히 '레드 티(red tea)'로 불리는 루이보스에는 미네랄과 비타민이 풍부하게 함유되어 있다. 밝은 적색을 띠는 루이보스 티는 과일 향이 나면서 상큼한 맛이 난다.

말라위에 있는 한 다원의 전경. 대형 차광나무 아래로 차나무들이 무성히 자라고 있다.

재배 지역이 티올로(Thyolo), 물란제(Mulanje)로 확산되었다. 이와 동시에 남아프리카공화국 동부인 쿠아줄루나탈(KwaZulu-Natal) 지역의 차나무들이 르완다로 이식되었다. 그러나 이 차나무들은 르완다의 예측 불가능한 기상 조건 등으로 인해 잘 자라지 못하였다. 이후 르완다는 1920년대에 당시 작물육종학(作物育種學, thremmatology)에서 앞서 있었던 인도로부터 아열대 기후에 보다 더 적합한 아사미카 품종들을 수입하였다.

오늘날 르완다에서 차나무의 재배 지역은 티올로, 물란제를 포함해 남부 지역에 집중되어 있다. 특히 물란제는 르완다에서도 가장 중요한 재배 지역이다.

말라위에서 생산된 티들은 비교적 잘 알려져 있지 않다. 또한 그 대부분은 티 블렌딩에 사용되고 있다. 말라위의 다원들은 대부분 외국 기업들의 소유이며, 생산된 티들도 유럽으로 수출되고 있다. 수확기는 남반구에서는 여름철 10월에서 이듬해 4월까지이다.

스리랑카 티 : Sri Lankan Teas

실론 우바 아다와테 Ceylon Uva Adawatte

분류 : 홍차.

설명 : 우바 지역의 아다와테 재배 단지에서 생산한 홍차.

산지 : 우바(Uva).

수확기 : 7월~10월.

재배종 : 아사미카 품종의 교배종.

스리랑카는 차나무를 재배하기에 좋은 자연 조건을 갖추고 있다. 또한 인도의 대규모 재배 농장으로부터 전문 재배 기술들이 대량으로 이전되었다. 특히 우바 지역은 전통적으로 고산 지대에서 생산되는 그랑크뤼급의 티들로 매우 유명하다. 그런데 약간 낮은 고도에 위치한 아다와테 재배 단지에서도 양질의 티를 생산하고 있다. 아다와테 재배 단지에서는 1930년대에 심은 순수 아사미카 품종의 교배종으로부터 티를 생산하고 있다. 이 티들은 오서독스 방식으로 가공되어 티의 명성을 더해 주고 있다.

테이스팅 노트 : 찻잎은 어두운 색상을 띠면서 가지런한 크기로 휘말려 있다. 찻잎을 우리면 놀라울 정도로 풍부한 향들이 풍긴다. 찻물은 짙은 주황색을 띠며, 강한 당밀(molasses) 향, 목재 향, 과일 향을 풍긴다. 입안에서는 건조 토마토를 연상시키는 약간 새콤한 맛이 난다. 이어 은은한 목재 향을 배경으로 쓴맛이 이어진다. 후추 향과 민트의 향들은 입안을 가득 채우면서 놀라운 조화를 이룬다. 뒷맛으로 토닉의 향미가 떫은맛과 함께 긴 여운을 남기면서 사라진다.

우리는 다기 : 티포트.

네팔 티 : Nepalese Teas

네팔 피칼 Nepal Fikkal

분류 : 국가 공인 유기농 녹차.

설명 : 피칼 다원에서 생산하는 '일본식 녹차'.

산지 : 일람(Illam).

수확기 : 4월~6월.

재배종 : 야부키타(일본), AV2(인도 다르질링).

네팔의 티 산업계는 대부분 홍차를 생산하고 있다. 그런데 이 피칼 다원에서는 예상 밖에도 유기농 녹차 생산에 주력하고 있다. 최근에는 일부 재배인들이 결집하여 인도 다르질링 지역의 차나무와 일본의 차나무를 이종 교배한 차나무로 소규모의 다원들을 건립하기 위해 총력을 펼치고 있다. 소규모의 가공 공장에는 일본에서 들여온 소형 가공 기계들이 시설되어 있다. 이러한 노력들은 아직까지는 실험적 단계에 머물러 있지만, 장기적으로는 네팔에서 고품질의 녹차를 대량으로 생산하는 것이 목표이다.
현재 네팔에서는 다양한 종류의 녹차들이 판매되고 있지만, 특히 피칼 다원에서는 고품질의 '일본식 녹차'를 생산하고 있다.

테이스팅 노트 : 작은 바늘 모양의 찻잎들을 우리면 약한 아이오딘 향이 뒤섞인 초본식물의 향이 물씬 풍긴다. 맑고 매우 약한 초록기가 감도는 찻물에서는 식물성 향들이 나기 시작한다. 입안을 감도는 맛은 코코아와 재를 연상시키는 약한 쓴맛을 지니면서 신선한 풀 향이 날카롭게 풍긴다. 특히 녹두와 셀러리의 향이 매우 강하다. 이어 미네랄과 바닷바람의 향이 미세한 떫은맛과 함께 조화를 이룬다.

우리는 다기 : 티포트.

베트남 티 : Vietnamese Teas

딴후옹 Tan Huong LT

분류 : 녹차.

설명 : 딴후옹 지역에서 LT 재배종으로 생산한 녹차.

산지 : 타이응우옌(Thai Nguyen).

수확기 : 4월~6월.

재배종 : 야부키타(일본), AV2(인도 다르질링).

딴후옹 LT 품종의 차나무는 하노이 북부인 타이응우옌 지역이 원산이다. 타이응우옌 지역에서는 티가 주요 작물로 생산되며, 다원들도 아름답게 정리되어 있다. 이 지역의 거의 모든 가구들은 개인 소유의 작은 다원들을 운영하고 있다. 1980년대 초부터는 여러 가구들이 단체를 구성하여 공동으로 운영하고 있다. 즉 단체의 전원이 참석하여 개별 회원들의 티를 생산하는 방식이다. 타이응우옌에서는 이러한 협동 작업을 통해 티를 유기농으로 생산하고 있다.

테이스팅 노트 : 기다랗게 휘말린 회녹색의 찻잎들은 거친 모양이지만 깨끗한 상태이다. 찻잎을 우리면 훈제 고기와 옥수수 향이 풍기면서 식욕을 북돋운다. 부드럽게 풍기는 향은 청경채(bok choy, 중국 배추)와 조리된 브로콜리를 연상시킨다. 입안에서 풍기는 가벼운 식물성 향들은 콧속을 맴돈다. 또한 약간 초본식물 향과 탄 향이 나면서도 달콤한 식물성 향들이 풍부하게 이어진다. 마지막으로 타닌 성분의 달콤하면서도 떫은맛이 대조를 이루면서 긴 여운을 남기며 사라진다.

우리는 다기 : 티포트.

아프리카 티 : African Teas

케냐 캉가이타 Kenya Kangaita

분류 : 공정 무역 홍차.

산지 : 키린야가(Kirinyaga).

수확기 : 연중.

재배종 : 아사미카 품종의 교배종.

케냐 캉가이타 지역에 있는 티 가공 공장들은 1965년에 건립되었다. 해발고도 약 1900m에 이르는 곳에 위치한 이 가공 단지에서는 약 3700명의 소농들이 납품한 찻잎들을 가공한다. 키린야가 지역에서는 캉가이타 티를 아사미카 품종의 교배종을 이용해 오서독스 방식으로 생산하고 있다. 그 밖의 다른 지역에서는 CTC 방식으로 생산하고 있다.

테이스팅 노트 : 건조 찻잎의 외관은 홍차의 전형적인 모습이다. 찻잎을 우리면 맥아와 향신료의 향들이 따뜻이 풍긴다. 콧속으로는 귀리 향과 캐러멜 향이 진동을 하고, 여기에 월계수 잎과 후추 향이 더해진다. 입안에서의 촉감은 곡물을 살짝 볶은 강한 향과 함께 생동감이 넘친다. 강한 타닌의 향미는 감귤류 껍질의 쓴맛과 함께 오래도록 이어진다.

우리는 다기 : 티포트.

PART 3

티의 준비와 테이스팅

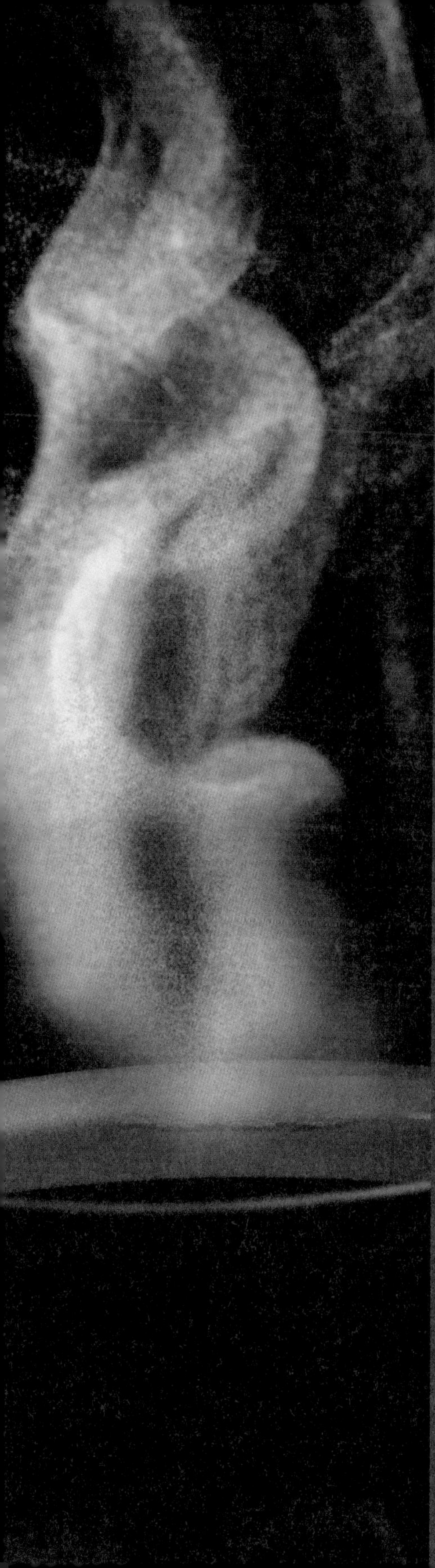

티를 준비하는 기술

16세기 말 일본의 위대한 티마스터인 센노리큐는 다음과 같이 언급하였다. "티는 뜨거운 물과 찻잎을 준비하고, 적당히 우린 것이다. 이것이 우리가 알아야 할 티의 전부이다." 오늘날 일본 차도(茶道)의 기반을 확립한 인물이 티에 관하여 이와 같이 극도로 단순하게 언급했다는 사실은 매우 놀라운 일이다. 그런데 이와 같은 언급은 본질적으로는 맞는 내용이다. 티를 준비하는 일은 매우 단순한 과정이기 때문이다. 그럼에도 불구하고 티는 우리의 경험상으로는 매우 변화무쌍하다. 티를 동일한 방식으로 준비했음에도 어떤 날은 완벽히 우려내고, 또 어떤 날은 성공적으로 우려내지 못하기 때문이다.

다양한 다관

전 세계의 티마스터들과 티 애호가들은 오래전부터 티를 완벽하게 준비하는 방법들을 모색해 왔다. 최상의 음료로 만들기 위해 단순한 방식으로든지, 고도로 의식적인 방법이든지 간에 각각의 방법들은 특정한 생활양식에 맞게 고유의 티 예술로 발전하였다. 물론 티를 우리는 방법은 근본적으로 개인마다 다르다. 그러나 티를 준비하는 방식을 개발하고 발전시켜 일상의 음용 방식에 적용할 수도 있다. 다관은 이러한 목적을 위해 최적화된 용기이다. 여기에서는 특정한 문화와 의식과 관련이 있는 다양한 종류의 다관을 살펴본다.

이싱 차호 宜興茶壺, Yixing teapots

도기인 이싱 차호(자사호라고도 한다)는 장쑤성 이싱시(宜興市)가 원산지이다. 이싱 차호는 원재료인 점토(광물토)에 다공성이 풍부하여 티를 우리면 그 티가 내벽에 스며들어 향미가 배어든다. 이는 차호가 마치 그 티를 '기억(memory)'하고 있는 듯하여, '메모리 티포트(memory teapot)'라고도 한다.

점토로 빚은 도기가 처음 만들어진 것은 한대(漢代)로까지 거슬러 올라간다. 그러나 본격적으로 생산이 시작된 것은 명대(明代) 중기인 약 1500년경부터이다. 그리고 이싱 차호가 유럽으로 전해진 것은 17세기 말이었다. 이후 유럽인들의 수요가 높아지면서 중국의 도공들이 그들의 기호에 맞춰 여러 종류의 도기들을 생산하였다.

이싱시는 중국 장쑤성에 있는 도시로서 상하이 서쪽에 위치해 있다. 이 지역은 도공들의 창조적인 예술뿐 아니라 점토의 품질이 좋기로 매우 유명하다. 이싱시는 이러한 우수한 품질의 점토로 중국 내뿐 아니라 해외에서도 유명한 '이싱 차호(자사호)'를 생산하는 것이다. 생산의 중심지는 이싱시 인근인 둥산 산(东山) 지역이다. 이싱시에는 차호를 수작업으로 생산하는 소규모의 작업장들과 대량으로 생산하는 대형 공장들이 많이 들어서 있다.

이싱 차호는 특히 홍차, 우롱차, 보이차를 우리는 데 매우 적합하다.

이싱 점토(宜興粘土, Yixing clay)

이싱 점토에는 색깔에 따라 세 가지의 유형이 있다. '자주색 형', '적색 형', 그리고 '황색 형'이 있다. 이싱 점토가 독특한 특징을 띠는 이유는 다음과 같다.

- 유연성이 좋다. 따라서 가공성이 뛰어나 도공들이 손으로 도예 기술을 펼치는 데 유리하다.
- 다공성이 풍부하여 티가 잘 스며든다. 따라서 이싱 차호는 한 종류의 티를 계속 우리는 데 사용한다. 이런 특성으로 '차호를 키운다'는 표현도 등장하였다.
- 산화철의 함유량이 높다.

이 점토는 암석으로부터 얻는다. 암석을 채취하여 잘게 으스러뜨리고 물에 헹궈 낸 후, 반죽을 만들면서 고르게 뒤섞는다. 이싱 점토의 세 가지 유형의 색상들은 암석이 채취된 깊이와 장소, 또는 도공들의 가열 방식에 따라 달라질 수 있다. 뚜껑으로 살짝 두드릴 때 차호에서 나는 소리는 매우 독특하여 그 소리를 통해 품질도 판별할 수 있다. 소리는 맑은 금속성 소리의 특징을 띤다.

메모리 티포트(memory teapot)

뜨거운 티가 이싱 차호 안에 들어 있으면 티의 타닌 성분이 내벽에 흡수된다. 이후 티를 계속해서 우리면 내벽에 타닌 성분이 퇴적층을 형성한다. 이처럼 메모리 티포트(이싱 차호)는 내벽이 그 퇴적층으로 코팅된 것이다. 이후 티포트에 티를 우리면 우릴수록 향은 더욱더 풍부해진다.

이싱 차호의 독특한 특징

공부식 다도용으로 사용하기 위해 제대로 제작된 이싱 차호라면 다음과 같은 특징들이 있다. 주둥이의 끝부분과 손잡이의 맨 윗부분은 차호의 가장자리와 높이가 나란하다. 뚜껑은 차호를 열기에 적합하고, 가능한 꽉 끼어서 잘 움직이지 않는다. 손잡이는 주둥이와 정반대에 위치하면서 완벽하게 일렬을 이룬다.

도공의 인장은 차호마다 찍혀 있는데, 보통 차호 밑바닥이나 뚜껑 아랫면에 있다. 아주 가끔은 손잡이 아래에 있는 경우도 있다.

규슈 다관 九州茶罐, Kyusu teapots

규슈 다관은 속이 빈 손잡이가 측면에 주둥이와 90도 방향으로 달려 있는 것이 특징이며, 인체공학적으로도 다루기가 매우 편리하다. 가볍고 우아한 규슈 다관은 종종 사질 점토(砂質粘土, sandy clay)로 빚어 가마에서 고온으로 제작된다. 이러한 다관은 일본 녹차의 미약한 향미를 더욱더 높여 준다. 이외에 고령토와 유리를 재료로 제작되는 것도 있다. 일본의 도공들은 처음에는 고령토만 사용하여 다관을 제작하였지만, 19세기에 이르러서는 이 고령토에 사질 점토를 섞어 사용하기 시작하였다. 속이 빈 측면의 손잡이도 이 당시에 등장하였다.

규슈 다관에는 내부에 보통 눈이 매우 가는 스트레이너(strainer)가 있어 가루 녹차를 우리더라도 찻잎이 다관 속에 걸러진다. 도공이 손으로 직접 만든 다관에는 내부에 점토 스트레이너가 붙어 있다. 반면 산업적으로 대량 생산한 다관에는 스테인리스스틸의 스트레이너가 있다.

규슈 다관은 크기가 다양하다. 가장 큰 것은 일상적으로 우릴 경우에 사용하고, 가장 작은 것은 센차도로 티테이스팅(108페이지 참조)할 때 사용한다.

법랑 도자기 다관

도자기는 품질이 뛰어나고 우아하기로 유명하다. 도자기 다관에 법랑을 입히면 모든 종류의 티를 우려낼 수 있다. 특히 여리고 약한 중국 녹차나 섬세하여 잘 부스러지는 백차를 우리는 데 매우 적합하다.

금속 다관

금속 다관에는 많은 종류들이 있다. 그 품질도 매우 다양하다. 북아프리카의 금속 다관은 민트 티를 우리는 데 최적화되어 있다. 유감스럽게도 이 다관들은 티를 우리면 금속성 향미가 약하게 나는 단점이 있다. 이런 이유로 매우 섬세한 티를 우릴 경우에는 사용하지 않는 것이 좋다. 스테인리스스틸이 금속 다관을 제작하기에 가장 좋은 금속이다.

주철 법랑 다관

중국에서 처음에 주전자로 사용되었던 주철 법랑 다관은 다양한 종류의 티를 우리는 데 적합하다. 주철 법랑은 세척이 쉽도록 하고 티 성분이 내벽에 흡착되는 것을 막아 준다. 그러나 매우 섬세한 향미의 티를 우리는 데는 가급적이면 사용하지 않는 것이 좋다.

유리 다관

유리 다관은 도자기 다관과 같이 다용도로 쓰이면서도 중립적인 특성이 있다. 부드러운 내벽은 모든 종류의 티를 우리는 데 적합할 뿐 아니라 티의 향미에도 전혀 영향을 주지 않는다. 더욱이 유리 다관은 투명하여 내부의 찻잎이 물속에서 펼쳐지는 모습을 볼 수 있으며, 찻물의 색상도 온전히 평가할 수 있다. 그리고 대부분의 유리 다관에는 찻잎을 거르는 유리 재질의 스트레이너가 장착되어 있으며, 티백을 우릴 경우에는 빼낼 수 있도록 되어 있다.

다관의 선택

도예는 자체적으로 이미 하나의 예술이지만, 어떤 의미에서는 티의 예술이다. 도예품에는 수많은 제작 기술과 다양한 품질 기준이 존재하여 시장에서는 다관의 선택 폭이 매우 넓다. 여기에서는 다관을 선택할 때 중요하게 고려해야 할 기준으로서 재질, 크기, 모양, 품질에 대하여 소개한다.

- **재질** : 주철, 점토, 도자기 중 어떤 것을 택할 것인가? 선택하기에 앞서, 우려내 마시고 싶은 티를 결정해야 한다. 법랑 도자기 다관과 주철 법랑 다관은 많은 종류의 티를 우려내 마시는 데 적합하다. 그리고 점토 다관은 홍차, 보이차, 우롱차를 우려내 마시는 데 적합하다. 이 점토 다관은 다공성이 있어 티를 '기억'하기 때문에 자주 우릴수록 향미는 더욱더 좋아진다.
- **크기** : 너무 큰 크기의 다관을 구입하지 않는다. 일부 섬세한 티들은 적은 양의 물에 우려내야 본연의 향미가 우러나오기 때문이다. 중국 속담에도 '차호가 작을수록 티는 더 좋아진다'는 말이 있다.
- **모양** : 티를 마시는 기술을 높이려면 자신의 손에 적당한 다관을 선택해야 한다. 모양과 크기가 다르면 다루는 기술도 달라지기 때문이다. 따라서 다관을 구입하기에 앞서, 다관이 손에 잘 쥐어지는지, 찻물이 잘 따라지는지 등을 시험해 보아야 한다.
- **품질** : 훌륭한 다관은 티를 우릴수록 품질이 더 좋아진다. 반면 값싼 다관들은, 특히 주철 법랑 다관이나 점토질 다관은 품질이 쉽게 나빠진다.

다관으로 티를 준비하는 방식

티를 최상의 향과 맛으로 우리려면 '티는 다양한 요소에 반응한다'는 사실을 항상 명심해야 한다. 찻잎과 물의 비, 물의 온도, 우리는 시간은 우리는 방식과는 상관없이 가장 중요한 요소이다. 다음의 설명은 티를 완벽하게 준비하는 데 큰 도움을 준다.

- 다관 안에 먼저 뜨거운 물을 부어 데운다. 약 3회 정도 가득 채우고 30초를 기다린 후 그 물을 버린다. 반대로 다관의 겉에 뜨거운 물을 부어 데울 수도 있다(사진 ❶).
- 찻잎을 넣는다. 기본 레시피는 컵(250㎖)당 차시 1술(5㎖)(2~3g)이다(사진❷). 아니면 찻잎을 직접 다관에 넣을 수도 있다. 스트레이너를 사용할 경우, 다관과 비교하여 가능하면 큰 것을 사용한다. 찻잎이 물속에서 펼쳐질 충분한 공간을 가져야만 티가 잘 우러나기 때문이다. 티 에그(tea egg)는 찻잎을 누르기 때문에 넣지 않는 것이 좋다.
- 찻잎 위로 뜨거운 물을 붓는다(사진❸). 이때 물의 질과 온도는 매우 중요하다. 끓는 물을 절대로 찻잎 위로 부어서는 안 된다. 뜨거운 열에 의해 찻잎이 손상을 입어 미묘한 향미들이 파괴될 수 있기 때문이다. 녹차나 백차는 품질이 높을수록 뜨거운 물에 약하다.
- 찻잎을 필요한 시간만큼 우린다. 보통 적당한 시간은 3~7분이다. 작고 부서진 찻잎은 더 빨리 우러난다.
- 찻물을 다른 용기에 따르거나, 아니면 찻잎이 든 스트레이너

를 제거하여 우리는 과정을 중단한다(사진❹).

- 티를 성공적으로 우리려면 우리는 과정을 통제해야 한다. 너무 짧게 우리면 찻물의 특징이 나타나지 않고, 너무 강하게 우리면 타닌의 쓴맛이 다른 방향성 물질의 특성을 압도하기 때문이다.
- 티를 컵에 따라서 맛을 본다(사진❺).

④

⑤

티를 성공적으로 우리는 비법

<table>
<tr><th>분류</th><th>찻잎의 외관</th><th>양</th><th>온도</th><th>우리는 시간</th><th>유의 사항</th></tr>
<tr><td>백차
백호은침
녹설아(綠雪芽)</td><td>편평형이며, 작은 바늘 모양의 새싹들이 백호로 뒤덮여 있다.</td><td rowspan="3">물1컵(250㎖)당
티 3g.
(물 1컵당 티스푼 2술/250㎖당 10㎖).</td><td>65~75도</td><td rowspan="3">5~7분</td><td>백차는 개완에서 소량의 물로 우려야 미묘한 향미들을 제대로 맛볼 수 있다.</td></tr>
<tr><td>백모단, 홍설아(紅雪牙)</td><td></td><td>75~80도</td><td>대량의 물로 우려낼 수 있다.</td></tr>
<tr><td>다르질링 아본그로브,
말라위 사템와(Satemwa)</td><td>은색인 것과 약한 검은색인 것이 뒤섞여 있다.</td><td>80~90도</td><td>대량의 물로 우려낼 수 있다.</td></tr>
<tr><td>황차
군산은침</td><td>약한 은색의 찻잎과 연녹색의 새싹이 섞여 있다.</td><td>물1컵(250㎖)당
티 3g.
(물 1컵당 티스푼 2술 반/250㎖당 7㎖).</td><td>75~85도</td><td>4~5분</td><td>황차를 개완에서 우리면 녹차만큼 강한 향미가 나고, 다관에서 우리면 백차와 같이 부드럽다.</td></tr>
<tr><td>녹차
팬에서 초청 살청(중국식)

혜명, 옥잠(玉簪), 벽라춘,
동산, 복정모첨(福鼎毛尖),
신양모첨, 전홍,
무원명미(婺源茗眉),
가마이리차</td><td>잘고 빽빽한 찻잎들은 다양한 모양(편평형, 권곡형, 주형)을 하고 있다.
색상도 검은 녹색에서 녹색기가 도는 노란색까지 다양하다.</td><td>물1컵(250㎖)당
티 2.5g.
(물 1컵당 티스푼 1술/250㎖당 5㎖).</td><td>75~85도</td><td>3~5분</td><td rowspan="2">새싹이 풍부하게 들어 있는 고품질의 티로서 낮은 온도로 소량의 물로 우린다.
가장 좋은 방법은 중국 녹차를 우리는 개완을 사용한다.</td></tr>
<tr><td>황산모봉, 용정, 안길백차,
육안과편, 태평후괴,
곽산황아, 천목청정(天目青顶),
여산운무(庐山云雾),
설아(雪芽), 무학(舞鶴)</td><td>크게 덩어리진 찻잎들은 다양한 모양(권곡형, 편평형)이다. 색상도 검은 녹색에서 녹색기가 도는 노란색까지 다양하다.</td><td>물1컵(250㎖)당
티 3g.
(물 1컵당 티스푼 1술 반/250㎖당 7㎖).</td><td>75~85도</td><td>4~5분</td></tr>
<tr><td>증청 살청(일본식)

센차, 교쿠로, 가부세차</td><td>모양은 작고 편평형이며, 색상은 검은색에서 밝은 녹색까지 다양하다. 상태는 온전한 것과 부스러진 것들이 섞여 있다.</td><td>물1컵(250㎖)당
티 2.5g.
(물 1컵당 티스푼 1술 반/250㎖당 5㎖).</td><td>60~75도</td><td>3~4분</td><td rowspan="2">센차도의 방식으로 높은 등급의 티를 우리는 데 적합하다.</td></tr>
<tr><td>쿠키차, 반차</td><td>줄기와 잎이 섞여 있다.</td><td>물1컵(250㎖)당
티 2.5g.
(물 1컵당 티스푼 1술 반/250㎖당 5㎖).</td><td>75~85도</td><td>4~5분</td></tr>
</table>

분류	찻잎의 외관	양	온도	우리는 시간	유의 사항
우롱차 동정, 사계춘, 철관음, 삼림계, 아리산, 대우령, 마원산(馬远山), 위산, 취옥, 금산(金山), 귀비	공 모양으로 단단히 말린 주형(珠形)이다. 색상은 녹색, 청녹색, 짙은 청색 등 다양하다.	물1컵(250㎖)당 티 3g. (물 1컵당 티스푼 2술/ 250㎖당 10㎖)	95도	4~5분	찻잎을 세차*하면 잎이 더 쉽게 펼쳐진다. 찻잎이 완전히 펼쳐질 정도로 큰 용기를 사용한다. 다예(茶藝)는 우롱차를 우리는 이상적인 방법이다.
권곡형 우롱차 육계, 수선, 대홍포, 백호, 기란향, 밀란향, 천리향(千里香), 수금귀(水金龜), 평림포종	모양은 휘말린 권곡형이며, 색상은 청록색에서 흑갈색까지 다양하다.	물1컵(250㎖)당 티 3g. (물 1컵당 티스푼 2술/ 250㎖당 10㎖)			
홍차 다르질링(수확기와 상관없이 모든 다원), 아삼, 닐기리, 케냐, 금훤, 기문, 정화공부, 실론	모양은 으깨진 것, 부스러진 것, 온전한 것 등으로 다양하고, 크기는 중간 정도이다. 색상은 갈색에서 검은색까지 다양하고, 간혹 금아나 은아를 포함하고 있다. 일부 첫 수확물의 다르질링 티에는 갈색이 감도는 녹색의 잎들이 들어 있다.	물1컵(250㎖)당 티 2.5g. (물 1컵당 티스푼 1술/ 250㎖당 5㎖)	95도	3~4분	다르질링 퍼스트 플러시는 우리는 물의 온도를 90도보다 낮게 할 수도 있다. 찻물의 색상은 호박색에서 붉은색까지 티의 종류에 따라 다르다. 찻잎들이 잘게 부서지고 으깨진 상태이면 짧은 시간에 우려낼 수 있다.
운남홍공부, 금접(金蝶), 백림공부(白琳工夫)	모양은 홀 리프 상태이며, 금아가 풍부히 들어 있다.	물1컵(250㎖)당 티 2.5g. (물 1컵당 티스푼 1술/250㎖당 5㎖)	85~90도	4~5분	금아가 풍부한 중국 홍차는 낮은 온도의 물에 우려야 한다.
보이차 보이생차(숙성 10년 이하)	모양은 기다랗거나, 아니면 긴압된 모양(떡, 벽돌, 육각형, 둥지).	물1컵(250㎖)당 티 2.5g. (물 1컵당 티스푼 1술/ 250㎖당 5㎖)	90~95도	3~5분	5초간 세차한다. 찻잎이 잘게 부스러진 상태이면 짧은 시간에 우릴 수 있다.
보이숙차(숙성 10년 이상)	모양은 기다랗거나, 긴압된 모양(떡형, 벽돌형, 육각형, 둥지형).	물1컵(250㎖)당 티 2.5g. (물 1컵당 티스푼 1술/ 250㎖당 5㎖)	95도	4~6분	5초간 세차한다. 찻잎이 잘게 부스러진 상태이면 짧은 시간에 우릴 수 있다.

* 세차(洗茶) : 보이차와 우롱차 등 일부 티를 본격적으로 우리기에 앞서 몇 초간 찻잎을 세척하는 작업. 세차 과정을 통해 티를 보다 더 균형 있게 우릴 수 있다. 그 과정은 온도 90~95도의 물을 찻잎이 완전히 뒤덮이도록 붓고, 몇 초 후에 그 물을 버린다. 곧이어 뜨거운 물을 다시 부어 본격적으로 우린다.

티테이스팅 가이드

맛을 보는 행위는 인류의 오래된 식습관일 뿐 아니라 생존과도 직결되는 가장 근원적인 문화 특성이다. 우리는 맛을 보는 행위를 통해 향미를 의식적으로, 또는 무의식적으로 인식할 수 있다. 또한 우리는 맛을 보면서 지금껏 경험해 보지 못했던 새로운 감각적 및 문화적 영역으로 인식력을 넓혀 나가면서 동서고금의 맛과 향의 세계로 여행할 수 있다. 그런데 우리의 인식력은 전후 사정과 환경에 따라 달라질 수 있어, 맛은 절대부동의 확실한 감각은 아니다. 다행히도 우리는 혀에서 약 10일마다 재생되는 수천 개의 미뢰들을 단련시킬 수 있기 때문에 미각을 한층 더 예리하게 발달시킬 수 있다.

거나, 불쾌했던 지극히 개인적인 경험들과 연관을 짓기 때문이다. 따라서 테이스팅의 핵심은 훌륭하거나, 나쁘거나, 좋아하거나, 싫어하거나 등 테이스터 개인의 첫 인상을 뛰어넘어 티의 향미를 정확히 평가하는 것이다. 이를 위해서 특별한 능력이 따로 필요한 것은 아니다. 단지 노력을 통해 우리의 테이스팅 능력을 향상시키는 일 외에는 다른 방도가 없다. 다른 학문 분야와 마찬가지로 이 경우에도, 이론은 테이스팅을 확장하여 보다 더 큰 즐거움을 안겨 주는 데 큰 도움이 된다.

시각적 분석

우리는 티를 처음 접할 때 가장 먼저 시각을 통해 인식한다. 이 시각적 인식은 티의 풍부한 향미에 관한 높은 신뢰도의 지표는 아니지만, 눈을 통해 본 찻잎의 외관(모양, 결, 색상, 새싹의 여부)이 우리에게 첫 인상을 주는 것은 분명한 사실이다.

그리고 찻잎을 정밀히 관찰하면, 맛을 연상시키는 생각들이 떠오른다. 만약 새싹에 하얀 잔털인 백호가 나 있다면, 고품질로서 향이 화려하고, 우리면 색상이 빛나며, 신선할 것이라는 생각이 떠오른다. 반면, 찻잎이 광택도 없이 회색빛이 돌면 가공하거나 저장하는 과정에서 결함이 있었을 것이라는 생각이 떠오르는 것이다.

테이스팅은 무엇보다도 감각적 즐거움을 추구하는 일이지만, 또한 맛을 정확히 평가하는 일이다. 테이스팅은 감각 기관을 통해 향미의 조성 성분들을 인식한 후 정확히 분석하여 맛에 대한 인상을 상호 소통하는 것이다.

그런데 티의 향미를 인식한 후 그 고유한 특질을 주관적으로 연상되는 개인적인 인상들과 완벽히 분리하여 판단하는 일은 결코 쉽지 않다. 우리의 뇌 활동이 테이스팅을 시도하는 음식이나 음료의 고유한 특질을 이와는 전혀 관련이 없는 유쾌했

맛

맛은 여러 감각들의 복합적인 조합이다. 맛에는 두 개의 주요 감각 시스템이 관련되어 있다. 코의 '후각 수용체(olfactory receptors)'와 혀의 '미각 수용체(gustatory receptors)'이다.

테이스팅에서 시각적인 분석 다음으로 중요한 단계는 찻잎에서 풍기는 향을 깊게 들이마시는 일이다. 이 단계는 테이스팅 정보를 두뇌로 인식하기에 앞서 혀로는 절대로 감지할 수 없는 중요한 정보를 제공해 주기 때문이다. 인간의 후각 시스템은 미각 시스템보다 훨씬 더 복합적이다. 그리고 맛과 관련된 정보도 후각적인 정보가 대부분을 차지한다.

여기에서는 후각 시스템이 어떻게 작용하고 있는지 살펴보기로 한다.

후각적인 감각들은 두 가지의 방식으로 인식될 수 있다. 향을 코(비강)로 숨을 들이마시면서 감지하는 '직접적인 후각(direct olfactory)'과 숨을 내쉬면서 입안에서 비강으로 역류시켜 감지하는 '역류성 비강 후각(retro-nasal olfactory)'이 있다. 두 경우 모두 향 성분이 후각 정보가 처리되는 후각샘에 도달해야 한다.

직접적인 후각의 경우에는 휘발성 분자들이 들숨으로 비강을 통과하면서 후각샘의 수용체에 곧바로 감지되어 맛에 대한 정보나 인상을 처음으로 느낄수 있다. 반면 역류성 비강 후각은 입안에 있는 찻물에서 발생하는 향을 감지하는 것이다. 이 향들이 식도와 후두 사이에 있는 기관인 '인두(咽頭)'를 거쳐 '비강(鼻腔)'을 통과하여 후각샘에 도달하면서 맛의 정보와 인상을 느끼는 것이다. 이 역류성 비강 후각으로 테이스터들은 티의 방향적 특성을 보다 더 강렬하게 인식할 수 있다.

'냄새'와 '향'의 차이

'냄새(smell)'는 들숨에서 코로 직접 들이마시는 '직접적인 후각'을 통해 인식된 감각을 표현할 때 사용하는 용어인 반면, '향(aroma)'은 날숨에서 역류성 비강 후각을 통해 인식된 감각을 표현할 때 사용하는 용어이다.

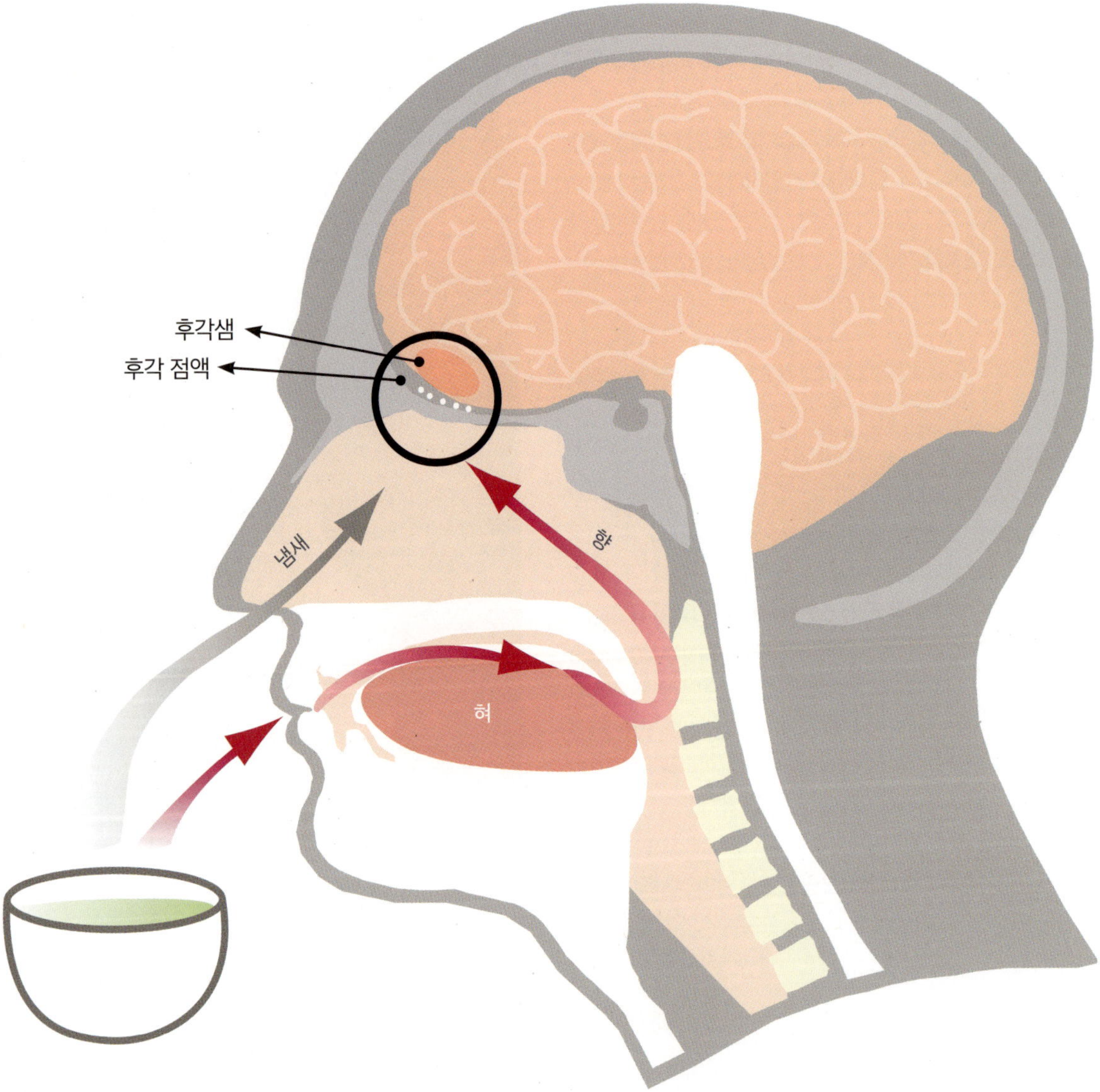

테이스터들은 향을 코로 들이마시는 들숨에서 느끼는 직접적인 후각(회색 화살표) 외에도, 날숨에서 느끼는 역류성 비강 후각(붉은색 화살표)에도 매우 민감해야 한다.

혀

'향(aromas)'은 코에서 제일 먼저 인식되는 반면, 맛과 향의 복합적인 감각인 '향미(flavors)'는 주로 미각 수용체가 분포한 혀에서 인식된다(미각 수용체들은 입안의 또 다른 부분인 연구개, 즉 입천장에도 분포하고 있다). 이러한 미각 수용체들은 미뢰 아래에 위치해 있다. 혀에는 미각 수용체가 약 1만 개나 있으며, 그 각각은 50~100개의 미세포들이 단위를 이루면서 모든 향미에 반응한다.

사람은 단지 다섯 종류의 맛을 감지할 수 있다. 단맛, 짠맛, 신맛, 쓴맛, 그리고 감칠맛(일본에서는 '맛있음'을 뜻한다)이다. 매운맛은 기본 맛이 아닌 통증의 일종이다. 각 맛들은 상이한 정도로 인식되며, 하나의 맛은 또한 다른 맛에 영향을 줄 수도 있다. 이를 보통 '맛의 연속성(gustatory continuum)'이라고 한다.

혀의 향미 인식

미뢰들은 특정한 맛에 분화(分化)되어 있지 않다. 각 미뢰들은 혀 위의 분포 위치와 상관없이 모든 맛을 감지할 수 있다. 그럼에도 혀의 특정 부위는 향미의 농도에 따라 다르게 반응하여 특정 향미를 특정 위치에서 감지하는 것이다(아래의 그림 참조).

한편 감각으로 정의되는 맛은 미뢰 외에 입안의 다른 감각 수용체들과도 관련이 있다. 그러한 감각 수용체들로 인해 우리는 촉감, 온도, 신선함, 떫은맛 등을 감지한다. 그중 티의 온도는 향미를 인식하는 데 매우 큰 영향을 준다는 사실에 유의해야 한다. 특히 매우 높은 온도는 쓴맛의 감각을 둔화시키는 대신에 단맛을 두드러지게 한다. 반면 열은 신맛에는 아무런 영향을 주지 않는다.

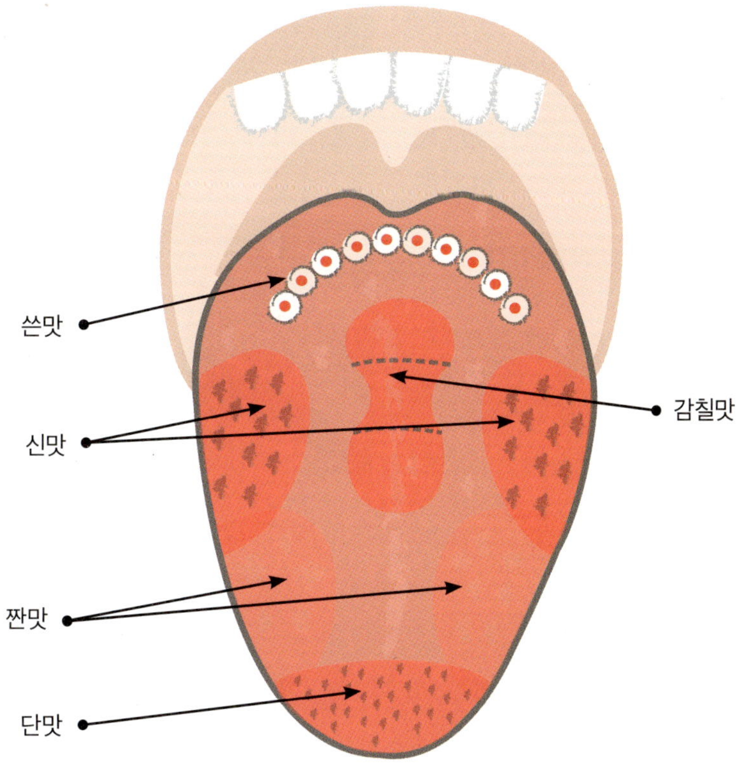

티테이스팅 방식

티를 마시는 경험을 더욱더 넓히고 싶다면, 처음 우린 찻물을 테이스팅하기에 앞서 건조 찻잎의 향을 먼저 맡아 보고, 우린 찻잎에서 풍기는 미묘한 향들도 깊이 들이마셔 보아야 한다. 그 다음으로는 찻물의 색상과 감촉을 느껴 본 후 찻잔을 코끝에 대면서 찻물로부터 풍기는 향들을 맡아 본다. 이때 재빠르게 향을 들이키는 작업을 반복하는데, 이 기술을 '리틀 독(little dog)'이라고 한다. 테이스팅에서는 보통 향이 폭발적으로 풍길 때 가장 강렬한 첫인상을 주는데, 그 순간을 포착해 집중하는 일이 가장 중요하다.

찻잎과 찻물의 향들을 깊이 들이마셨다면, 이제는 찻물을 한 모금 들이킬 준비가 된 것이다. 테이스팅할 준비가 되었다면, 찻물을 소량으로 들이킨 후 역류성 비강 후각을 통해 향미를 인식할 수 있도록 콧구멍으로 숨을 내쉰다. 이때 입안의 찻물로부터 생성되는 감각들에 촉각을 기울여야 한다. 다섯 가지의 기본 맛 중 짠맛은 본래 티에서 잘 나지 않는다. 대신에 쓴맛은 찻물을 조성하는 성분인 타닌과 카페인으로 인해 정도의 차이는 있지만 거의 모든 티에서 난다. 그러나 이러한 일이 결코 안 좋은 일만은 아니다! 서양인들의 미각으로는 쓴맛이 처음부터 좋은 맛으로 인식되는 것이 아니다. 티를 즐기는 가운데 서서히 좋아지는 맛이다. 티에서 나는 쓴맛이 다른 향들과 어떻게 균형을 이루는지 연구해 보면, 그 향미들이 다른 향미들과 어떻게 이어지는지 알게 될 것이다. 이를 위해서는 우선 티의 향미에 대한 첫인상을 극복해야 한다. 마지막으로는 티의 향미를 보다 더 잘 기억하고 이해할 수 있도록 느낀 감각들을 기술하여 정의해야 한다.

테이스팅에는 후각(코)과 미각(혀)뿐 아니라 모든 감각 기관들이 관련되어 있다. 청각(귀)은 물이 끓는 소리를 통해 우릴 시각을 알려 주고, 시각(눈)은 모양에 관한 정보를 알려 준다. 따라서 성공적인 테이스팅을 위해서는 주변 환경, 음악, 조명, 그리고 다른 사람들의 존재 여부, 테이스터 자신의 기분 등 모든 요소들을 고려해야 한다. 좋지 않은 환경 조건에서는 그랑크뤼급의 테이스팅조차도 불쾌한 경험을 안겨 줄 것이다.

향미(flavor)
향미는 음식을 섭취하면서 느끼는 후각과 미각의 복합적인 감각이다.

테이스팅과 언어

테이스터들은 개인의 지식과 경험, 그리고 문화적 배경에서 벗어나 여러 감각적인 내용들을 언어로 일목요연하게 기술할 수 있어야 한다. 즉 감각들을 명확히 표현하기 위해 언어로 구조화하는 방법을 익혀야 한다.

보통 향을 깊이 들이마시면 언어보다 이미지나 감정이 더 빨리 떠오른다. 그러나 안타깝게도 적당한 언어의 도움 없이는 그러한 감정이나 이미지를 설명하기는 매우 어렵다. 감각을 정확히 기술하는 방법을 익히면 티나 다른 음식에 관한 우리의 인식력이 확장될 뿐 아니라, 그에 관한 감각을 보다 더 세련되게 갈고닦는 데에도 큰 도움을 준다. 냄새와 향을 언어와 결부시켜 체계화하면 다음에 그 향미들을 다시 인식하는 일도 매우 쉬워진다. 따라서 미각적 기억을 보다 더 강화시켜야 할 필요가 있다. 정확한 언어를 사용하면 맛의 농도를 더 쉽게 인식할 수 있고, 맛의 경험도 보다 더 쉽게 머리에 각인시킬 수 있다. 그룹 테이스팅은 테이스터들이 테이스팅 언어들을 서로 주고받는 좋은 장이 될 뿐 아니라, 테이스터 혼자로는 처음에 결코 인식할 수 없는 특정 성분들을 인식할 수 있는 좋은 기회가 된다. 감각의 공유와 표현은 테이스팅의 큰 즐거움 중 한 요소이며, 어떤 면에서는 목표이다.

한편 특정 티에서 풍기는 향마다 그 이름을 붙이는 일은 다양한 향미를 감지하는 일보다 오히려 더 어렵다. 그 이유는 간단하다. 티를 우리면 수백여 종의 휘발성 분자들이 동시에 풍긴다. 이때 우리의 뇌는 그 모든 향들을 하나하나 분류하면서 그 정보를 언어로 요약해야 하는데, 이는 사실상 불가능하기 때문이다.

티의 발향

티에서 풍기는 향이나 냄새는 결코 동시적이거나 동일 방식으로는 인식되지 않는다. 티의 향미는 방향성 물질의 휘발성에 따라 지속적으로 변화하면서 계속 발전하기 때문이다.

- **헤드 노트(head notes) :** 아주 잠깐 동안 생기는 '휘발성 발향(volatility)'으로 순간적으로 인식되면서 티의 향미에 대해 첫 인상을 남긴다. 톱노트(top notes)라고도 한다.

- **보디 노트(body notes) :** 찻물이 입안에 있을 때 인식되는 발향이다. 이 보디 노트는 찻물의 특성을 이루고 있다. 매우 강렬하면서도 안정적이어서 한 티의 전반적인 특징을 드러내는 요소이다. 미들 노트(middle notes)라고도 한다.

- **테일 노트(tail notes) :** 찻물을 삼킨 후에 입안에 남아 있으면서 긴 여운을 남기는 발향이다. 티의 향미가 풍부할 경우에 테일 노트가 길게 이어지면서 향미가 다양하게 발전한다. 마지막에는 복합적인 감각을 안겨 주면서 사라진다. 베이스 노트(base notes), 파이널 노트(final notes)라고도 한다.

지금까지는 티를 테이스팅하면서 찻물과 찻잎에서 풍기는 수많은 향들을 감지하려고 했다. 다음으로는 티의 일반적인 인상뿐 아니라 감촉을 묘사하는 일에도 도전해야 한다.

향aromas의 그룹 : 플레이버 휠flavor wheel

테이스팅 용어를 정확히 사용하는 방법을 익히려면 그에 앞서 티 향들의 다양한 그룹을 익히는 것이 좋다. 이와 같은 테이스팅 용어들은 그 정의나 이름을 외워서 익히는 것이 아니라 각자의 후각적 능력에 따라 향의 그룹을 이해해야 한다. 다행히도 티의 향 성분들이 많지는 않으며, 또한 여러 향 그룹들 속으로 분류되어 있다.

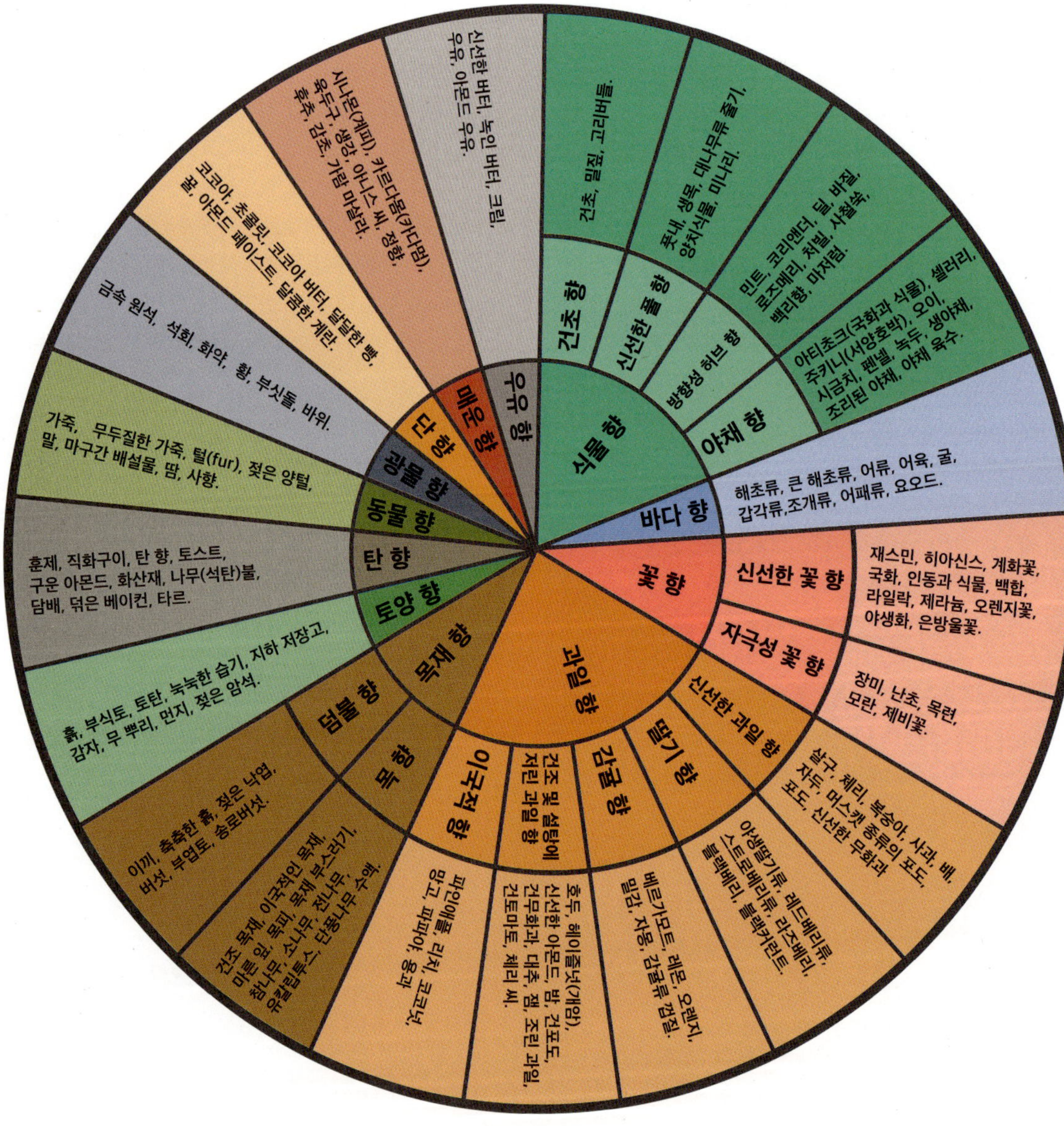

테이스팅 전문 용어

- **앰플**(ample) : 비단결같이 부드러운 촉감에 타닌 맛이 입안에 감돌며, 풍부한 향미가 강하게 이어질 때 사용한다.
- **애러매틱**(aromatic) : 향이 풍부하고 매우 향긋할 때 사용한다.
- **어스트린전트**(astringent) : 톡 쏘는 자극적인 맛과 풀바디감이 펼쳐지면서 떫은맛으로 입안이 마르는 듯한 느낌이 들 때 사용한다.
- **바이팅**(biting) : 신맛을 지닌 떫은맛이 강할 때 사용한다.
- **보디**(body) : 입안을 감싸는 듯한 감촉을 묘사할 때 사용한다.
- **볼드**(bold) : 잘 가공되어 곧바로 알아볼 수 있는 특징을 묘사할 때 사용한다.
- **브리스크**(brisk) : 신맛 기운이 감돌며 상큼한 맛이 강렬할 때 사용한다.
- **콤플렉스**(complex) : 수많은 미묘한 특질들과 함께 향이 매우 풍부할 때 사용한다.
- **델리케이트**(delicate) : 가볍고 세련된 상태일 때 사용한다.
- **프레시**(fresh) : 신선함을 주는 액체, 약간 신맛을 띨 때 사용한다.
- **풀**(full) : 입안을 가득 채우는 액체의 특질, 지속성을 띨 때 사용한다.
- **풀바디드**(full bodied) : 향미가 매우 풍부할 때 사용한다.
- **제너러스**(generous) : 향이 풍부하고 강하게 유지될 때 사용된다.
- **헤디**(heady) : 향미가 풍부하고 복합적일 때 사용한다.
- **헤비**(heavy) : 향이 입안 깊숙한 곳에서 느껴질 때 사용한다.
- **인텐스**(intense) : 향미가 매우 강렬할 때 사용한다.
- **라이트**(light) : 찻물이 유연하고도 향미가 약할 때 사용한다.
- **롱**(long) : 찻물의 향미가 조화를 이루면서 마지막에 긴 여운을 남길 때 사용한다.
- **마일드**(mild) : 비단같이 촉감이 유연하고 벨벳같이 부드러우면서도 걸쭉한 느낌이 들며, 떫은맛이 없고 가끔은 단맛이 돌 때 사용한다.
- **오풀런트**(opulent) : 향이 풍부하게 입안을 감돌고, 입안 깊숙한 곳에서도 풍기는 때 사용한다.
- **퍼시스턴스**(persistance) : 입안에서 향이 길게 이어질 때 사용한다(뒷맛).
- **파워풀**(powerful) : 맛이 풍부하면서도 강할 때 사용한다.
- **펀전트**(pungent) : 거칠고 쏘는 듯한 떫은맛이 날 때 사용한다.
- **로**(raw) : 약간 신맛의 액체일 때 사용한다.
- **리파인드**(refined) : 약하고 세련되면서도 미묘한 상태일 때 사용한다.
- **로부스트**(robust) : 맛이 풍부하고도 강하면서 입안을 감싸는 듯한 감촉이 있을 때 사용한다.
- **로프**(rough) : 떫은맛이 너무 강하여 불쾌감이 들 때 사용한다.
- **라운드**(round) : 입안에 가득 찬 느낌이 일면서, 촉감은 비단처럼 유연하고 타닌의 맛이 도는 액체일 때 사용한다.
- **러니**(runny) : 입안을 감싸는 촉감이 약하면서 유연하여 부드러운 액체일 때 사용한다.
- **샤프**(sharp) : 신맛이 감돌아 상큼한 특징을 띠면서 매우 미세하지만 세련된 맛일 때 사용한다.
- **쇼트**(short) : 향이나 맛이 빠르게 사라질 때 사용한다.
- **실키**(silky) : 유연한 촉감을 지닌 액체를 묘사할 때 사용한다.
- **스무드**(smooth) : 거친 느낌이 전혀 들지 않는, 매우 가볍고 부드러울 때 사용한다.
- **스트럭처드**(structured) : 균형을 잘 이룬 타닌의 떫은맛이 풍부하고도 강하게 풀바디감으로 펼쳐지지만, 거친 맛이 없을 때 사용한다.
- **섭틀**(subtle) : 세련되고도 복잡한 향미일 때 사용한다.
- **서스테인드**(sustained) : 지속적으로 이어지는 향미일 때 사용한다.
- **태닉**(tannic) : 떫은맛이 유쾌할 정도로 균형을 잘 이룬 액체일 때 사용한다
- **엉크추어스**(unctuous) : 촉감이 매우 유연하고 향미가 풍부하며 입안을 감돌 때 사용한다.
- **벨벳티**(velvety) : 벨벳을 연상시킬 정도로 부드러우면서 걸쭉한 감촉의 액체일 때 사용한다.
- **비저러스**(vigorous) : 부드러운 촉감은 없고, 약간 신맛이 날 때 사용한다.
- **웜**(warm) : 신맛은 나지 않고, 타닌의 맛이 약하게 나면서 입안을 감도는 편안한 느낌의 액체일 때 사용한다.
- **워터리**(watery) : 촉감이 물과 같을 때 사용한다.
- **영**(young) : 약한 신맛을 띠면서 미성숙한 푸성귀의 특징을 묘사할 때 사용한다.

PART 4

티와 건강

티의 화학 성분

"우리는 다른 어떤 정당성도 찾지 말고 티를 마시는 행위를 그 자체로 즐겨야 한다.
그래야만 비로소 티를 마시면서 햇빛과 바람과 구름을 음미할 수 있다."
J. 블로펠드(Blofeld), 『*Thé et tao*』 중에서

뜨거운 물을 찻잎에 부으면 찻잎에서는 환상적인 향들이 풍겨 나온다. 또한 찻잎에 함유된 수용성 성분들도 찻물 속으로 우러나온다. 찻잎을 우리는 동안에는 비타민 C와 같은 일부 화학적 성분들은 파괴되지만, 대부분의 화학적 성분들은 뜨거운 찻물로 용해도가 높아져 더욱더 잘 우러나온다. 대략 티 한 잔에는 수백여 종의 활성 물질(active substances)들이 함유되어 있다. 또한 찻잎은 모든 생물의 구성 성분인 단백질, 탄수화물, 아미노산 등과 식물성 성분인 엽록소나 셀룰로오스도 함유하고 있다. 그런데 그 찻잎을 뜨거운 물에 우리면 폴리페놀류(polyphenols)와 알칼로이드류(alkaloids)와 같은 놀라운 향미의 성분들이 우러나온다.

폴리페놀류

폴리페놀류는 여러 페놀 성분들이 다가(多價)로 결합한 생체 고분자 화합물로서 식물계 전체에 널리 분포되어 있다. 그 찻잎의 대표적인 폴리페놀류로는 타닌(tannin)이 있다. 이 타닌의 주요 성분은 카테킨(catechin)인데, 주요 카테킨으로는 에피갈로카테킨갈레이트(EGCG, epigallocatechingallate)가 있다. 보통 '타닌'으로 알려진 성분은 떫은맛이 있어 생체 조직을 수축시킨다. 이 폴리페놀류로 인해 티에서는 입안이 마르는 듯한 떫은맛이 들면서 매우 농후한 맛이 난다.

알칼로이드류

알칼로이드류는 질소를 함유한 식물성 염기이다. 이종(異種) 고리형으로 결합한 생체 분자로 자연스럽게 생성되는 물질이다. 티에는 세 종류의 알칼로이드가 함유되어 있다. 그중 대표적인 것이 카페인(caffeine)이다.

테인인가, 카페인인가?

테인(theine)과 카페인(caffeine)은 동일한 알칼로이드 성분이다. 티에서 발견된 카페인이 커피에서 발견된 카페인과 동일하다는 사실은 1838년에 판명되었다. 그 이전에는 커피의 카페인과는 구분하여 '테인'이라 하였다. 그 이유는 티 카페인이 커피 카페인에서는 볼 수 없는, 전혀 다른 성분들과 다른 방식으로 결합하여 인체에 다른 효능을 보였기 때문이다. 찻잎을 우리면 용해되어 나오는 티 카페인은 타닌과 함께 결합하여 그 효능이 약화되어 안정화된다. 이때 타닌은 티 카페인이 급속히 용해되어 나오는 것을 막아 준다. 이로 인해 티 카페인이 인체 내로 흡수되는 시간은 커피 카페인이 흡수되는 시간보다도 더 느린 것이다. 따라서 티 카페인의 효능도 커피 카페인보다도 더 긴 시간 동안 지속된다.

한편 티 카페인은 중추신경계를 자극할 뿐 아니라 대뇌피질에 있는 모세혈관의 지름을 확장시켜 심장혈관계도 자극한다. 반면 커피를 마실 경우, 커피 카페인은 관상동맥계를 통해 혈액 순환에 직접 작용하면서 심박동수를 자극한다. 결국 티는 커피에 비하면 직접적인 자극제라기보다 간접적인 자극제에 가깝다. 이처럼 티는 각성 효과가 서서히 나타나면서 집중력을 상승시키고 피로를 해소하여 지적 예민성을 높여 준다.

티에 함유된 영양 성분

찻잎 성분 중 단백질의 조성비는 약 20%인데, 찻잎을 물에 우리면 그중 약 4%만이 알부민(albumin) 등의 형태로 우러나온다. 단백질과 마찬가지로 그 조성비가 낮은 탄수화물도 찻잎을 우리는 동안 용해되어 나온다. 이때 우러난 티의 탄수화물과 단당류의 함유량은 한 잔에 단지 1~2칼로리 정도밖에 되지 않는다. 따라서 티는 저칼로리의 음료이다. 티는 테아닌(theanin)을

포함하여 약 20여 종의 아미노산을 함유하고 있다. 그중 테아닌은 약 50~60%를 차지한다. 이외에도 티는 비타민 A, B, E, K와 플라보노이드류(flavonoids) 등의 비타민류와 칼륨, 인, 철, 마그네슘, 칼슘 등 다양한 미네랄 성분들을 많이 함유하고 있다. 또한 식물성 성분인 엽록소와 수백 종의 방향성 성분들도 함유하고 있다.

물의 질(water quality)

티 한 잔은 물이 약 99%를 차지하고 있다. 따라서 티를 우리는 데 사용하는 물의 질은 극히 중요하다. 오래전 중국의 티마스터들은 티를 우리는 데 사용한 물의 수원을 알아맞히는 시합을 하였다. 오늘날에도 물의 선택은 티를 우리는 데 가장 중요한 요소로 인식되고 있다. 중국의 티마스터 육우는 저서 『다경』에서 "티를 우리는 데 가장 좋은 물은 그 차나무가 자란 지역의 물"이라고 언급하였다. 즉 차나무가 일생 동안 자라면서 흡수하였던 물로 그 찻잎을 우리면 가장 자연스러운 향미가 난다는 것이다. 이는 오늘날의 입장에서 보면 매우 이상적인 견해이지만, 티를 우릴 때 양질의 물을 사용해야 한다는 격언은 지금까지도 중요하게 받아들여지고 있다. 센물(경수, 硬水)과 석회석 성분이 풍부한 물은 되도록 피해야 한다. 특히 산화칼슘, 납, 염소 성분을 함유한 물은 티의 뒷맛을 약화시키기 때문에 사용하지 않는 것이 좋다. 티를 우리는 데 이상적인 물은 수소이온농도지수(pH)가 7로서 중성을 띠며, 미네랄 성분이 거의 들어 있지 않은 것이다.

티의 다양한 효능

"티는 마음을 평안히 하고, 무력감을 몰아내며, 몸을 가볍게 하고, 눈을 맑힌다."
『신농본초경(神農本草經, *Shen Nong's herbal classic*)』 중에서

중국 전설상의 황제인 신농이 약 4700년 전에 티의 해독성과 자극성을 발견한 이후로 인류는 그 의학적 효능에 깊은 관심을 보여 왔다. 그리고 티는 처음에 이와 같은 약리적 특성들로 유명해졌기 때문에 오래전부터 의약으로 간주되었다. 특히 티의 자극적인 쓴맛은 각성 효능이 있어 건강뿐 아니라 '위대한 지혜'를 얻는 데에도 큰 도움을 준다고 생각되었다. 특히 당대(唐代)와 송대(宋代)에는 중의학에서 티의 의약적 효능이 더욱더 중요시되었다. 이후부터 티는 비만, 소화불량, 우울증, 두통과 같은 다양한 증세의 예방이나 치료를 위해 처방약으로 사용되었다. 또한 수세기가 지난 16세기 명대(明代) 말에는 약학자인 이시진(李時珍, 1518~1593)이 저서 『본초강목(本草綱目, Compendium of Materia Medica)』에서 "티는 몸의 체온을 유지하고, 근심걱정을 해소하며, 체지방을 분해하고, 집중력을 향상시킨다"는 내용으로 티의 약리적 효능을 언급하였다.

중의학에서는 이와 같이 오래전부터 티에 각성 효능, 이뇨 효능, 항생 효능 등이 있다고 밝혔지만, 현대과학으로 그 효능들이 입증된 것은 극히 최근의 일이다. 티는 항산화 효과가 있어 그 건강적인 효능은 의학계에서, 특히 암 예방 분야와 퇴행성 질환 치료 분야, 그리고 심혈관계 질환 치료 분야에서 큰 관심을 불러일으켰다. 그러나 오늘날의 사람들은 누구도 티를 불로장생의 영약이나 그 옛날 도교 스님들이 신봉했던 것처럼 신비로운 묘약으로 생각하지 않는다. 그럼에도 티에는 다양한 효능들이 있다. 세포의 돌연변이를 예방하고, 면역 시스템을 강화하며, 심장 기능을 강화하여 티를 마시는 사람이 장수하는 데 효능이 있는 것이다.

물론 찻잎에 새로운 화학적 성분들을 생성시키면 그 향미와 특성도 함께 변화한다. 따라서 제조 과정이 다른 6대 분류의 티들은 각각의 고유한 특질을 지니고 있다.

백차의 특성

백차는 생기를 북돋우고 갈증을 해소하는 효능이 있어 중국에서는 주로 여름에 마신다. 중의학에 의하면 백차는 해열 효능과 폐경기 증상을 조절하는 데 효능이 탁월하다.

녹차의 특성

최근 연구에 의하면, 녹차는 다른 종류의 티보다 폴리페놀류를 더 많이 함유하는 것으로 밝혀졌다. 이런 이유로 최근 몇 년 사이에 서양에서는 녹차의 인기가 점점 더 상승하였다. 녹차는 항산화적인 특성이 있어 암을 예방할 수 있다. 또한 일각에서는 녹차는 카테킨류와 비타민류, 그리고 철을 홍차보다도 더

항산화 물질(Antioxidants)

폴리페놀류의 항산화적 효능과 관련해서는 최근 몇 년 사이에 수많은 연구들이 진행되었다. 그 연구 결과들에 의하면, 녹차에 풍부한 카테킨류(폴리페놀류의 일종)는 강력한 항산화제(활성산소의 작용을 억제하는 물질)로 작용하면서 노화를 예방하고, 암이나 심혈관계 질환의 발병을 억제하는 것으로 나타났다. 폴리페놀류는 흡연이나 오염 및 바이러스 감염 등을 통해 세포막이 파괴되는 것을 막아 인체의 세포가 손상되지 않도록 한다. 폴리페놀류는 또한 암 종양을 유발하는 '암전이(癌轉移, metastases)'도 막아 준다.

티의 주요 특성

여기에서는 티가 지닌 수많은 효능 중 일부만 소개한다.

- 심장계를 지원한다.
- 순환계를 원활히 한다.
- 독소를 제거하고 해독성이 있다.
- 혈압을 강하한다.
- 피로를 해소한다.
- 노화를 억제한다.
- 특정 유형의 암을 예방한다.
- 소화 기능을 돕는다.
- 혈중 콜레스테롤을 줄인다.
- 항상성(체온)을 유지한다.
- 면역 시스템을 강화한다.
- 집중력을 향상시킨다.

일반적으로 티를 규칙적으로 마시면 혈관의 탄성이 증가하고 혈관 벽이 튼튼해지면서 관상동맥계 질환의 발생률을 낮출 수 있다. 또한 당류와 지방이 흡수되는 속도를 줄여 고혈압도 예방할 수 있다. 이외에는 식중독도 막을 수 있다.

풍부히 함유하고 있어 지적인 활동을 하는 데 영양학적으로 더 이롭다고 한다. 녹차의 가공 과정 중 초청 과정에서는 폴리페놀류가 찻잎에 대량으로 생성된다.

우롱차의 특성

하루에 우롱차를 평균 8g 정도로 꾸준히 마시면 체지방 분해의 신진대사가 촉진되어 체중 감량의 효능을 볼 수 있다. 또한 티의 제조 과정 중 유념 과정에서 찻잎에 생성된 고농도의 방향유에는 긴장을 이완하고, 스트레스를 완화하며, 마음을 밝게 하는 '고무 효능(euphoric effect)'이 있다.

홍차의 특성

홍차의 가공 과정에서는 찻잎에 효소 산화 반응이 일어나면서 카테킨이 테아플라빈과와 테아루비긴으로 전환되고, 일부 비타민류는 파괴된다. 반면 홍차의 산화 반응 과정 중 타닌에서 생성된 카페인은 녹차에 함유된 카페인보다 혈액 속으로 더 빨리 용해된다. 따라서 홍차가 녹차보다 물리적인 자극제로서 보다 더 효과적인 것이다.

보이차의 특성

아시아에서는 산간지의 소수민족들과 초원의 유목민들이 아주 오래전부터 보이차를 건강보조제로 사용해 왔다. 이들은 주로 기름진 야크 고기를 먹고 살았는데, 티를 마시면서 지방 성분에 치우친 영양의 균형을 유지했던 것이다. 오늘날 고품질의 보이차는 소화를 촉진하고, 체중을 조절하며, 체내의 콜레스테롤을 제거하는 등의 효능으로 매우 유명하다.

철분 흡수

티는 지방의 분해를 촉진하여 소화를 돕는다. 반면 칼슘과 철의 흡수는 방해할 수 있다. 이와 같은 이유로 철분이 많이 든 육류를 먹을 때는 티를 함께 마시지 않는 것이 좋다. 또한 식후 1시간 30분 내에는 티를 삼가야 한다.

티 35종의 생화학적 분석

오늘날 티는 그 건강적인 효능으로 인해 매우 폭넓게 대중화되었다. 최근 수년 사이에는 티의 많은 효능들에 관한 수많은 연구 성과들이 공개되었다. 이러한 상황에서 티 애호가들이 그 연구 성과들에 대해 궁금증을 갖는 것은 매우 자연스러운 일이다. 백차는 홍차보다 정말 카페인 함유량이 적은가, 티에서 특정 성분을 고농도로 우리려면 기존의 우리는 방식과 다르게 해야 하는가, 한 찻잎을 연속적으로 우릴 경우, 우리는 횟수가 늘어날수록 우리는 시간을 길게 하면 과연 카페인을 동일한 함량으로 우려낼 수 있는가 등이다.

지금까지 대부분의 연구들은 티를 개략적으로 조사한 것이었기 때문에 티의 세계에서 일어나는 다양한 경우들을 정확히 반영하지 못했다. 더욱이 과학자들이 연구실에서 실험을 통해 얻은 성과들은 티 애호가들이 가정에서 일상적으로 마시면서 도출한 결과들과 반드시 일치하지도 않았다.

이와 같은 이유로 한 생명공학 연구팀은 35종의 티에 대해 실험을 진행하였다. 각각의 찻잎을 특정한 지침에 따라 우려내면서 용해되는 다양한 성분들의 농도를 측정하고, 그 성분들의 특성을 분석한 것이다. 이 과정에서 물과 티의 무게 비, 물의 온도, 다관의 크기는 티의 종류에 맞게 설정하고, 물은 pH 7.22인 중성의 물을 사용하였다. 이렇게 우렸을 경우에, 그 성분 분석 결과는 보통 사람들이 가정에서 우린 티 속의 성분 분석 결과들과 유사했다.

이와 같이 임의로 설정한 특정 지침에 따라 우려낸 결과들은 물론 절대적인 것은 아니며, 단지 '비교 기저(comparative basis)'가 될 수 있을 뿐이다. 티의 향, 카페인 농도, 그리고 항산화 물질의 양은 차나무가 자란 지역, 재배 기후, 채엽 시기, 그리고 가공 방식 등에 따라 달라질 수 있고, 찻잎의 크기와 등급도 그 결과에 영향을 줄 수 있기 때문이다.

또한 이 실험에서 얻은 결과들은 두 잔의 티를 준비하여 3회씩 분석한 것으로 그 결과들이 평균값에 지나지 않는다는 사실도 염두에 둘 필요가 있다.

이 실험에서는 세 요소가 집중 분석되었다. 카페인 농도, 카테킨 농도, 그리고 티의 항산화성이다.

카페인과 카테킨의 농도를 분석하기 위해 선택한 방법은 '액체 크로마토그래피(liquid chromatography)' 분석이었다. 이 분석 기술은 '액체 이동상(mobile phase)'의 비율이 다양한 성질을 이용하는 방법이다. 즉, 혼합물의 성분들이 고체 물질인 '분리 컬럼 (separating column)'을 통과해 나가는 속도에 차이를 보이면서 단일 성분별로 분리되는 것이다. 이 액체 크로마토그래피의 가장 큰 장점은 액체 속에 있는 다양한 분자 성분들의 농도를 알 수 있다는 것이다.

한편 티의 항산화성을 분석하는 데는 다음의 세 기술들을 사용하였다.

먼저 대량의 티들을 분류하기 위해 'ABTS-TEAC' 기술을 사용하였다. 'ABTS-TEAC'은 동일한 종류의 대량 샘플들로부터 항산화성을 간접적으로 비교 및 분석할 수 있는 기술이다.

다음으로는 각 티의 항산화성을 계량화하기 위해 '활성산소 흡수력(ORAC, Oxygen radical absorbance capacity)'의 측정 기술을 사용하였다. ORAC 측정 방식은 다른 종류의 식품을 상호 비교 및 분석하는 데 매우 편리하여, 음식 성분의 항산화성을 측정하는 경우에도 가장 많이 사용하고 있다.

마지막으로는 특정 티에 함유된 항산화 물질을 분석하기 위해 '수산기 활성산소 항산화력(HORAC, hydroxyl radical antioxidant capacity)'의 측정 기술을 사용하였다. 이 기술로는 특정한 활성산소(수산화라디칼 등)에 대항하는 방어 메커니즘을 재연하여 앞서 얻었던 실험 결과물들을 입증할 수 있다.

카페인

오른쪽 페이지의 그림은 카페인이나 1,3,7-트리메틸크산틴의 성분으로 잘 알려진 크산틴의 화학 구조식이다. 카페인을 함유하고 있는 천연 산물로는 커피, 티, 마테, 구아나, 코코아 등이 있다.

코코아에는 테오브로민(theobromine)이나 3,7-디메틸크산틴(dimethylxanthine)과 같은 알칼로이드류가 풍부하고, 티에는 테오필린(theophylline)이나 1,3-디메틸크산틴이 소량으로 함유되어 있다. 테오브로민, 테오필린, 디메틸크산틴은 화학 구조가 매우 비슷하며, 이뇨 효능과 향정신성 자극 효능이 있다.

다음 페이지의 도표에서는 티 한 잔(250㎖)에 든 카페인 함유량을 티 종류별로 소개한다.

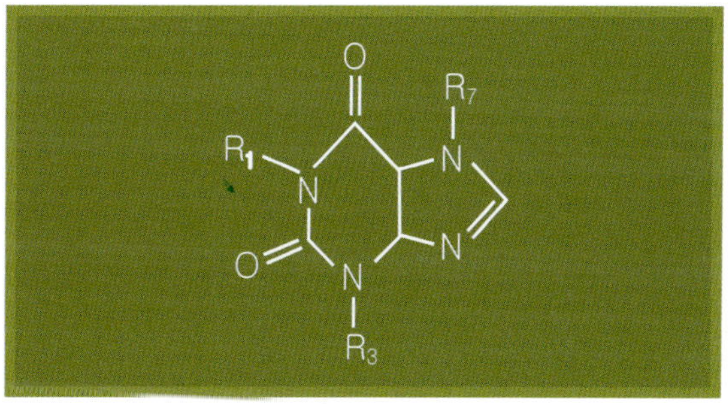

카페인 : $R_1=R_3=R_7=CH_3$

테오브로민 : $R_1=H$, $R_3=R_7=CH_3$

테오필린 : $R_1=R_3=CH_3$, $R_7=H$

출처 : 머크 색인(Merch Index)

표 1. 티 종류별 카페인 농도 비교

(액체 크로마토그래피-UV로 측정한 카페인 함유량)

모든 티들은 물 500㎖를 기준으로 우렸다. 단 맛차의 경우, 가루차와 물 100㎖를 사발에 넣고 격불하였다.

티의 종류	분류	생산국	찻잎 양	온도	우리는 시간	카페인 농도/물(500㎖)
맛차	녹차	일본	1.5g	75도	30초	126mg
다르질링 숭마 퍼스트 플러시 DJ2	홍차	인도	5g	95도	4.5분	58mg
설아	녹차	중국	5g	85도	5.5분	50mg
태평후괴	녹차	중국	5g	85도	6분	50mg
백호	우롱차	타이완	5g	95도	6분	49mg
센차 아시쿠보	녹차	일본	5g	75도	4.5분	48mg
용정사봉	녹차	중국	5g	85도	4.5분	48mg
백모단왕	백차	중국	5g	80도	6분	39mg
호우지차 시즈오카	녹차	일본	5g	95도	4.5분	27mg
보이생차 1997	보이차	중국	5g	95도	6분	23mg
영명(永明) 2006 보이숙차	보이차	중국	5g	95도	4.5분	23mg
가마이리차	녹차	일본	5g	80도	3.5분	23mg
향명(香茗) 2006 보이생차	보이차	중국	5g	95도	4.5분	22mg
아삼 바나스파티	홍차	인도	5g	95도	3.5분	22mg
장 씨의(Mr. Chang's) 동정	우롱차	타이완	5g	95도	4.5분	20mg
운남홍공부	홍차	중국	5g	85도	4.5분	19mg
보이숙차 1995	보이차	중국	5g	95도	4.5분	19mg
예르바 마테	예르바 마테	브라질	5g	85도	4.5분	18mg
반차 시즈오카	녹차	일본	5g	85도	4.5분	18mg
안계철관음	우롱차	중국	5g	95도	4.5분	17mg
쿠키차(보차)	녹차	일본	5g	80도	3.5분	17mg
육계	우롱차	중국	5g	95도	6분	16mg
오텀 다르질링 숭마 DJ480	홍차	인도	5g	95도	3.5분	16mg
백호은침	백차	중국	5g	75도	6분	15mg
교쿠로 타마호마레	녹차	일본	5g	65도	4.5분	14mg
센차 후카무시 아지	녹차	일본	5g	75도	4.5분	14mg
아리산 1991 청심	우롱차	타이완	5g	95도	4.5분	13mg
유기농 혜명	녹차	중국	5g	85도	4.5분	13mg
용주말리화(龍珠茉莉花)	녹차	중국	5g	85도	3.5분	13mg
센차 이사가와	녹차	일본	5g	75도	3.5분	12mg
목책철관음	우롱차	타이완	5g	95도	4.5분	12mg

티 카페인의 '변주곡'

다양한 유형의 티를 대상으로 카페인의 함유량을 분석한 결과, 우리는 그 내용에서 일관성을 찾아보기는 매우 어렵다는 사실을 알 수 있었다. 티의 6대 분류 내에서도 일부 티는 카페인을 전혀 함유하지 않지만, 또 다른 티는 카페인을 매우 풍부하게 함유하고 있는 등 그 변화의 폭이 매우 심하였기 때문이다.

티 성분 분석을 통해서 밝혀진 놀라운 사실은 일부 홍차(아삼 바나스파티, 운남홍공부)가 녹차는 물론 일반적으로 자극성이 매우 낮은 것으로 생각되었던 백차보다도 카페인 함유량이 적었다는 것이다. 이에 대해서는 홍차가 산화 과정을 거치면서 카페인의 함유량이 오히려 줄어들었을 것으로 보고 있다(다르질링 숭마 퍼스트 플러시 DJ2 참조). 만약 이 결과가 성분 분석에 사용된 홍차의 샘플 수가 적었던 데 따른 것이라면, 이 추정을 뒷받침할 만한 추가적인 분석 작업이 필요하다.

우려내는 시간과 카페인의 농도

티를 우리는 과정에서 카페인이 용해되는 현상을 보다 더 자세히 알아보기 위해서는 우려내는 시간에 따른 카페인 함유량의 변화를 살펴보아야 한다. 먼저 카페인 함유량이 높은 특정한 티(용정사봉 등)를 선정한 후, 표준 방식으로 우리면서 티를 준비한다. 여기에서 사용된 표준 방식은 온도 85도의 물 500㎖에 찻잎 5g을 넣고 우린 것이다.

아래의 그래프로부터는 티를 우리는 첫 3분 동안에 카페인이 가장 많은 양으로 용해되어 나온다는 사실을 알 수 있다. 또한 우린 지 6분이 지나면 증가 곡선의 기울기가 완만해지면서 카페인이 서서히 우러나온다는 사실도 알 수 있다.

그래프 1 : 카페인의 우리는 시간에 따른 용해도(용정사봉 티 기준)

찻잎을 우리는 온도와 시간을 보다 더 정확히 알아보기 위해서는 다양한 조건에서 여러 방법으로 분석해야 한다(표 2, 3 참조). 여기에서는 단일 티를 두 가지의 다른 방식(표 4, 5 참조)으로 우리면서 카페인 함유량을 조사했다. 마지막으로 동일한 찻잎을 두 번째로 우린 후 카페인 함유량을 측정하였다(표 6 참조).

표 2. 유기농 혜명 티의 우린 시간에 따른 카페인 농도 비교
(액체 크로마토그래피(UV) 분석에 의한 카페인 농도 측정)

우린 조건 : 두 경우 모두, 신선한 찻잎 5g과 물 500㎖(2컵)를 다관에 넣고 우렸다.

티 이름	분류	생산국	우리는 횟수	양	온도	우린 시간	카페인 농도/컵(250㎖)
유기농 혜명	녹차	중국	단일 회	5g	85도	4.5분	13mg
			단일 회	5g	85도	10분	21mg

표 3. 유기농 혜명 티의 우린 온도에 따른 카페인 농도 비교

우린 조건 : 두 경우 모두, 신선한 찻잎 5g과 물 500㎖(2컵)를 다관에 넣고 우렸다.

티 이름	분류	생산국	우리는 횟수	양	온도	우린 시간	카페인 농도/컵(250㎖)
유기농 혜명	녹차	중국	단일 회	5g	85도	4.5분	13mg
			단일 회	5g	95도	4.5분	19mg

표 4. 용정사봉 티의 우리는 방식에 따른 카페인 농도 비교

우린 조건 : 단일 회로 길게 우릴 경우, 신선한 찻잎 5g과 물 500㎖(2컵)를 다관에 넣고 우렸다.
그리고 연속 3회로 짧게 우릴 경우, 신선한 찻잎 4g과 물 100㎖를 개완에 넣고 우려냈다.

티 이름	분류	생산국	우리는 횟수	양	온도	우린 시간	카페인 농도
용정사봉	녹차	중국	단일 회	5g	85도	4.5분	19mg/물 500㎖
			3-1회	4g	85도	45초	29mg/물 100㎖
			3-2회	3-1회 찻잎	85도	45초	29mg/물 100㎖
			3-3회	3-2회 찻잎	85도	60초	24mg/물 100㎖

표 5. 센차 아시쿠보 티의 우리는 방식에 따른 카페인 농도 비교

우린 조건 : 단일 회로 길게 우릴 경우, 신선한 찻잎 5g과 물 500㎖(2컵)를 다관에 넣고 우렸다.
그리고 연속 2회로 짧게 우릴 경우, 신선한 찻잎 4g과 물 100㎖를 다관에 넣고 센차도 방식으로 우려냈다.

티 이름	분류	생산국	우리는 횟수	양	온도	우린 시간	카페인 농도
센차 아시쿠보	녹차	일본	단일 회	5g	75도	4.5분	96mg/물 (500㎖)
			2-1회	4g	75도	45초	16mg/물 (100㎖)
			2-2회	2-1회 찻잎	75도	20초	16mg/물 (100㎖)

표 6. 센차 아시쿠보 티의 우린 횟수에 따른 카페인 농도 비교

우린 조건 : 신선한 찻잎 5g과 물 500㎖를 다관에 넣고 연속 2회 길게 우렸다.

티 이름	분류	생산국	우리는 횟수	양	온도	우린 시간	카페인 농도/물(500㎖)
센차 아시쿠보	녹차	일본	2-1회	5g	75도	4.5분	96mg
			2-2회	2-1회 찻잎	75도	3.5분	83mg

위 실험을 통해서 센차 아시쿠보 티는 찻잎을 처음 4.5분 동안 우려낸 이후 그 찻잎을 다시 우리는 경우라도 카페인이 대량으로 우러나오는 사실을 알 수 있다. 찻잎을 처음 우린 물은 버리고 두 번째로 우린 티를 마시는 디카페인 티 애호가들에게는 실망스러운 결과이다. 티를 두 번째로 우리더라도 디카페인 측면에서는 큰 효과를 볼 수 없기 때문이다. 따라서 티의 자극적 효과를 원하지 않는다면, 처음부터 카페인 함유량이 낮은 티를 선택해 마시는 것이 보다 더 현명한다.

예르바 마테(Yerba Mate)

예르바 마테를 즐기는 사람들은 표 1(228페이지 참조)에서 나온 것처럼 그 카페인 함유량이 낮은 사실에 매우 놀랄 것이다. 그러나 이는 이 실험에서 사용된 우리는 방식이 일상생활 속에서 보통 우려내 마시는 방식과는 전혀 다른 데 따른 것일 뿐이다. 보통 개인 취향에 따라서 예르바 마테는 우릴 때 약 20~50g이 사용되지만, 이 실험에서는 분석을 위해 단지 5g이 사용되었다.

항산화력

지금까지 살펴보았듯이, 음식에 든 천연 항산화 물질들은 인체 내에서 활성산소들을 제거하는 데 도움이 된다. 활성산소들은 매우 불안정한 분자들로서 신진대사 시스템 속에서 다른 분자들과 결합하여 안정화하려는 성질이 강하다. 이 과정에서 건강한 분자들이 손상을 입거나 파괴되는 것이다. 우리의 인체에는 활성산소의 효과를 반감시키는 항산화성 분자들의 '저장고'가 있다. 그런데 불행하게도 이와 같은 저장고는 종종 불충분한 경우가 많다. 따라서 일상생활 속에서 매일 음식을 통하여 항산화성 물질을 섭취하는 일은 매우 중요하다. 인체 내에서 항산화성 물질의 양을 증가시켜 인체의 세포와 조직들이 활성산소로 손상을 입는 일을 사전에 예방하거나 지연시킬 수 있기 때문이다.[1]

인체 내에서 활성산소가 제거되는 메커니즘은 매우 복잡하여 단순히 한 음식을 선정하여 그 과정을 분석하는 것이 결코 쉽지 않다. 이에 따라 활성산소의 포획 메커니즘을 재연하는 상호보완적 실험 방법(ABTS, ORAC, HORAC, NORAC, SORAC, SOAC)들이 그동안 많이 개발되었다. 이 같은 기술이나 실험 방법들을 통해서 우리는 인체 내 활성산소로 생기는 다양한 질병들을 예방하는 음식의 효능 등을 간접적으로 알아볼 수 있는 것이다.

한편 식물계에 분포하는 폴리페놀류 성분들은 항산화성이 매우 뛰어난 것으로 알려져 있다. 최근의 티에 관한 많은 연구 성과들에서는, 폴리페놀류의 성분들이 항산화성과 생리 활성 물질로서의 특성이 매우 높은 것으로 드러났다. 또한 일부 연구에 따르면, 녹차의 폴리페놀류 성분이 파킨슨병(치매의 일종)을 유발하는 스트레스 요인들을 완화하는 효과가 있다고 한다.[2]

여기서는 티의 항산화력을 알아보기 위해 고속 검사 방식(ABTS-TEAC)을 사용하였다. 이 방식은 비슷한 유형의 식품 샘플들을 비교 및 분석하는 데 매우 유용하다. 반면 다른 유형의 식품 샘플들을 비교 및 분석하기 위해서는 이와는 다른 기술들이 사용되었는데, 나중에 소개한다.

표 7. ABTS-TEAC3 방식으로 측정한 항산화제의 농도 비교[3]

우린 조건 : 모든 티들은 물 500㎖(2컵)를 기준으로 다관에서 우렸다. 단 맛차의 경우, 물 100㎖를 기준으로 사발에서 격불하였다.

티의 종류	분류	생산국	양	온도	우리는 시간	항산화제 농도/물(250㎖)
맛차	녹차	일본	1.5g	75도	30초	3,775μmoles
육안과편	녹차	중국	5g	85도	4분	2,500μmoles
센차 게이코쿠	녹차	일본	5g	75도	4분	2,375μmoles
용정사봉	녹차	중국	5g	80도	4.5분	2,200μmoles
안길백차	녹차	중국	5g	85도	6분	1,800μmoles

1) Chung, H. Y., T. Yokozawa, D. Y. Soung, I. S. Kye, J.K. No, and B. S. Baek. "Peroxynitrite-Scavening Activity of Green Tea Tannin," *J.Agric. Food Chem.*, *46*, 4484(1998)

2) Baluchnejadmojarad, T. and M. Roghanai, "Green Tea Polyphenol Epigallocatechin Attenuates Behavioral Abnormality in HemiParkinsonian Rat," *Iranian Biomedical Journal*, *10*, 203(2006)

3) ABTS는 음식 물질의 항산화성을 평가할 때 사용하는 화학적 화합물이다. TEAC(Trolox equivalent antioxidant capacity)는 특정 화합물로 인한 총 항산화능을 표현하는 데 사용하는 측정 단위이다. 트롤록스(trolox)는 비타민 E의 수용성 당량(water-soluble equivalent)이다.

표 7. ABTS-TEAC3 방식으로 측정한 항산화제의 농도 비교

우린 조건 : 모든 티들은 물 500㎖(2컵)를 기준으로 다관에서 우렸다.
단, 맛차의 경우, 물 100㎖를 기준으로 사발에서 격불하였다.

티의 종류	분류	생산국	양	온도	우리는 시간	항산화제 농도/물(250㎖)
태평후괴	녹차	중국	5g	85도	6분	1,750µmoles
가마이리차	녹차	일본	5g	80도	3.5분	1,275µmoles
다르질링 숭마 퍼스트 플러시 DJ3	홍차	인도	5g	95도	3.5분	1,225µmoles
쿠키차(보차)	녹차	일본	5g	80도	3.5분	1,150µmoles
반차 시즈오카	녹차	일본	5g	85도	4.5분	1,075µmoles
백모단왕	백차	중국	5g	80도	6분	1,025µmoles
백호	우롱차	타이완	5g	95도	6분	1,025µmoles
향명 2006 보이생차	보이차	중국	5g	95도	4.5분	975µmoles
설아	녹차	중국	5g	85도	5.5분	950µmoles
장 씨의 동정	우롱차	타이완	5g	95도	4.5분	925µmoles
센차 아시쿠보	녹차	일본	5g	75도	3.5분	900µmoles
센차 이사가와	녹차	일본	5g	75도	3.5분	875µmoles
운남홍공부	홍차	중국	5g	85도	4.5분	875µmoles
가부세차 가와세	녹차	일본	5g	70도	3.5분	750µmoles
삼림계	우롱차	타이완	5g	95도	4분	750µmoles
백호은침	백차	중국	5g	75도	6분	700µmoles
신양모첨	녹차	중국	5g	80도	3.5분	700µmoles
육계	우롱차	중국	5g	95도	6분	650µmoles
아삼 바나스파티	홍차	인도	5g	95도	3.5분	650µmoles
오텀 다르질링 숭마 DJ480	홍차	인도	5g	95도	3.5분	625µmoles
유기농 네팔 피칼	녹차	네팔	5g	85도	3.5분	575µmoles
센차 스키가세(月ヶ瀬)	녹차	일본	5g	75도	3.5분	575µmoles
영명 2006 보이숙차	보이차	중국	5g	95도	4.5분	575µmoles
안계철관음	우롱차	중국	5g	95도	4.5분	550µmoles
유기농 혜명	녹차	중국	5g	85도	4.5분	500µmoles
목책철관음	우롱차	타이완	5g	95도	4.5분	450µmoles
보이생차 1997	보이차	중국	5g	95도	6분	425µmoles
장 씨의 아리산	우롱차	타이완	5g	95도	4.5분	425µmoles
교쿠로 타마호마레	녹차	일본	5g	65도	4.5분	375µmoles
다르질링 싱겔 퍼스트 플러시 DJ2	홍차	인도	5g	95도	4분	375µmoles
보이숙차 1995	보이차	중국	5g	95도	4.5분	375µmoles
센차 후카무시 아지	녹차	일본	5g	75도	4.5분	350µmoles
용주말리화	녹차	중국	5g	85도	3.5분	175µmoles

표 8. 우리는 방식에 따른 항산화제의 농도 비교

(단일 회로 10분 우릴 경우 VS. 연속 2회로 4~6분 우릴 경우)

우린 조건 : 4종류의 티들은 물 500㎖(2컵)를 기준으로 다관에서 우렸다.
찻잎을 단일 회로 길게 우릴 경우와 연속 2회 짧게 우려낼 경우의 찻잎 조건을 동일하게 하였다.

티 이름	분류	생산국	양	온도	우린 시간	TEAC 농도/물(250㎖)
육안과편	녹차	중국				
2-1회			5g	85도	4분	2,500µmoles
2-2회			2-1회 찻잎	85도	6분	1,625µmoles
단일 회			5g	85도	10분	2,925µmoles
센차 아사무시 게이코쿠	녹차	일본				
2-1회			5g	75도	4분	2,375µmoles
2-2회			2-1회 찻잎	75도	6분	1,025µmoles
단일 회			5g	75도	10분	2,750µmoles
삼림계	우롱차	타이완				
2-1회			5g	95도	4분	750µmoles
2-2회			2-1회 찻잎	95도	6분	1,050µmoles
단일회			5g	95도	10분	1,725µmoles
다르질링 싱겔 퍼스트 DJ2	홍차	인도				
2-1회			5g	95도	4분	375µmoles
2-1회			2-1회 찻잎	95도	6분	600µmoles
단일 회			5g	95도	10분	425µmoles

표 9. 2종류 티의 우린 시간에 따른 항산화제 농도 비교

(ABTS-TEAC 방식으로 측정)

우린 조건 : 2종류의 티들은 신선한 찻잎을 물 500㎖(2컵)를 기준으로 다관에서 우렸다.

티 이름	분류	생산국	양	온도	우린 시간	TEAC 농도/물(250㎖)
유기농 혜명	녹차	중국				
단일 회			5g	85도	4.5분	500µmoles
단일 회			5g	95도	4.5분	725µmoles
교쿠로 타마호마레	녹차	일본				
단일 회			5g	65도	4.5분	375µmoles
단일 회			5g	85도	4.5분	525µmoles
단일 회			5g	100도	4.5분	325µmoles

이와 같은 분석들을 통해 알 수 있는 사실은 물의 온도를 달리하여 항산화제의 농도를 더욱더 높게 우려낼 수 있다는 것이다. 그런데 교쿠로 타마호마레의 경우에는 100도의 끓는 물에서 우릴 경우, 오히려 항산화제의 농도가 줄어든다는 사실을 알 수 있다.

한편 ABTS-TEAC 방식으로 몇몇 티들을 분석한 데 이어, 또 다른 과학적 방법(ORAC, HORAC 측정 등)을 동원한 분석 작업도 진행되었다. 이와 같은 방법들은 인체의 병리학적 현상들과 관련된 페록실기(peroxyl radicals)와 수산기(hydroxyl) 활성산소를 제거하는 음식들을 규명하는 데 사용된다.

표 10. ORAC-TEAC 방식에 의한 항산화제의 농도 비교

우린 조건 : 모든 티들은 물 500㎖(2컵)를 기준으로 다관에서 우렸다.
단 맛차의 경우, 물 100㎖를 기준으로 사발에서 격불하였다.

티 이름	분류	생산국	양	온도	우린 시간	TEAC 농도/물(250㎖)
맛차	녹차	일본	1.5g	75도	30초	3,100µmoles
용정사봉	녹차	중국	5g	85도	6분	2,425µmoles
안길백차	녹차	중국	5g	80도	4.5분	1,175µmoles
가마이리차	녹차	일본	5g	80도	3.5분	1,050µmoles
다르질링 숭마 퍼스트 플러시 DJ2	홍차	인도	5g	95도	4.5분	750µmoles
장 씨의 동정	우롱차	타이완	5g	95도	4.5분	550µmoles
아삼 비니스파티	홍차	인도	5g	95도	4.5분	500µmoles
센차 아시쿠보	녹차	일본	5g	75도	3.5분	425µmoles
백호은침	백차	중국	5g	75도	6분	300µmoles
용주말리화	녹차	중국	5g	85도	3.5분	150µmoles

위의 분석 결과들을 다른 음료와 함께 비교한 그래프 2는 다음 페이지에서 소개하고 있다. 그래프 2는 다양한 음료 속에 든 항산화제의 함유량을 ORAC 측정 방식을 통해 분석하여 나타낸 것이다. 그리고 데이터들은 미국 농업부의 데이터뱅크로부터 추출해 사용하였다.

그래프 2. 다양한 음료들의 활성산소 흡수력(ORAC) 수치 비교

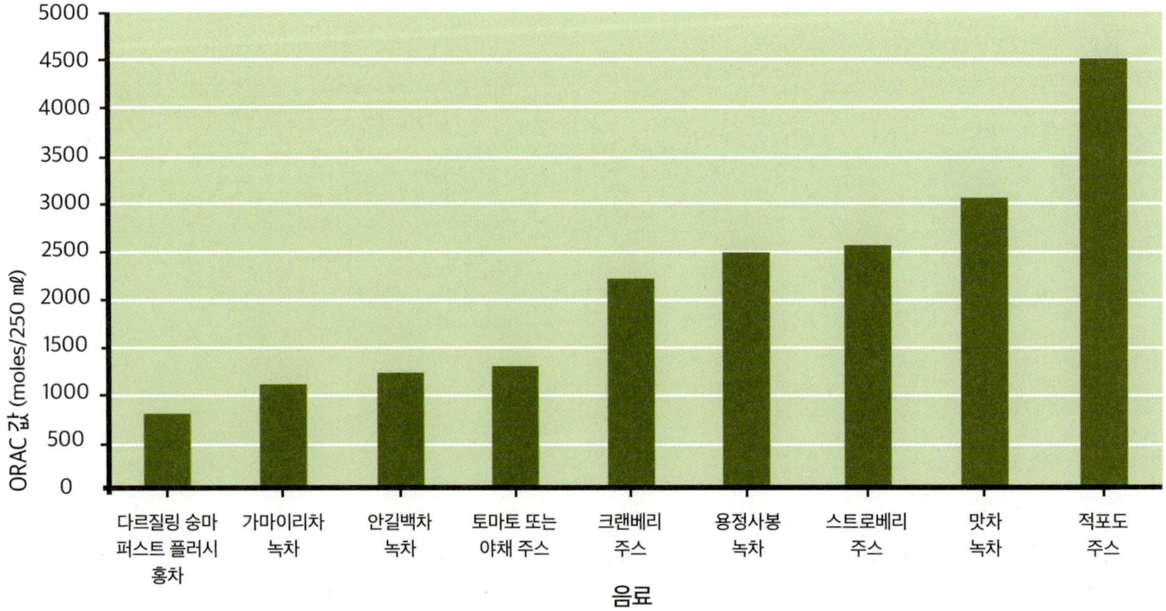

표 11. 카페산 당량*에서 HORAC 방식으로 측정한 항산화제 농도 비교

우린 조건 : 모든 티들은 물 500㎖(2컵)를 기준으로 다관에서 우렸다.
단 맛차의 경우, 물 100㎖를 기준으로 사발에서 격불하였다.

티 이름	분류	생산국	양	온도	우린 시간	TEAC 농도/물(250㎖)
맛차	녹차	일본	1.5g	75도	30초	200μmoles
용정사봉	녹차	중국	5g	85도	6분	175μmoles
안길백차	녹차	중국	5g	80도	4.5분	175μmoles
가마이리차	녹차	일본	5g	80도	3.5분	150μmoles
다르질링 숭마 퍼스트 플러시 DJ2	홍차	인도	5g	95도	4.5분	125μmoles
장 씨의 동정	우롱차	타이완	5g	95도	4.5분	75μmoles
아삼 바나스파티	홍차	인도	5g	95도	4.5분	75μmoles
센차 아시쿠보	녹차	일본	5g	75도	3.5분	25μmoles
백호은침	백차	중국	5g	75도	6분	125μmoles
용주말리화	녹차	중국	5g	85도	3.5분	0μmoles

* 카페산 당량(CAE, caffeic acid equivalents) : 항산화제에 의한 생체 보호 능력과 관련된 측정값을 나타낼 때 사용하는 단위이다.

카테킨류

티의 항산화 및 항암 효능은 폴리페놀류의 분자들을 구성하고 있는 카테킨류 성분으로 인한 것이다. 이 항산화제들은 차나무의 신진대사를 통해 생성된 것으로서 식물의 방어 작용에서도 매우 중요한 역할을 하고 있다. 티에 함유된 주요 카테킨류로는 카테킨(C, catechin), 에피카테킨(EC, epicatechin), 에피갈로카테킨(EGC, epigallocatechin), 에피카테킨 갈레이트(ECG, epicatechin gallate), 그리고 에피갈로카테킨 갈레이트(EGCG, epigallocatechin gallate)(그림 1 참조)가 있다. 이 성분들은 건조 찻잎 질량의 약 2~8%를 차지하고 있다.

티에서 카테킨류의 함유량은 차나무의 재배 방법과 가공 방식에 따라 매우 큰 폭으로 변화한다. 일반적으로 홍차는 녹차에 비해 카테킨류의 함유량이 극히 낮다. 그 이유는 녹차의 경우 산화과정을 거치지 않아 그 분자들이 변하지 않고 남아 있기 때문이다. 이런 이유로 현재 녹차에 관한 많은 연구들이 집중적으로 진행되고 있는 것이다. 여기에서는 2종류의 홍차와 백차, 그리고 우롱차를 녹차와 비교 분석하였다.

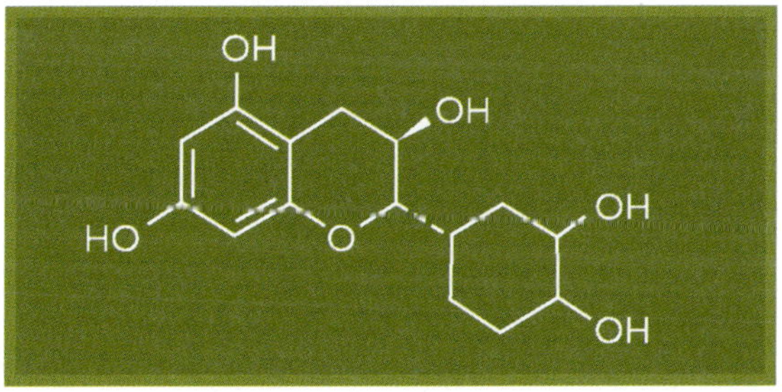

(-)-카테킨(C)

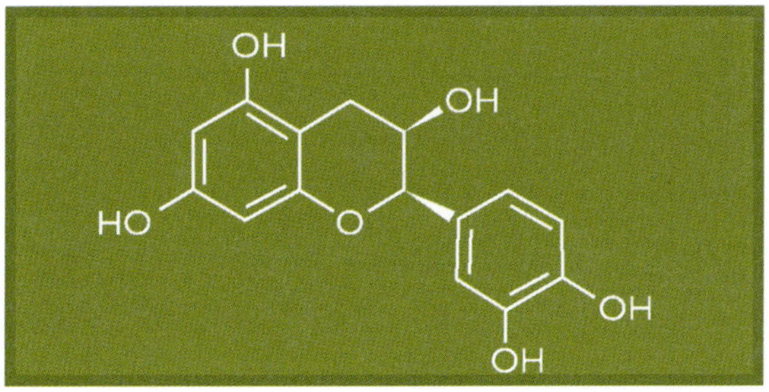

(-)-에피카테킨(EC)

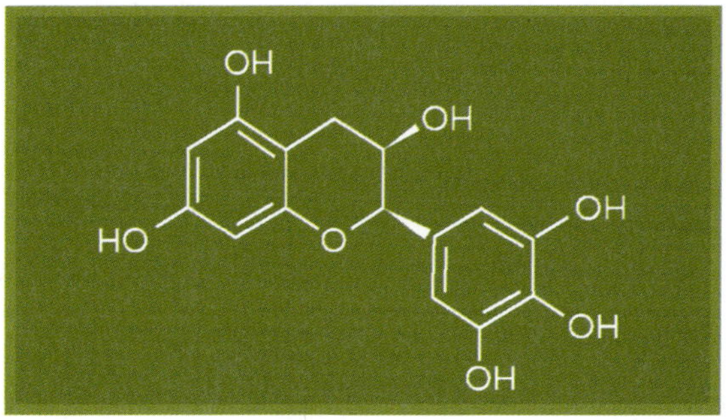

(-)-에피갈로카테킨(EGC)

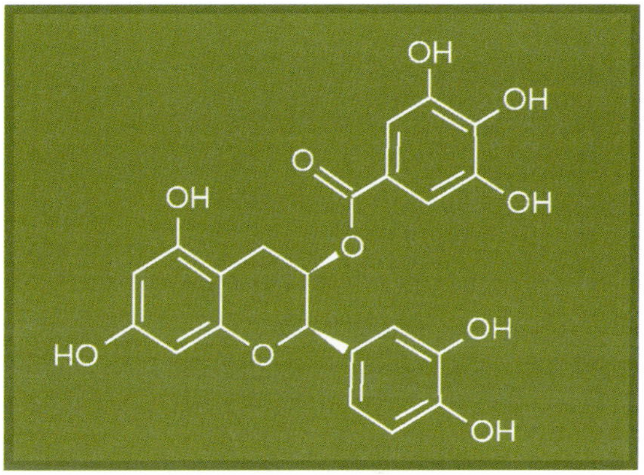

(-)-에피카테킨-3-갈레이트(ECG)

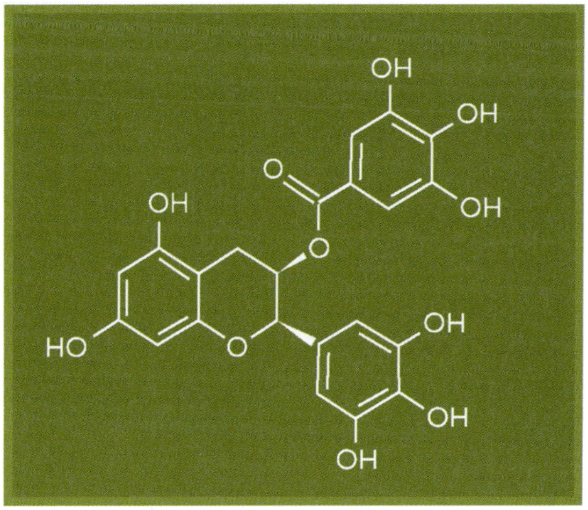

(-)-에피갈로카테킨-3-갈레이트(EGCG)

그림 1. 티에 함유된 주요 카테킨(출처 : *Sigma-Aldrich*)

표 12. 우린 티에 함유된 카테킨류 농도

우린 조건 : 모든 티들은 물 500㎖(2컵)를 기준으로 다관에서 우렸다.
단 맛차의 경우, 물 100㎖를 기준으로 사발에서 격불하였다.

티 이름	분류	우린 조건 (티의 양/우린 시간/물의 온도)	카테킨류/우린 티(250㎖) EGCG	EGC	C	EC	ECG
맛차	녹차	1.5g(100㎖)/30초/75도	98	65	2	21	24
용정사봉	녹차	5g(500㎖)/6분/85도	60	13	2	8	21
안길백차	녹차	5g(500㎖)/4.5분/80도	47	11	1	4	10
가마이리차	녹차	5g(500㎖)/3.5분/80도	33	42	2	10	7
다르질링 숭마 퍼스트 플러시 DJ2	홍차	5g(500㎖)/4.5분/95도	29	5	1	3	15
센차 아시쿠보	녹차	5g(500㎖)/3.5분/75도	18	16	1	6	5
장 씨의 동정	우롱차	5g(500㎖)/4.5/85도	16	18	1	5	5
용주말리화	녹차	5g(500㎖)/3.5분/95도	12	4	1	4	6
백호은침	백차	5g(500㎖)/6분/75도	3	0	0	1	4
아삼 바나스파티	홍차	5g(500㎖)/3.5분/95도	2	0	1	1	2

위의 결과들은 앞서 실험을 통해 알 수 있었던 내용들을 보다 더 정확하게 뒷받침해 주고 있다. 즉 티는 활성산소 흡수력(ORAC)과 수산기 활성산소 항산화력(HORAC)이 매우 높은 음료라는 사실이다.

결론

지금까지 우리는 각 티별 주요 장점들을 살펴보기 위해 서로 다른 종류의 티들을 다양한 방법으로 비교 및 분석해 보았다. 또한 우리는 조건에 따라 티에서 카페인과 항산화제의 함유량이 어떻게 달라지는지에 대해서도 살펴보았다. 그런데 수많은 실험들을 통해 우리는 녹차가 우롱차보다 항산화제가 반드시 더 풍부한 것은 아니라는 사실을 알 수 있었고, 홍차가 일반적으로 알려진 것과는 달리 백차보다 자극성이 더 높은 것도 아니라는 사실을 알 수 있었다.

또한 중국 녹차인 육안과편, 용정사봉, 그리고 안길백차가 고품질의 일본 센차에 비교하여 매우 높은 항산화제를 함유하고 있다는 놀라운 결과들도 알 수 있었다.

이와 같은 새로운 실험 결과들을 감안할 때, 티의 좋은 효능들에 대해서는 아직도 새로이 밝혀내야 할 것이 수없이 많을 것으로 보인다. 더욱이 티로 만드는 찻잎의 구조와 특성은 해마다 재배종, 성장 속도, 가공 기술, 기후 조건 등에 따라서 끊임없이 달라진다. 따라서 티의 특성과 효능은 매우 방대한 것이다. 이런 이유로 각 티들은 수많은 사람들에게 치료제가 되기도 하고, 즐거움을 주는 음료가 되기도 한다.

만약 일상생활 속에서 다양한 유형의 티를 즐기면서 음미한다면, 이 신비로운 음료의 장점을 최대한으로 누릴 수 있다는 사실을 반드시 염두에 두기 바란다!

대단히 감사하다!

참고 문헌 bibliography

Agudo, A,. L. Cabrera, P. Amino et al. "Fruit and Vegetable Intakes, Dietary Anoxidant Nutrients, and Total Mortality in spanish Adults: Findings from the spanish Cohort of the European Prospective Investigation into Cancer and Nutrition"(EPIC-Spain), *The American Journal of Clinlcal Nutrition* 85, no 6(June 2007): 1634-1642.

Baluchnejadmojarad, T., and Roghni. "Green Tea Polyphenol Epigallocatechin-3-gallate Attenuates Behavioral Abnormality in Hemiparkinsonian Rat", *Iranian Biomedical Journal* 10 , no 4(2006): 203-207.

Becaud, Nadia. *Le tea: la culture chinoise du Tea,* Editions Stephane Baches, 2004.

Blofeld, John. *The et tao: l'art chinois du Tea*, Albin Michel, 1997.

Bonheure, Denis. *Tea*, Macmillan, The tropical agriculturalist series, Paris, 1990.

Butel, Paul, *Histoire du Tea*, Editions Desjonqueres, 2001.

Chan, Kam Pong. *First Step to Chinese Pueh Tea*, Wushing Books, 2006.

Chung, H. Y., Yokozawa, D. Soung et al. "Peroxynitrite-Scavening Activity of Green Tea Tannin," *Journal of Agricultural and Food Chemistry* 46, no. 11(1998): 4484-4486.

Chow, Kit and Ione Kramer, *All the Tea in China* Books, 1990.

Collectif. China: *Homeland of Tea*, 1994

Collectif. Tea for two: *les rituels du Tea dans le monde*, Credit Communal, 1999.

Dai, Q., A. R. Borenstein, Y. Wu et al. "Fruit and Vegetable Juices and Alzheimer's Disease: *American Journal of Medicine* 119, no. 9(2006): 751-759.

Delmas, Francois-Xavier, Mathias Minet and Christine Barbaste. *Le guide de degustation de l'amateur de Tea*, Chene, 2007.

Fisher, Aragon. *Tea Wisdom*, Tuttle Publishing, 2009.

Frei, B., and J. V. Higdon. "Antioxidant Activity of Tea Polyphenols in vivo: Evidence from Animal Studies," *Jounal of Nutrition* 133,(2003): 3275S-3284S.

Gautier, Lydia. *Le Tea: Aromes et saveurs du monde*, Aubanel, 2005.

Genkinger, J. M., E. A. Platz, S. C. Hoffman et al. "Fruit, Vgetable, and Antoxidant Intake and All-Cause, Canser, and Cardiovascular Disease Morality in a Community-Dwelling Population in Washington County, Maryland," *American Journal of Epidemiology* 160, no 12(2004): 1223-1233.

Heiss, Mary Lou, and Robert J. Heiss. *The Story of Tea: A Cultural History and Drinking Guide*, Ten Speed Press, 2007.

Huets de Lemps Alain. *Boissons et civilisations en Afrique*, Presses Universitaires de Bordeaux, 2001.

Jensen, G. S,, X, Wu, K. M. Patterson et al. "In vitro and in Vivo Antioxidant-Rich Fruit and Berry Juice Blend. Results of a Pilot and Randomized, Doubleblined, Placebo-controlled, Crossover Study," *Journal of Agriculture and Food Chemistry* 56, no. 18(2008): 8326-8333.

Kauzo, Okakura. Le livre de Tea, Editions Philippe Picquier, 1996.

Lu, Yu. *Le cha jing ou le classique du Tea*, Jean-Claude Gawsewitch Editeur, 2004.

Macfarlane, Alan and Irish Macfarlane. *The Empire of Tea*, Overlook Press, 2003.

Mandel, S. A., Y. Avramovich-Tirosh, L. Renzichenko et al. "Multifunctional Activeness of Green Tea Catechins in Neuroprotection. Modulation of Cell Survival Genes, Iron-Dependent Oxidative Stress and PKC Signaling Pathway," *Neurosignals* 14. no 1-2(2005): 46-40.

Martin, A., M. Smith, G. Perry and J. Joseph. "Nutritional Antioxidants, Vitamin, Cognition and Neurodegenerative Disease," *Principles of Gender Specific Medicine*. Edited by Marianne J. Lehato, MD. San Diego, CA: Academic Press, 2004: 813-823.

Montseren, Jean. *Guide de l'amateur de Tea*, Editions Solar, Paris, 1999.

Scala, Olivier, and Marie Grezard. *Teas: cultures, senteurs, saveurs*, Editions Solar. 2005.

Soshitsu, Sen. *Vie du Tea, esprit du Tea*, Jean-Cyrille Godefroy, 1998.

Ukers, William H. *All About Tea*, Hyperrion Press, 1935(reedition 1999).

Wang, Ling. *Le Tea et la culture chinoise*, Editions Langues etrangeres, 2006.

색인 Index

이천 년 티 역사
한국(Korea)

한국은 차나무가 약 2000년 전에는 인도로부터 대엽종이, 약 1000년 전에는 중국으로부터 소엽종이 전래된 이후로 오랜 세월에 걸쳐 재배되면서 독특한 티 문화를 형성하였다. 20세기 초 일제 강점기를 거치면서 티 문화가 잠시 말살되기도 했지만, 1960년대 이후부터는 재배지를 복원하고 티 문화와 티 산업계를 부흥하려는 움직임이 일기 시작해 오늘날 한국에서 티는 녹차와 가공 티백 등을 중심으로 생활 속의 음료로 깊숙이 자리를 잡았다. 최근에는 새로운 향미의 티 개발을 통해 음료 시장의 블루오션으로 떠오르고 있어 귀추가 주목된다.

역사

한국에서 자생하는 차나무의 기원과 재배에 관해서는 학설에 이견(異見)이 있다. 가장 오래된 기원 설화는 약 2000년 전 금관가야의 시조인 김수로왕의 왕비 허황옥(許黃玉, ?~188) 일행이 인도에서 차나무를 들여왔다는 것이다. 바로 차나무의 '남방전래설'이다.

근대 학자 이능화(李能和 1869~1943년)의 저서 『조선불교통사』에 "김해 백월산에는 죽로차(竹露茶)가 있다. 수로 왕비인 허 씨가 인도에서 가져온 차 씨앗이라 전한다."는 기록이 그 근거이다. 이는 인도의 아유타국(阿踰陀國)의 공주 허황옥이 서기 48년에 일행과 함께 가락국으로 건너오면서 차나무의 씨앗을 가져왔다는 이야기이다.

한편 고려 중기 인종 시대에 유학자 김부식(金富軾, 1075~1151)의 저서 『삼국사기』의 「신라본기」에 따르면, 신라 흥덕왕 3년(828)에 당(唐)에 사신으로 파견되었던 대신(大臣)인 김대렴(金大廉)이 귀국하면서 중국 소엽종인 차나무의 씨앗을 들여왔는데, 흥덕왕이 이를 지리산 남쪽 화개동천에 심도록 했다는 것이다. 즉 생산성이 뛰어난 중국 소엽종의 차나무가 대렴에 의해 한국에 전파되면서 티를 마시는 문화가 확산되었다는 것이다.

오늘날 티 학계에서는 이를 정설로 인정하고, 서기 828년을 한국 차나무의 시배년(始培年)으로, 흥덕왕 명으로 차나무의 씨앗을 심은 지리산을 차나무의 시배지(始培地)라 통칭하고 있다. 현재 지리산 하동군 화개면 운수리 쌍계사 주변은 한국 차나무의 시배지로 공식 지정되어 있다.

한편 한국은 20세기 접어들어 대한제국 당시 경술국치(1910년)에 의해 국권이 일본에 피탈되었다. 일제 강점기(1910~1945)에는 일본인들이 전남 보성의 구릉지나 언덕에 일본의 고유종인 야부키타종을 심었다. 이후 일본이 제2차 세계대전에서 패망하여 한국은 광복을 맞으면서 티 문화는 새롭게 태동되었다. 1950년 6월 25일 발발한 한국전쟁이 끝나고 국가 재건을 위한 많은 노력들 속에서 한국은 전통 티와 티 문화가 새로이 부활되기에 이른다.

1960년대부터 한국의 티마스터들은 티 농장을 재건하였고, 전통 방식의 다도와 티에 관한 문화를 복원하는 교육에도 힘썼다. 이와 함께 티의 소비량도 늘고 생산량도 늘어남에 따라 한국에서 티 문화는 오늘날 일반인들의 생활 속으로 정착되었다. 현재 전남 보성이나 하동과 같은 재배지에서는 매년 티와 관련된 축제를 열어 수많은 방문객들이 한국의 문화를 즐기면서 티를 테이스팅할 수 있도록 하고 있다. 또한 오늘날에는 티와 관련된 자격증을 비롯해 티 과학 분야의 교육뿐 아니라 새로운 티 음료 시장도 새로이 열리고 있다.

한국의 차나무 시배지인 하동군의 전경.

한국의 티 산업

최근 한국에서도 커피 시장의 성장세가 주춤하는 사이에 새로운 음료의 블루오션으로 티가 떠오르고 있다. FAO에 따르면, 한국은 지난 3년간 차나무의 재배 면적과 연간 티 생산량이 꾸준히 증가하고 있다. 재배 면적과 연간 티 생산량은 2011년 2397헥타르, 2849톤이었던 것이 지난 2013년에는 2500헥타르, 3200톤을 기록하였다. 또한 티의 내수 시장도 활성화되는 모습이다. 한국은 지난 3년간 수출량은 줄어든 반면 수입량은 오히려 점점 더 증가하고 있는 상황이다. 2011년에는 수입량(수출량)이 585톤(711톤)이었지만 2013년에는 700톤(569톤)으로 수입이 약 9%의 연평균 성장률을 보이고 있다. 이러한 상황에서 한국은 현재 젊은 층들의 소비를 끌기 위해 기업과 생산지를 중심으로 새로운 티 음료를 개발하기 위해 다양한 노력들을 펼치고 있다.

재배 지역

한국은 대륙성 기후를 보이며 일교차가 크고 겨울에는 강추위를 보인다. 소엽종이 자생할 수 있는 북방 한계는 북위 33.35부근이다. 이 북방 한계선은 전북 김제, 옥구, 남원과 경남의 함양, 밀양, 울산 지역을 잇는 곳이다. 이로 인해 한국에서는 대부분 차나무를 경남, 선님, 그리고 제주도에서 재배하고 있다. 그 중에서도 연평균 기온이 13도~16도, 겨울 최저 평균 온도가 -5도~-6도 이상의 기후를 보이는 광주, 보성, 제주, 하동, 김해 등에서 주로 차나무를 재배하고 있다.

경남의 대표적인 재배지인 하동군에서는 당나라에서 전해졌다는 1000년 정도 된 야생 차나무 밭에서 지금까지도 차를 생산하고 있다. 특히 '하동녹차(Hadong green tea)'의 주산지인 화개와 악양 지역 등 하동 녹차(야생차)산업특구는 지리산에서 남부로 이어지는 깊은 계곡으로, 북쪽에는 해발고도 1000미터가 넘는 산들이 둘러싸고 있다.

하동의 기후는 남부 해안과 지리산의 영향으로 대체로 온화하다. 연평균 기온은 14.3도 정도 된다. 겨울철은 북서 계절풍의 대륙성 기후를 보여 건조하고, 여름철은 남동 계절풍의 해양성 기후를 보여 고온다습하다. 또한 하동은 다우 지역으로서 연간 강수량이 차나무 재배에 적합한 1300mm를 웃도는 약 1800mm(최근 5년간 연간 평균 강수량) 정도 된다.

하동녹차는 수확기가 되면 일교차가 크고 안개가 잦게 껴서 티의 맛을 높이는 최상의 기후 조건을 보인다. 또한 토양은 약산성을 띠고 자갈이 많은 사력질로서 배수가 잘 되어 차나무의 생육에 천혜의 조건을 갖추고 있다.

한편, 전라남도 중앙부에 위치한 보성군은 산과 바다, 그리고 호수가 잘 어우러져 있다. 제암산, 여자만, 그리고 주암호가 그 예로 천연의 경관으로 유명하다.

1939년 일제 강점기에 일본인들이 차나무의 재배지로 최초로 지정한 곳이다. 해양성 기후와 대륙성 기후가 교차하여 비

교적 온화하다. 아침저녁으로는 짙은 안개가 자주 끼고, 토양 또한 비옥하여, 한국에서는 차나무 재배의 최적지로 평가된 것이다.

현재 보성군 내에는 차밭이 약 200여 곳으로 전체 면적이 1063헥타르 정도 된다. 보성군에서 생산되는 '보성녹차(Boseong green tea)'의 연간 티 생산량은 한국 티 생산량의 40%에 달하는 부동의 1위로 '한국 최대 다향(茶香)'이라는 명성을 자랑하고 있다.

한국의 남부 해상에 위치한 화산섬 제주도. 한라산을 주봉으로 한 제주도는 아열대 해양성 기후를 보인다. 연평균 기온은 비교적 높고 강수량에서도 보성이나 하동군보다 유리한 조건에 있다. 즉 연평균 기온 15도, 연강수량 1800mm에 일조량이 적어 차나무를 재배하기에 알맞은 조건이다.

대기업이 1983년부터 서귀포시 안덕면 서광리에서 개간하여 운영하는 오설록 녹차재배단지는 한국 연간 티 생산량의 20%를 상회할 정도로 많은 양을 생산하고 있다. 특히 가루 녹차와 티백 제품이 대량으로 생산되고 있다. 현재 보성, 하동의 녹차생산특구와 함께 3대 녹차 생산지이다.

재배 품종

한국에서 티 생산에 사용되는 차나무는 여러 품종이다. 먼저 재래종인 중국 소엽종이 있다. 이 품종의 차나무는 높이 약 1.8~2.4미터까지 자란다. 찻잎의 크기는 약 4~5센티미터 정도이다. 손으로 직접 가지치기를 하면서 관리, 수확하는 것이 가장 효과적인 방법인 것으로 알려져 있다.

재래종인 소엽종은 평균 기온이 약 13도 이하인 경남 하동을 비롯하여 전남, 전북 일원에서 자생하고 있다. 추위와 병해충에 강할 뿐 아니라 맛과 향이 강하여 '덖음 차' 제조용으로 적합한 품종이다.

다음으로는 야부기타종이 있다. 야부기타종은 잎 형태가 타원형이며, 색깔은 윤기가 도는 초록빛이다. 싱그러운 향이 강하고 맛이 부드럽고 떫은맛이 적어 증청 방식의 티에 적합하여 현재 제주도, 전남 강진, 그리고 해남에서 재배하고 있다.

베니호마레종은 인도에서 구입한 종자에서 자연 발생되어 선발한 품종으로 야부기타종보다 2주 정도 숙기가 늦다. 찻잎은 모양이 타원형이며, 색은 진한 녹색이다. 탄저병에는 강하지만 추위와 다른 병해에는 약하다. 찻빛과 맛이 진하다. 1941년에 일본 회사인 경성화학주식회사가 오늘날 전남 보성 다원 지역인 야산 30여 곳을 개간하고, 그곳에 이 품종을 심은 것이 시초이다.

용정 43호는 용정차(龍井茶, 룽징차) 품종 가운데 계통 육종으로 선발한 품종이다. 싹을 틔우는 시기가 이르고, 잎은 소엽종으로서 타원형이다. 잎은 두껍고, 색은 녹색 광택을 띤다. 특히 어린잎은 크기가 매우 짧고 작다. 단위 면적당 생산성이 높아 순한 맛과 길게 이어지는 향이 특징이다.

육성 품종으로는 전남보성차연구소에서 선발 육성된 품종으로 명선, 보향, 참녹, 보성 11호, 보성 31호가 있지만, 공식 품종으로 등록된 것은 아니다. 그밖에도 대차 12호도 있다.

수확기

한국에서는 보통 차나무의 파종을 9월 말경부터 이듬해 4월 중순까지 진행한다. 이중 발아율이 가장 높은 시기는 11월경이다. 그리고 최상급의 녹차 수확 시기는 4월 초에서 5월의 3주까지이다. 어린 새싹과 첫 번째 잎을 수확하여 생산한다. 크기가 큰 찻잎의 경우 기계로 수확하는데, 늦여름(초가을)까지 수확이 이어진다. 늦가을이나 겨울에는 거의 수확하지 않는다.

한국의 티 : Korean Teas

하동녹차 Hadong green teas

분류 : 녹차.

이명 : '왕의 티'.

설명 : 수작업의 전통 방식으로 생산되는 '덖음 차'.

산지 : 하동 화개 지역, 악양 등 야생차산업특구.

수확기 : 4월 하순~5월 하순.

재배종 : 중국 소엽종.

'하동녹차(Hadong green tea)'의 주산지인 화개와 악양 지역 등 하동 야생차산업특구는 지리산에서 남부로 이어지는 깊은 계곡으로, 북쪽에는 해발고도 1000미터가 넘는 산들이 둘러싸고 있다.

지난 2008년에 정부 차원에서 이곳을 '야생차 산업특구'로 지정하여 다른 산지와의 차별화 전략을 통해 명차(名茶) 생산에 주력하고 있다. 특구로 지정된 면적은 2만 5181평에 달한다. 우전, 세작, 중작, 대작 등 고급 녹차의 생산이 전체의 95%를 차지하고, 티백 생산은 5%밖에 되지 않는다. 중국 소엽종의 여린 잎을 따 수작업을 통해 '덖음 차'를 생산한다.

최근에는 녹차의 연구 개발을 위해 하동녹차연구소를 설립하여 '왕의 녹차'로 각인된 하동 녹차의 차별화, 고급화, 대중화에 기여하고 있다.

보성녹차 Boseong green teas

분류 : 녹차.

설명 : 향과 맛이 야생 녹차에 가까운 한국의 대표적인 녹차.

산지 : 보성군 봉산리, 벌교읍 징광리.

수확기 : 4월~9월.

재배종 : 야부키타종, 소엽종.

전남 보성군 봉산리에 위치한 재배 지역은 1939년에 재배를 시작한 약 70년 역사의 산지이다. 28헥타르 규모의 면적에 약 580만 그루의 차나무들이 자라고 있다. 이곳 재배지는 2005년에 친환경 농법에 의한 유기농 녹차밭으로 인정을 받았다. 이후, 맛과 향이 야생차와 같은 고품질의 녹차 생산에 주력하고 있다. 지금은 관광 장소로도 유명하여, '세계의 놀라운 풍경 31선'으로 선정될 정도로 세계적인 명소로 자리를 잡았다

또한 벌교읍 징광리에는 재배 면적 73헥타르의 야생 차밭이 있다. 이 재배지는 약 20여 년 전에 재래종 차나무의 씨앗을 심은 이후 야생 상태로 재배해 온 것으로 유명하다. 이곳 야생 차나무에서 수확한 '징광 잎차'는 생산량이 적어 예약을 통해서만 구입할 수 있을 정도이다.

사단법인 **한국티(TEA)협회 인증**

티(tea)의 시대를 펼칠 티 전문가의 책임 양성 기관

한국티소믈리에연구원

한국티소믈리에연구원은 국내 최초의 티(tea) 전문가 교육 및 연구 기관이다. 티(tea)에 대한 전반적인 이론 교육과 함께 티 테이스팅을 통하여 다양한 맛을 배워가는 과정으로 창의적인 티소믈리에와 티블렌더, 티코디네이터를 양성하는 데 주력하고 있다.

티소믈리에는 고객의 기호를 파악하고 티를 추천하여 주거나 고객이 요청한 티에 대한 특성과 배경을 바로 알아 고객에게 추천하는 역할을 한다. 티블렌더는 티의 맛과 향의 특성을 바로 알아 새로운 블렌딩티를 만들 수 있는 전문가적 지식과 경험이 필요하다. 또 티코디네이터는 티와 푸드의 지식을 통해 트렌드에 맞게 페어링하고 연출하여 소비자의 만족스러운 구매를 돕는 역할을 한다.

티소믈리에, 티블렌더, 티코디네이터 교육 과정은 L3, L2 자격증 과정과 골드 과정을 운영하고 있다. 사단법인 한국티(TEA)협회와 한국티소믈리에연구원이 공동으로 주관하고, 한국직업능력개발원이 공증하는 L3, L2 자격증은 단계별 프로그램을 이수한 후 자격시험 응시가 가능하다. 골드 과정은 티소믈리에, 티블렌더, 티코디네이터 Advanced 수료자를 대상으로 한 티 전문가 교육 과정이다. 골드 과정은 각 교육 과정의 깊이 있는 연구를 통해 티 전문가로서 갖춰야 할 전문 교육 프로그램을 이수하여 강사로 활동하거나 지식과 경험을 통합하여 티비즈니스에 대해 이해할 수 있는 프로그램으로 티 산업의 다양한 영역에서 활동할 수 있도록 한다.

현재 한국티소믈리에연구원은 본원에서 교육 및 연구를 진행하고 R&D센터에서 교육 및 응용, 개발을 실시하고 있으며, 지금까지 수많은 티 전문가들을 배출해 왔다.

KOREA
TEA SOMMELIER
INSTITUTE
한국 티소믈리에 연구원

사단법인 **한국티(TEA)협회 인증**

티소믈리에 & 티블렌더 & 티코디네이터 교육 과정 소개

● 티소믈리에, 티블렌더 및 티코디네이터 L3, L2 자격증.

- (사)한국티(TEA)협회와 한국티소믈리에연구원이 공동으로 주관.

● 티소믈리에 및 L2, L3 자격증 과정

- 티소믈리에 L3
- 티소믈리에 Advanced L2

● 티소믈리에 골드 과정

- 강사 양성 과정, 티 비즈니스의 이해 과정.

● 티블렌더 L3, L2 자격증 과정

- 티블렌더 L3
- 티블렌더 Advanced L2

● 티블렌더 골드 과정

- 강사 양성 과정, 티블렌딩 응용 개발 과정.

● 티코디네이터 L3, L2 자격증 과정

- 티코티네이터 L3
- 티코디네이터 Advanced L2

● 티코디네이터 골드 과정

- 강사 양성 과정, 티비즈니스 이해 및 응용 개발 과정.

티의 이해

2019년 9월 10일 초 판 인쇄
2019년 9월 20일 초 판 발행

지 은 이 | 케빈 가스코인, 프랑수아 마르샹, 자스맹 드샤리나, 위고 아메리시
번　　역 | 한국 티소믈리에 연구원
펴 낸 곳 | 한국 티소믈리에 연구원
감　　수 | 정승호
출판신고 | 2011년 12월 22일 제 2019-000071호
주　　소 | 서울 성동구 아차산로 17 서울숲L타워 1204호
전　　화 | 02) 3446-7676
팩　　스 | 02) 3446-7686
이 메 일 | info@teasommelier.kr
웹사이트 | www.teasommelier.kr

펴 낸 이 | 정승호
출판팀장 | 구성엽
판매공급처 | 도서출판 **기문사**

ISBN 979-11-85926-55-1(13590)

값 23,000원

이 도서의 국립중앙도서관 출판예정도서목록(CIP)은 서지정보유통지원시스템 홈페이지(http://seoji.nl.go.kr)와 국가자료공동목록시스템(http://www.nl.go.kr/kolisnet)에서 이용하실 수 있습니다(CIP 제어 번호: CIP2019034868).